JN411811

러시아와
그 이웃 나라들

지은이 박찬석

1963년 경북대학교 사범대학 지리과를 졸업하고 1967년 동 대학원에서 경제지리 전공으로 석사 학위를 취득하였다. 1971년 네덜란드 Institute of Social Sciences에서 지역개발 전공으로 석사 학위를, 1981년 미국 University of Hawaii에서 도시 및 지역체계 전공으로 지리학박사 학위를 취득하였다.
1971년부터 2002년까지 경북대학교 사회과학대학 지리학과 교수로 재직하면서 미국 University of Washington 방문교수(1988~1989년), 경북대학교 제13·14대 총장(1994~2002년)을 역임하였다. 2004년부터 2008년까지 제17대 국회의원(열린우리당)으로 활동하였으며, 2008년부터 '박찬석의 세계지리산책'이라는 이름으로 시민 강좌를 진행하고 있다. 저서로는 『박찬석의 세계지리 산책』(2007, 비엘프레스), 『세계지리 산책』 1, 2권(2014, 이신) 등이 있다.

러시아와 그 이웃 나라들

찍은 날 2020년 9월 3일 | **펴낸 날** 2020년 9월 9일
지은이 박찬석 | **펴낸이** 김상동 | **펴낸 곳** 경북대학교출판부
출판등록 1973년 10월 10일 ㉺97호 | **주소** 대구광역시 북구 대학로 80
전화 053-950-6741~3 | **팩스** 053-953-4692
이메일 press@knu.ac.kr | **홈페이지** http://knupress.com
ISBN 978-89-7180-541-1 03980

정가는 뒤표지에 있습니다. 파본은 바꾸어 드립니다.

러시아와 그 이웃 나라들

박찬석 지음

경북대학교출판부

서문

행복한 나라는 상식적이지만 못사는 나라는 꼭 자연을 탓하고, 역사를 탓하고, 지정학적 위치를 말합니다. 남의 나라를 공부하는 것은 결국 우리나라를 제대로 알기 위한 일입니다. 비교하지 않으면 우리를 알 수가 없습니다. 현금 코로나19로 세계 속의 한국을 실감합니다. 교류하지 않고서는 중국도 미국도 제대로 살 수 없다는 것을 보여 준 사례입니다. 모르면 오해를 합니다. 싸움은 오해에서 오고 평화는 이해에서 오는 것이지요. 남의 나라를 제대로 알아야 할 이유입니다.

한국은 5030, 5000만 인구에 연 3만 불의 소득으로 분류되는 국가로, 소득순위로는 세계에서 6번째인 국가가 되었습니다. 우리나라는 무역으로 대부분의 GDP를 창출합니다. 반도체, 자동차, 철강, 조선과 가전제품을 수출하고, 석유를 비롯한 원자재를 수입 가공하여 먹고삽니다. 국민의 12%, 600만 명이 해외에서 살고 있는 국가입니다. 교통과 통신이 발달한 지금 지구상의 모든 국가가 남이 아니고, 가까운 이웃입니다. 세계지리를 공부하는 것은 우리나라의 지리와 역사를 공부하는 만큼 중요합니다. 이젠 남의 나라의 지리를 공부하는 것은 선택이 아니라 필수입니다. 먹고사는 일의 중요성 때문입니다. 필자는 전문적인 여행가는 아니지만, 여러 나라를 다녀왔습니다. 그러나 여행과 관광만으로 그 나라를 알 수 있는 것이 아닙니다. 사람을 사귈 때도 만남의 인상만큼이나 그 사람이 어떤 환경에서 어떻게 살아왔는지를 아는 것이 중요합니다. 국가의 경우도 다르지 않습니다. 우리가 여행하고 교역하는 나라를 제대로 알려면 그 나라의 지리와 역사를 제대로 알아야 마찰 없이 오래 거래할 수 있습니다. 그래서인지 영국, 프랑스, 독일의 외교관 중에는 지리학을 공부한 사람들이 많습니다.

구 소비에트 사회주의 연방은 러시아의 붕괴로 뿔뿔이 헤어졌습니다. 공산주의의 문화를 공유하고 러시아 말을 쓰는 나라들입니다. 소련 해체 후 독립국연합(CIS)를 만들었습니다. CIS회원국들은 전체 2000만 km^2가 넘는 광대한 면적에 2억 3600만 명이 넘는 인구가 살고 있습니다. 공산주의를 경험한 같은 문화권입니다. 구소련이면서도 러시아와 관계 때문에 우크라이나, 투르크메니스탄, 조지아, 발트 3국은 CIS회원이 아닙니다. 30년 전만 하더라도 러시아와 그 이웃 나라들은 무서운 땅이었습니다. 이제는 우리가 자유롭게 여행할 수 있고, 교역하는 나라들입니다. 러시아와 이웃 나라들이 갖고 있는 천연가스와 석유자원, 임산자원, 수산자원은 우리가 꼭 필요한 원자재입니다. 한편 이들 국가는 우리의 자본과 기술을 요구하고 있습니다. 다른 문화를 가진 방대한 인구는 한국

상품의 거대한 시장이 되고 있습니다. 또 연해주를 인연으로 많은 조선 사람들이 러시아와 CIS에 살고 있습니다. 해외동포입니다. 우리가 러시아와 이웃 나라들을 공부해야 할 이유입니다.

우선 세계지리는 세계사와 동전의 양면 같습니다. 방대한 자료를 접하면서 나의 눈으로 편집하고 설명했습니다. '지리 산책'이란 국가만 정해 놓고 다니면서 생각하고 생각하면서 도상(圖上)으로 여행하는 산문입니다. 가본 곳도 있고 가보지 못한 곳도 있습니다. 부족한 자료는 주한 현지 대사관에서 얻었고, 온라인 자료도 참고했습니다.

이 책은 저 혼자의 작품은 아닙니다. '세계지리산책' 시민강좌와 신문의 칼럼이 기초가 되었습니다. 이 외에도 칼럼을 읽은 독자의 평, 강의하면서 수강생과의 질의응답, 독자의 수많은 댓글을 참고했습니다. '세계지리산책' 강의 내용의 잘잘못을 일일이 지적해 주고, 10년이 넘게 무료 봉사해 준 장영미 선생님에게 특별히 고마움을 전합니다. 출판을 맡아 주신 경북대학교출판부 직원들에게도 감사드립니다. 끝으로 인생의 황혼기에 글 쓴다고 골방에서 틀어박혀 설거지 한번 청소 한번 하지 않고 내 일에만 집중할 수 있도록 허락하고, 감내해 준 반려자 이명자 여사에게 감사의 말씀을 드립니다.

2020년
박찬석 드림

러시아와 그 이웃 나라들

목차

제2부 러시아의 이웃 나라들

러시아와 그 이웃 나라들

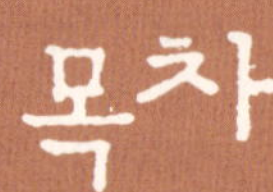
목차

prologue

프롤로그

미국, 중국, 러시아, 일본은 우리나라와 인접한 강대국들이다. 인접 강대국들은 항상 약한 민족을 괴롭혀 왔다. 이들은 한반도 근대사에 직간접적으로 영향을 미쳤고, 간섭도 했다. 그중에서도 러시아는 한반도와 21km에 걸쳐 국경을 맞댄 국가로, 우리 근대사에서 여러 차례 고통을 안겼다. 1937년에 러시아 정부는 연해주에 살던 조선 동포를 중앙아시아로 강제 이주시켰다. 강제 이주 도중에 수만 명이 굶어죽었고, 이주 후에도 건조한 중앙아시아 기후 환경에 적응하지 못해 많은 이들이 죽었다.

러시아는 20세기 초반 세계에서 처음으로 공산주의 혁명을 하여 사회주의 정부를 수립한 나라이다. 자본주의와 사회주의는 현대 국가를 이루는 양대 정치 이데올로기다. 우리나라도 1946년에는 국민의 14%가 자본주의를, 70%가 사회주의를 원했다는 미 군정청의 여론조사 자료가 남아 있다.

그러나 제2차 세계 대전이 끝날 무렵 개최된 얄타 회담에서 한반도는 북위 38도선을 기준으로 남북으로 나뉘었다. 북쪽에는 소련군이, 남쪽에는 미군이 진주했다. 소련이 점령한 북한에는 공산주의 정권이 들어섰다. 남한은 미국이 점령했기 때문에 미국의 정치 이념에 따라 자본주의 국가가 되었다. 어느 쪽도 우리 민족이 선택한 것은 아니었다. 소련의 후원을 받은 북한은 남한의 혼란을 틈타 1950년 한국전쟁을 일으켰다. 미국이 참전하여 겨우 현재의 휴전선을 유지할 수 있었다. 한반도는 냉전의 대리전을 치른 셈이다.

공산주의는 우리에게 금단의 열매가 되었다. 소리만 들어도 알레르기 반응을 일으키는 무서운 사상이었다. 미국에도, 일본에도, 유럽 대부분 국가에도 공산당이 정당으로 존재하지만, 유독 남한에서만은 지금까지도 공산당이 금기시되고 있다. 구소련 면적은 지구 육지 면적의 1/6, 2200만 km^2를 차지한다. 지금 한국인들은 이곳을 자유롭게 여행할 수 있다. 30년 전만 해도 상상도 할 수 없는 일이었다. 사회주의 관련 서적도 금서였다.

우리는 소련을 '철의 장막', '북극곰'이라 불렀다. 1983년 미국 알래스카에서 서울로 비행하던 KAL 007 여객기를 소련 공군기가 유도탄으로 격추했다. 탑승자 전원이 사망한 기가 막힌 사건이었다. 그러나 우리는 그 일에 대한 사과 한마디 받지 못했고, 오히려 1988년 올림픽을 유치할 때 소련의 올림픽 참가를 간청했다. 냉전 시기 올림픽은 반동강 난 행사였다. 소련이 주최할 때는 미국과 자본주의 블록이 참가하지 않았고, 미국이 개최할 때는 소련과 공산주의 블록이 보이콧했다. 우리는 소련 선수들을 참가시킴으로써 88 올림픽을 성황리에 끝맺었다. 이후로도 소련에 단호히 대처하지 못했다. 1991년 노태우 대통령은 제주공항에서 공산당 서기장 고르바초프에게 14억 8000만 불을 건네며 수교를 간청했다.

세계는 미국과 소련을 양대 축으로 하여 군비경쟁을 벌였다. 1970년 월남전에서 미국 패전으로 세계가 붉게 물들어 가던 때도 있었다. 그러나 1만 개가 넘는 원자탄을 지닌 소련은 심각한 경제난으로 무너졌다. 미래가 창창해 보였던 공산주의도 남가일몽이 되고 말았다. 1991년, 공산 혁명을 한 지 74년째 되던 해였다. USSR(Union of Soviet Socialist Republics)은 붕괴되고, USSR에 속해 있던 공화국들은 모두 각자의 길을 택했다. 해방된 국가들은 독립국연합, CIS(Commonwealth of Independent States)를 만들었다. 종주국인 러시아가 영향력을 행사하기 위해 묶어 둔 협력기구다. 공산주의를 같이 경험한 국가이지만, 나라마다 자연이 다르고, 민족이 다르고, 문화가 다르다. 사회주의에서 떨어져 나온 뒤로 갑작스러운 변화에 적응하지 못해 헤매고 있다.

지금 세계는 자본주의 시장경제로 가고 있다. 구소련 붕괴로 독립한 국가들은 독립적으로 정치·경제적 활로를 모색하고 있지만, 아직도 구소련의 그늘이 짙게 남아 있다. 자연 환경과 인간의 적응이라는 지리학적 프레임 속에서 인간의 생활을 들여다보았다. 일부분이고 단편일 뿐이지만, 구소련 지역을 여행하며 연구한 나의 경험이 독자들에게 도움이 되리라 생각한다.

이제 러시아와 그 이웃 나라들을 찾아가 보자.

혁명 이후의 러시아 개관

소비에트사회주의 공화국연방(USSR)

1848년 마르크스는 자본주의의 모순을 지적하면서 엥겔스와 함께 공산당 선언을 했다. 레닌은 마르크스의 이론을 바탕으로 1917년 러시아에서 혁명을 일으켜 이제까지 지구상에 없었던 '이상적인 통치 체제'인 공산주의를 탄생시켰다. 뒤를 이은 스탈린은 사회주의 국가를 건설하기 위해 최악의 인권 만행을 저지르고, 심지어는 혁명을 한 동지들을 모조리 죽이고, 산업화에 성공했다. 200년에 걸쳐 이룩한 서구의 산업혁명을 단 30년 만에 달성했다. 당시 최고의 산업국가인 독일과 싸워 이겼다. 서방 자본주의와 대척점에 서서 70년간 계획경제를 실시했다.

세계사에 영향을 미친 혁명은 프랑스 혁명과 러시아 혁명이다. 지구상에 미친 영향은 막대하다. 자본주의 국가도 공산주의 사상을 받아들여 복지국가를 지향하고 있다. 공산주의가 힘을 받고 성장할 무렵 세계 자본주의는 1929년 대공황을 맞았다. 계획경제를 실시하는 공산주의는 힘을 얻었고, 당시 미국에서 소련으로 이민

가는 사람이 수만 명에 이르렀다. 한국이 박정희 대통령 시절 실시한 경제개발 5개년 계획도 시장경제가 아닌 계획경제, 스탈린 경제 모델을 따랐다.

그러나 장밋빛 미래가 펼쳐질 것만 같았던 공산주의는 결국 인민이 먹고살아야 할 식량과 생필품을 생산하지 못했다. 자본주의는 분배가 안 되어 망하고, 사회주의는 생산이 안 되어 망한다는 말이 있다. 생산을 할 인센티브가 없었다. 국민이 선거를 하지 않는 지도자 아래 공산당원은 관료화되고 부패했다. 소련은 파산했다. 1991년 소비에트사회주의공화국연방(USSR: Union of Soviet Socialist Republics)은 해체되고 소속 국가들은 독립했다. 현재 그들은 자본주의 시장경제를 택하고 있으며 빈부 격차가 심하다. 아이러니한 일이다.

러시아 혁명의 연출가 블라디미르 레닌

1917년 러시아에서 혁명이 일어났다. 러시아 혁명으로 인류역사상 처음으로 계획된 정치 형태의 국가가 탄생하였다. 인간의 이성으로 만들어 낸 국가였다. 지구상의 어느 대륙에나 인류의 역사가 있는 곳이라면 자연 형태의 왕국은 있었다. 자연스럽게 발생한 것이다. 그러나 이데올로기에 의하여 국가가 만들어진 것은 인류역사상 처음 있는 일이었다.

1917년 러시아 혁명의 드라마를 쓰고 연출한 자는 블라디미르 레닌이다. 레닌은 부유한 집안에서 태어났다. 형 '사차'는 페테르부르크대학의 우등생이었다. 생물학을 전공한 형은 학생운동을 했다. 폭탄을 만들어 황제 차르 2세를 암살하려다 실패하고 체포되어 처형당했다. 당시 열일곱 살의 레닌에게는 엄청난 충격이었다. 왜 형이 황제를 암살하려 했는지 궁금했던 레닌은 마르크스가 주창한 사회주의가 무엇인지 공부하기 시작했다. 마르크스의 『자본론』과 체르니셉스키의 소설 『우리는 무엇을 해야 하는가』를 읽고 큰 감명을 받았다. 그는 모스크바에서 얼마 떨어지지 않은 도시에 있는 카잔대학을 다녔다. 최우수 학생에게 주는 금메달을 받을 정도로 우수했고, 독서를 많이 했으며, 어떻게 하면 행복한 국가를 만들 수 있을 것인지 고민했다. 레닌은 학생운동을 하다가 카잔대학에서 제적을 당해 어머니와 함께 페테르부르크로 이사를 갔다. 페테르부르크대학에 다녔다. 그곳에서도 그는 학생운동을 하다 경찰에 지목을 받아 지명수배자가 되었다. 체포되어 3년간 시베리아 레나강 유역의 작은 농촌으로 유배되었다. 유배에서 풀려난 후 또 다시 학생운동을 하다가 체포되어 1년간 감옥에 갇혔다. 운동권 학생으로 전국적으로 유명해진 그는 경찰의 감시 때문에 계속적으로 반체제 활동을 할 수 없게 되자 망명길에 올랐다. 독일, 영국, 프랑스, 스위스를 전전했다.

함께 학생운동을 하던 나디야와 결혼해 스위스 제네바에서 망명생활을 했다. 공산주의 이론 신문 「이스크라(Iskra: 불꽃)」를 창간하였다. 「이스크라」는 러시아로 밀수출되었고 당시 유럽의 지식인들에게 대단히 인기가 있었다. 「이스크라」를 읽었다고 해야 지식인 대접을 받을 정도였다. 레닌은 마르크스의 이론을 러시아에 어떻게 적용시키고 혁명으로 이끌 것인지, 각본을 쓰고 전략과 전술을 짠 연출가였던 셈이다. 그는 1917년 러시아 혁명이 일어나자 러시아로 돌아와 1924년 죽을 때까지 혁명을 주도했고, 공산주의의 전략과 전술을 저술하여 유럽을 비롯한 전 세계에 전파하였다. 국제적인 공산당 조직인 코민테른을 결성하였다. 레닌의 영향으로 중국은 1920년에 공산당을 창당하였다. 한반도에서는 1925년 조선공산당이 창당되었다.

이상적인 이데올로기로 여겨졌던 사회주의 국가는 1991년에 붕괴되고 시장경제로 넘어갔다. 소비에트연방이 해체되고 보통국가가 되었다. 뒤를 따라 동유럽의 모든 국가, 중국, 베트남, 북한도 이름만 사회주의 국가일 뿐 실질적으로는 모두 시장경제를 채택하고 있다. 한마디로, 꿈꾸던 공산주의 국가는 70여 년 만에 지구상에서 사라졌다. 공산주의 국가가 이상국가(理想國家)라면 사회주의 국가는 공산주의 전 단계의 국가이다. 즉 유토피아 공산주의 국가로 가기 전 단계의 국가이다. 그런데 소비에트연방은 사회주의 단계에서 망하고 말았다. 이유는 많다. 국가주의로 팽배한 관료주의와 부패, 미국을 비롯한 시장경제에 의한 포위를 들 수 있다. 그러나 근본적인 문제는 따로 있다. 모든 사회주의 국가의 붕괴는 견제받지 않는 관료의 부패와 개인의 인센티브를 무시한 생산 부족이 원인이었다.

세계의 모든 자본주의 국가마저도 공산주의 사상과 정책에 영향을 받지 않은 국가가 없다. 북유럽의 복지국가는 민주주의 선거로 이룩한 사회주의 국가이다. 세계 제일의 반공국가 대한민국, 우리에게 낯익은 '경제개발 5개년 계획'은 공산주의 국가인 소련의 경제 정책이었다. 지금 선진국들의 '복지국가' 태두는 레닌이 만든 소련의 사회주의 국가이다. 지금 사회주의 국가들은 자본주의 이념을, 자본주의 국가들은 사회주의 이념을 수용하고 있다.

레닌은 『제국주의론』, 「4월의 테제」를 비롯한 많은 책과 글을 남긴 방대한 저술가였다. 그가 남긴 저술은 책 54권 분량이다. 레닌의 저서는 지금도 사회주의 국가인 중국과 북한에서 필독서이다. 레닌은 지식인이었고 저술가였고 혁명가였고 정치가였다. 그가 1924년 54세의 나이로 사망한 후 그의 시신은 방부 처리되어 모스크바 '붉은 광장', 레닌 묘지에 보관, 대중에 전시되고 있다. 그의 동상도 러시아 도시 곳곳에 남아 있다. "마르크스, 레닌의 사상을 지도 이념으로 받들고……"라고 되어 있는 중국 헌법 전문이나 "20세기의 비극은 레닌의 탄생이고, 두 번째 비극은 그의 죽음이다."라고 한 처칠의 말을 보더라도 그의 영향력이 얼마나 큰지 잘 알 수 있다.

공산주의 국가의 붕괴

소비에트사회주의공화국연방은 마르크스, 레닌의 공산주의 이론에 따라 로마노프 왕조를 혁명으로 타도하고 사회주의 혁명에 성공했다. 세계 최초의 사회주의 국가의 탄생이었다. 열정을 가진 나라였다. 소련은 자본주의 국가를 능가하는 국가를 만들어 가는 듯했다. 20세기 초반부터 1970년대 후반까지 세계의 국가 이데올로기는 사회주의가 지배적이었다. 소련은 세계 최초로 인공위성을 쏘아 올린, 과학과 기술이 발달한 선진 국가였다. 세계 원자탄의 절반을 가진 나라이자 세계에서 가장 비옥한 토양을 가진 나라이며, 가장 많은 석유와 천연가스를 생산하고 지하자원 보유량이 가장 많은 나라였다. 넓은 영토 덕분에 산림자원과 수산자원 또한 세계에서 가장 많이 보유하고 있었다.

1922년 소비에트사회주의공화국연방이 수립되었다. 농업국가였던 소련은 3차에 걸친 경제개발계획으로 공업국가로 변신하였다. 제2차 세계대전 때 많은 희생자를 냈지만 독일 침략을 물리치고 전쟁을 승리로 이끌었다. 전후(戰後) 미국과 어깨를 나란히 하는 패권국가, 공산주의 블록의 종주국으로 등장했다. 국토 면적은 2240만 km²로 지구 전체 육지 면적의 1/6, 미국의 두 배가 넘었고, 인구는 중국 다음으로 많았다. 소련 시절 미국의 인구는 2억 5000만 명, 소련은 2억 9000만 명이었다. 소비에트연방에는 20개의 자치공화국, 8개의 자치주, 10개의 민족구가 있었다. 20세기 후반까지 전 세계는 시간이 갈수록 사회주의로 물들어 갔다. 아무도 소련이 붕괴될 것이라 예상하지 못했다. 소비에트연방이 수립된 지 70년 만인 1991년에 소련은 붕괴되었다. 어찌 이런 일이……. 어떻게 소련이 망하게 되었는지 이해가 되지 않는다.

소련이 붕괴된 이유를 공산주의 사회의 유머 속에서 엿볼 수 있다. 프랑스를 방문한 소련의 경제학자가 프랑스 경제학자에게 물었다. "당신네 나라 경제는 정말 심각한 상태로군요. 이런 빈곤은 일찍이 보지도 듣지도 못했습니다." "그게 무슨 말씀입니까? 상점

마다 물건이 가득 쌓여 있는 걸 보고도 그런 말씀을 하시다니요?" "그렇지만 아무도 그걸 살 사람이 없지 않습니까? 프랑스에서 머무는 동안 나는 한 번도 상점 앞에 줄을 지어 서 있는 사람을 본 적이 없습니다."(소련에서는 생산이 안 되어 비누 한 장을 사기 위해 100m나 되는 긴 줄을 서야 했다.) / 서방 기자가 소련의 농민에게 물었다. "농사가 다 끝났는데 날씨가 좀 나빠진들 무슨 상관이 있다고 그래요?" "농사 때문에 그러는 게 아닙니다. 대서양의 날씨가 좋아야만 미국에서 들어오는 밀 화물선이 무사히 도착할 게 아닙니까?"(소련은 엄청난 농업자원에도 불구하고, 만성적 식량 부족에 시달려 해외에서 식량을 수입해야 했다.) / 소련의 감옥에서 세 명의 죄수가 대화를 나누고 있었다. A: "나는 출근에 5분 지각했다고 감옥에 들어왔지. 태만죄라고." B: "나는 5분 일찍 왔다고 잡혀 왔어. 정탐꾼으로 오인받아서." C: "나는 정시에 왔다고 잡혀 왔다네. 자본주의의 시계를 갖고 있다는 이유로."(스탈린의 대숙청으로 600만 명의 무고한 러시아인이 굴락 형에 처해져 강제노동과 고문을 당하고 유배되었다.) 소련은 공산당 일당독재, 관료의 부패, 식량과 생필품 부족으로 붕괴되었다.

브레즈네프가 죽고 51세의 고르바초프가 소련공산당 서기장이 되었다. 그는 소련 공산주의의 문제를 알고 있었다. 개방과 개혁 없이는 소련의 미래가 없다고 판단한 그는 페레스트로이카(개혁)와 글라스노스트(개방)를 주장하였다. 보수적인 공산당 간부를 도태시키고, 옐친과 같은 젊은 개혁주의자를 대거 등용했다. 시장경제와 사유재산 제도, 종교의 자유를 허용하고, 아프가니스탄 전쟁을 종식시키고 철군했다. 서방세계와의 냉전체제를 무너뜨리고, 레이건 대통령과 만나 핵무기 감축을 단행하고, 냉전을 종식시켰다. 공산당에 대한 비판도 허용했다. 그의 정치철학은 국민의 호응과 지지를 받았다. 그러나 막상 준비 없는 개방과 개혁은 자유의 봇물을 터뜨렸다. 소련의 압력하에 갇혀 있던 각국의 민족들이 벌떼처럼 들고일어나 독립을 요구했다. 배급을 받던 제도가 붕괴되고 갑작스럽게 시장경제가 도입되자 범죄가 판을 치고 물가는 폭등했다. 개방이 불러온 후유증이었다. 1991년 12월 25일 마침내 소비에트연방은 해체되고, 15개의 공화국은 독립했다. 러시아, 카자흐스탄, 우즈베키스탄, 키르기스스탄, 타지키스탄, 투르크메니스탄, 아제르바이잔, 아르메니아, 조지아, 우크라이나, 몰도바, 벨라루스, 에스토니아, 라트비아, 리투아니아 등 15개국이다.

소비에트연방의 붕괴는 축복인가 저주인가. 러시아인 60%는 소련의 붕괴가 잘못되었다고 하는 반면, 나머지 14개 독립국가의 국민들은 90%가 잘된 일이라 한다. 러시아 입장에서는 식민지 같은 종속국이 없어졌으니 잘못된 일이다. 소련의 속박하에 있던 나라들은 진정한 자치와 발전을 구가하게 되었다. 고르바초프는 카자흐스탄 대통령 초청 연설에서 당시 러시아로서는 어쩔 수 없는 선택이었고, 그 선택으로 러시아는 결과적으로 바른 길을 가게 되었다고 술회하였다.

독립국가연합(CIS)

공산주의 혁명에 성공한 볼셰비키는 내전에 승리하고, 1922년 소비에트사회주의공화국연방(USSR)을 탄생시켰다. '소비에트는 대표자 회의'란 말이다. 중앙정부, 일당독재, 계획경제를 실시하고 수도를 모스크바에 두었다. 유럽과 아시아 대륙에 걸쳐 있던 소연방은 전 세계의 자본주의와 대결하는 국가집단이었다. 과학기술 또한 크게 발달한 나라였다. 그러나 소연방은 결성된 지 70년 만인 1991년 해체되었다. 해체 과정도 세계사적인 일이었다. 제2차 세계대전 후 공산주의와 자본주의 간의 냉전이 50년간 계속되었다. 소련 공산주의 계획경제와 서구 자본주의 시장경제 간의 경쟁에서 소련이 완패하고 말았다. 소련의 붕괴는 전쟁 때문이 아니라 경제 때문이었다. 아이러니하게도, 자본주의의 모순을 지적하며 공산주의 혁명에 성공한 소련 또한 경제 때문에 붕괴되었다. 단적으로 국민을 먹일 식량과 생필품이 턱없이 부족했다. 소련이 해체되면서 각 민족은 15개국으로 분리 독립하였다.

이후 소연방에 속했던 국가들끼리 군사와 경제를 결속한다는 의미에서 CIS, 즉 독립국가연합(Commonwealth of Independent States)을 출범시켰다. 결성 당시에는 러시아, 우크라이나, 벨라루스, 몰도바, 카자흐스탄, 우즈베키스탄, 투르크메니스탄, 타지키스탄, 키르기스스탄, 아르메니아, 아제르바이잔공화국 등 11개국이 참여하였다. 아제르바이잔은 1992년 10월에 탈퇴했다가 이듬해 복귀하였고, 조지아는 1993년 10월에 가입했다가 러시아와의 전쟁 후 탈퇴하였다. 투르크메니스탄은 2005년 탈퇴한 후 준회원으로 남아 있다. 2020년 현재 CIS 회원국은 정식회원 9개국, 준회원 1개국,

옵서버(observer) 2개국이다. 독립국가연합은 명목상으로는 집단안보와 자유무역을 지향하고 있지만 그들 사이에 의무화된 것은 아무것도 없다. 소련이 붕괴된 후 공산주의를 같이 경험했던 나라들끼리 잘해 보자는 뜻으로 모였다. 그러나 결속이 잘 안 되고 국제적 영향력도 적다. 여행자의 눈으로 보면 CIS 국가들에서 러시아로 들어가는 경우 비자가 면제되고, 러시아어가 통용된다는 것 외에는 특별한 이점이 없다. 발트해 연안 3국, 즉 에스토니아, 리투아니아, 라트비아는 전 소비에트연방이면서 CIS에 속하지 않는 국가이다. 이들은 러시아와는 선을 긋고 친(親)서방세계로 들어갔다.

오랫동안 러시아의 지배를 받아 온 CIS는 문화적으로 러시아와 공통점이 많다. 여전히 소비에트 양식의 건물이 도시경관을 이룬다. 지금은 소련 시대 동상은 거의 철거되고 자기 민족 지도자의 동상으로 대체되었다. 소련 시대에는 도심에 혁명광장이라 불리는 큰 광장이 있었고 광장 한가운데에는 레닌 또는 스탈린 동상이 서 있었다. 또 소련 시절 산업시설은 폐기되었지만 철도, 도로, 주택, 전기를 비롯한 국가 인프라는 소련 시대의 것들이다. 레이건 미국 대통령과의 회담에서, 고르바초프는 미국의 원조를 받는 대신, 1989년 소련군을 아프가니스탄에서 철수시키고, CIS 국가에 대해 군사적으로 개입하지 않겠다고 선언했다. 독립국가들은 소련의 붕괴로 공산정권을 무너뜨렸으나 아직도 정치적으로 혼란을 겪고 있다.

70년간 소련의 지배, 사실상 러시아의 지배하에 있었던 각 민족들은 독립 후 많은 문제를 겪고 있다. 소련으로부터의 독립은 민족

언어와 문자 사용의 독립처럼 보였다. 그들은 러시아어를 제2 외국어로 하고 있다. 친미 그룹인 GUAM(Georgia, Ukraine, Azerbaijan, Moldova)은 러시아를 중심으로 하는 집단안보체제에 동의하지 않고 서명도 하지 않았다. 미국이 아프가니스탄과 이란을 견제할 목적으로, 중앙아시아 한복판의 키르기스스탄의 수도 비슈케크에 공군기지를 건설하였다. 러시아와 중국은 곧 '상하이협력기구(SCO: Shanghai Cooperation Organization)'를 결성하여 미국의 군사기지를 내륙에 설치하는 것에 불만을 표시했다. 상하이협력기구는 러시아, 중국, 카자흐스탄, 키르기스스탄, 타지키스탄, 우즈베키스탄 등 6개국이 모여, 상호 협력을 촉진하고 지역 평화와 안정, 안전보장을 도모하기 위해 설립한 국제조직이다. 2019년 키르기스스탄의 미군기지는 철수했다.

소비에트 치하의 공산주의 국가들은 민주주의를 경험해 보지 못했다. 공산당의 집단지도체제 내지는 일당독재체제하에 민의를 제대로 반영하는 선거도 없었다. 종주국인 러시아조차 공정선거 시비가 있고, CIS 국가 대부분이 선거를 통한 대의정치를 제대로 하지 못하고 있다. 소연방에 속해 있던 모든 나라가 민주주의로 가기 위한 진통을 겪고 있다. 시장경제를 제대로 하지 못하고 1인 독재를 하는 나라가 대부분이다. 공정한 선거가 제대로 이루어지지 않는다. CIS는 비슷한 정치문화권에 있다. 유럽연합(EU: European Union)에 속한 국가들이 EU의 정치문화 때문에 독재를 할 수 없는 것과 마찬가지로, CIS 국가들은 그들 고유의 정치문화 때문에 민주주의를 제대로 시행하는 나라가 없다. 민주주의의 꽃은 선거인데, 국민이 납득할 만한 공정한 선거를 통한 민주주의 정치를 못 하고 있다. EIU(경제정보단체)의 2019년 발표에 따르면 종주국인 러시아조차도 민주주의 지수가 3.11로, 세계 167개국 중 134위이다. CIS 국가 간에 공정한 선거를 감시하기 위한 기구가 있는 것이 재미있다.

공산주의 혁명을 통한 사회주의

사회주의란 생산수단의 사적 소유를 금지하는 경제이념이다. 흔히 사회주의에서 사유재산을 허용하지 않는다는 것은 정말로 사적인 재산을 가질 수 없다는 것이 아니라 바로 생산수단을 개인적으로 소유하지 못하고 공동으로 소유한다는 의미이다. 예를 들어 농업의 경우 토지, 제조업의 경우 노동이나 기계설비, 자본이 생산수단이다. 생산수단을 개인적으로 소유하지 못하고 공동으로 소유하자는 경제이념이 바로 사회주의의 기본 개념이다. 사회주의에서 사유재산을 소유하지 못한다는 것이 자전거, 가전제품 같은 것까지 사적으로 갖지 못한다고 생각하기 쉽지만 원래 사회주의는 생산수단의 개인적 소유를 금지하는 것이다. 사회주의에서는 생산수단을 공동으로 소유하므로 당연히 노동도 공동으로 해야 한다. 생산수단을 소유한 사람이 없기 때문에 생산물에 대한 분배 역시 공동으로 할 수밖에 없다. 즉 사회주의의 특징이라 할 수 있는 공동생산, 공동분배 역시 결국 생산수단을 개인이 소유하지 못하기 때문에 발생하는 것이다. 그러나 사회주의의 실천은 국가마다 다르다.

공산주의는 사회주의의 한 종류이다. 마르크스가 『자본론』을 집필할 당시는 자본주의의 폐해가 극에 달했을 때이다. 당시 사회를 개혁하기 위해 다양한 형태의 사회주의자들이 등장했다. 마르크스는 여타의 사회주의와 자신이 주장하는 사회주의를 구분하기 위해 사회주의(socialism) 대신 공산주의(communism)란 단어를 사용했다. 즉 공산주의는 마르크스가 자신이 생각하는 사회주의를 다른 사회주의와 구분하기 위해 사용한 개념일 뿐이다. 마르크스가 주장한 공산주의란 '폭력혁명을 통한 프롤레타리아 독재체제의 사회주의'를 말한다. 폭력혁명과 프롤레타리아 독재를 특징으로 한다. 이 프롤레타리아 독재는 훗날 레닌에 의해 공산당 일당독재라는 형태로 구체화되었다. 따라서 오늘날의 공산주의라 함은 '폭력혁명을 통해 이룩된 공산당 일당독재체제의 사회주의'를 말한다.

공산주의의 특징을 폭력성(혁명성)과 독재성이라고 하는 것이 이러한 이유 때문이다. 사회주의는 기능적 분배를 한다. 공산주의도 초기에는 기능적 분배를 하지만, 공산주의가 충분히 발달하면 인적 분배를 해야 한다. 기능적 분배를 하는 것은 낮은 수준의 공산주의, 인적 분배를 하는 것은 높은 수준의 공산주의이다. 기능적 분배란 흔히 생각하는 월급과 같은 것이다. 즉 제공한 노동이나 자신이 하는 업무, 자신의 직급 등에 따라 차등하게 분배받는다. 인적 분배는 필요한 자에게 분배를 하는 것이다. 가계경제를 생각하면 쉽다. 아버지가 월급을 받아 오면 어머니는 그 월급을 가지고 필요한 곳에 사용한다. 예를 들어 아들에게 용돈을 준다고 치자.

이때 아들은 용돈을 받기 위해 어떠한 노동도 하지 않았지만 돈을 분배받는다. 왜냐하면 아들이 생활하는 데 돈이 필요하기 때문이다. 이처럼 필요에 따라 분배를 하는 것을 인적 분배라고 한다.

공산주의와 사회주의는 매우 복잡한 개념이다. 둘은 분명히 다르지만 같이 쓰기도 한다. 둘 다 정치이념이고, 또 현실정치에 쓰는 용어이다. 공산국가의 전형인 소련의 정식 명칭은 소비에트사회주의공화국연방이다. 공산주의 국가연합인데 사회주의라는 명칭을 쓴다. 공산당 선언은 마르크스와 엥겔스가 했다. 그때까지는 이데올로기였다. 마르크스는 『자본론』에서 자본주의의 모순을 분석하였다. 그는 기업가가 아니라 노동자가 생산수단(토지, 자본, 노동)을 공유하는 공산주의로 가야 한다는 이론을 제시했다. 그 이론을 실천적으로 발전시킨 레닌은 「이스크라」를 발간하여 민중을 의식화하고 공산주의 혁명에 성공했다. 레닌은 공산주의를 지향하지만 현실적으로는 자본주의 잔재가 많이 남아 있으므로 당분간 사회주의 국가 건설을 실천 과제로 삼고 점진적으로 이상형 공산주의로 나아가야 한다고 주장했다. 서구식 사회주의와 공산주의 국가의 사회주의는 정치체제가 다르다. 서구식 사회주의는 시장경제를 기반으로 하면서 그 위에 평등, 노동, 환경, 교육, 보건, 복지에 더 비중을 두는 다당제 민주주의체제이다. 또 선거에 의한 정치체제이고, 복지 정책은 세금으로 행한다. 반면 공산주의 국가의 사회주의는 국가 자체가 생산자이고 분배자이며, 노동자를 지배하는 정치체제이다. 현실적으로 볼 때 사회주의 개념은 지구상의 어느 국가든 존재한다. 단적으로 서구식 사회주의는 선거에 의한 것이고, 공산주의 사회주의는 폭력혁명에 의한 것이다. 독재정치체제의 이름이 공산당이다. 소련, 중국, 베트남, 북한의 간부는 공산당원이다. 경제는 계획경제이다. 공산주의로 가기 위한 전 단계의 국가 형태가 사회주의라고 했다.

러시아의 시장경제

러시아는 세계 최초로 공산주의 이데올로기 혁명으로 봉건사회를 붕괴시키고 사회주의 국가를 건설하였다. 소련은 사유재산제를 폐지하고 스탈린 시대 5개년 경제계획으로 농업국가를 공업국가로 만드는 데 성공하였다. 한때 자본주의 경제를 능가하는 듯 보였다. 그러나 이상 국가를 만들고자 했던 소련의 사회주의는 오래가지 못했다. 주변 제국주의 국가들의 위협과 그로 인한 전쟁도 하나의 원인이었지만, 결국 사회주의의 국가경영 철학이 해결할 수 없는 자체 모순을 갖고 있었던 것이 소련 붕괴의 주요 원인으로 작용했다. 즉, 국민의 소비에 부응하는 생산을 하지 못했다. 식량, 주택, 입을 옷이 부족했다. 한 덩어리의 빵과 우유를 사기 위해 줄을 길게 서야 했다. 사회주의의 가장 큰 문제는 개인이 일을 열심히 하지 않는다는 점이다. 혁명 초기 이타적 근로 의욕은 시간이 지남에 따라 점점 줄어들었다. 생산활동에 대한 인센티브가 없어서 열심히 일할 이유가 없었기 때문이다. 조련사가 물개를 생선으로 훈련시키듯이 인간도 인센티브가 없으면 열심히 일하지 않는다.

사회주의를 실험했던 러시아는 지금 어디로 가고 있는가? 그 모델은 김일성이 사회주의 국가를 만들어 '이밥에 쇠고기 국'을 이상향으로 보았던 북한의 미래를 예견하는 길이기도 하다. 소련의 붕괴는 공산주의 국가의 사회주의 붕괴를 의미한다. 국가가 생산과 소비를 설계하는 계획경제는 제대로 돌아가지 않았고 결국 소련은 시장경제로 전환했다. 소련의 경제를 망친 것은 경직된 관료주의와 관료의 부패였다. 왜 모든 사회주의 국가의 관료는 부패하는가? 소련은 정부, 기업, 농업, 교육을 지배하는 관료, 즉 노멘클라투라(nomenklatura)의 손으로 운영되는 사회였다. 당 간부가 모든 것을 지시하는 경제구조로, 공산당을 감독하는 언론이 없다. 국민이 감시를 하지 않으면 어느 정권이든 부패하기 마련이다.

소련 붕괴 후 당시 국영기업을 개인에게 불하한다고 했지만, 사회주의 제도하에서 국영기업을 인수할 만한 자본을 가진 자가 있을 리 만무했다. 시장경제로의 전환은 엄청난 부작용을 초래했다. 정부가 기업을 민간에 불하함으로써 당시 권력을 갖고 있던 정부의 고위 공직자, 즉 노멘클라투라가 국가재산을 나누어 가지는 꼴이 되었다. 그것이 부정의 고리를 만들었다. 정부권력에 의해 기업을 불하받은 신흥재벌 올리가르히(Oligarch)가 탄생한 것이다. 또 폭력을 앞세워 정부관료와 기업을 지배하는 범죄조직 마피아(Mafia)가 등장하고, 엄청난 재산을 해외로 빼돌리는 자금유출(Capital flight) 현상이 나타났다. 사회주의에서 자본주의로 전환되는 과정에서 피할 수 없는 단계였다. 러시아의 수도 모스크바는 세계 어느 도시보다 억만장자가 많은 곳이지만, 대다수의 러시아 국민들은 더 가난해졌다. 사회주의체제하에 완전고용과 배급을 받아 살던 생활이 깨져 버린 것이다. 공산주의로 돌아가자는 운동이 일어난 이유다.

예상된 혼란이었다. 개방 정책으로의 전환을 시도했던 옐친에게 신자유주의 경제학자 M. 프리드먼은 '충격요법(Shock Therapy)', 즉 러시아 경제를 살리기 위해 정부의 모든 통제를 해제하라고 주문했다. 옐친은 환율, 물가, 임금의 통제를 풀었다. 처음에는 물가가 치솟고 범죄가 판을 치는 등 엉망이 되는 듯했으나 시간이 갈수록 충격요법이 서서히 효과를 나타냈다. 통제받던 루블/달러의 환율을 6:1, 지금은 31:1로 현실화하였다. '시장'이란 보이지 않는 손에 의해 스스로 자리를 잡기 마련이다. 러시아 경제는 안정적으로 시장경제에 편입되고 있다. 러시아는 인적 자원과 자연자원으로 보면 가난할 수가 없는 나라이다. 교육수준이 높은 인적 자원을 비롯하여 석유, 천연가스, 산림자원, 수산자원 보유량이 세계 정상급이다. IMF의 발표에 따르면, 러시아의 GDP는 2012년 기준 4조 3000억 달러이고, 1인당 구매력 소득은 2019년 기준 3만 달러가 되었다. 아이러니하게도 자본주의 국가가 된 러시아는 소득 불평등을 측정하는 척도인 지니(Gini) 계수가 37.5(2020년 기준)로 매우 높다. 2000년 KGB 출신 푸틴이 선거를 통해 러시아 대통령에 당선되어 지금까지 집권하고 있다. 시장경제를 실시하고 있으며, 민주주의 지수는 한참 떨어지는 정치를 하고 있다.

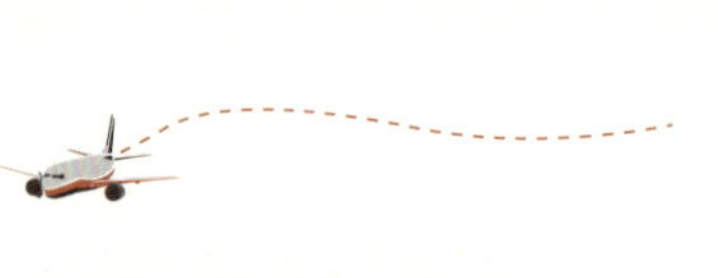

구소련의 공화국

1 러시아

중앙아시아의 나라

2 카자흐스탄
3 우즈베키스탄
4 키르기스스탄
5 타지키스탄
6 투르크메니스탄

캅카스 3국

7 아제르바이잔
8 아르메니아
9 조지아

백인의 나라

10 우크라이나
11 몰도바
12 벨라루스
13 에스토니아
14 라트비아
15 리투아니아

바렌츠해
카라해
13 에스토니아
14 라트비아
15 리투아니아
12 벨라루스
10 우크라이나
11 몰도바
발트해
러시아의 역외영토 칼리닌그라드
2 카자흐스탄
아랄해
9 조지아
흑해
캅카스 산맥
카스피해
8 아르메니아
3 우즈베키스탄
4 키르기스스탄
7 아제르바이잔
6 투르크메니스탄
5 타지키스탄

북아메리카
캐나다
북극해
노르웨이
스웨덴
핀란드
유럽
러시아
태평양
아프리카
카자흐스탄
이라크
몽골
일본
이란
아시아
대한민국
중국
파키스탄
인도
인도네시아
인도양
1 러시아
오호츠크해
동해

[러시아]

제1부
러시아
Sakha Republic
사하 리퍼블릭
Saint Petersburg
상트페테르부르크
Kamchatka Peninsula
캄차카반도
Magadan Oblast
마가단 오블라스트
Moscow
모스크바
Sakhalin Island
사할린섬
Khabarovsk
하바롭스크
Perm
페름
Ekaterinburg
예카테린부르크
Irkutsk
이르쿠츠크
Baikal Lake
바이칼 호수
Primorskiy Krai
프리모르스키 크라이
Volga River
볼가강
Ob' River
오비강
Eenisey River
예니세이강
Jewish Autonomous Oblast
유대인 자치주

멀고도 가까운 프리모르스키

카레이스키의 고향

프리모르스키 크라이(Primorskiy Krai)를 우리는 연해주(沿海州)라고 부른다. 북쪽은 아무르강(흑룡강)의 남쪽이고, 남쪽은 두만강, 서쪽은 우수리강(송화강), 동쪽은 동해와 경계를 짓는다. 중국, 한반도와 국경을 맞댄 셈이다. 남북으로 시호테알린산맥이 달려 해안에 이른다. 산지가 80%를 차지하며 평야는 우수리강 하류, 중국과의 경계지역까지 넓게 전개된다. 강수량은 800mm 정도이고 삼림이 울창하다. 아시아의 최대 포식자 시베리아 호랑이의 서식지이다. 북쪽은 연평균 기온이 1도, 남쪽은 5도 정도이다. 한대 지방이다. 프리모르스키의 인구 200만 명 중 92%가 러시아인, 2%가 우크라이나인, 1%가 조선족(2만 명)이다. 러시아에 살고 있는 조선족을 고려인, '카레이스키'라고 부른다. 최근 중앙아시아에 살던 카레이스키, 조선족이 그들의 고향 프리모르스키로 돌아가는 숫자가 늘고 있다.

프리모르스키는 인구밀도가 희박한 곳이다. 16만 km^2 땅에 고작 200만 명이 살고 있다. $1km^2$당 12명이 살고 있는 셈이다. 연해주는 지금은 러시아 땅이지만, 역사적으로 볼 때 처음에는 고구려 땅, 발해 땅이었고, 청나라를 거쳐 러시아로 소유권이 넘어갔다. 프리모르스키에 처음으로 정착한 민족은 조선인이었다. 1937년 강제 이주 당시 프리모르스키에 살던 조선족 인구는 20만 명으로 추정한다. 그 흔적은 쌀 재배에 남아 있다. 조선족은 어디에서나 쌀을 재배했다. 만주에서 처음으로 쌀을 재배한 것도 조선족이었고 러시아 프리모르스키와 중앙아시아에서 쌀을 처음으로 재배한 것도 조선족이었다.

1937년은 사상 최악의 독재자 스탈린이 권력을 휘두르던 시절이었다. 그는 프리모르스키에 사는 많은 조선족과 일본 간의 관계를 의심했다. 당시 프리모르스키 인구는 조선인이 절대 다수였다. 지리적으로도 한반도와 인접해 있다. 스탈린은 조선이 일본에 합병되었으니, 러시아와 일본 간 전쟁이 발발할 경우 조선족은 일본 편을 들 것이라 판단했다. 이 시기 일본 관동군이 만주를 지배하면서 만주의 독립지사들이 감시를 피해 대거 연해주로 넘어왔다. 일본군대까지 연해주로 들어와 분쟁의 소지가 발생했다. 스탈린은 열차를 동원하여 조선족을 아무 연고도 없는 중앙아시아로 강제 이주시켰다. 디아스포라는 6개월 동안 진행되었다. 강제 이주로 인

프리모르스키 크라이
Primorskiy Krai

경도·위도 동경 135° 0', 북위 45° 0'

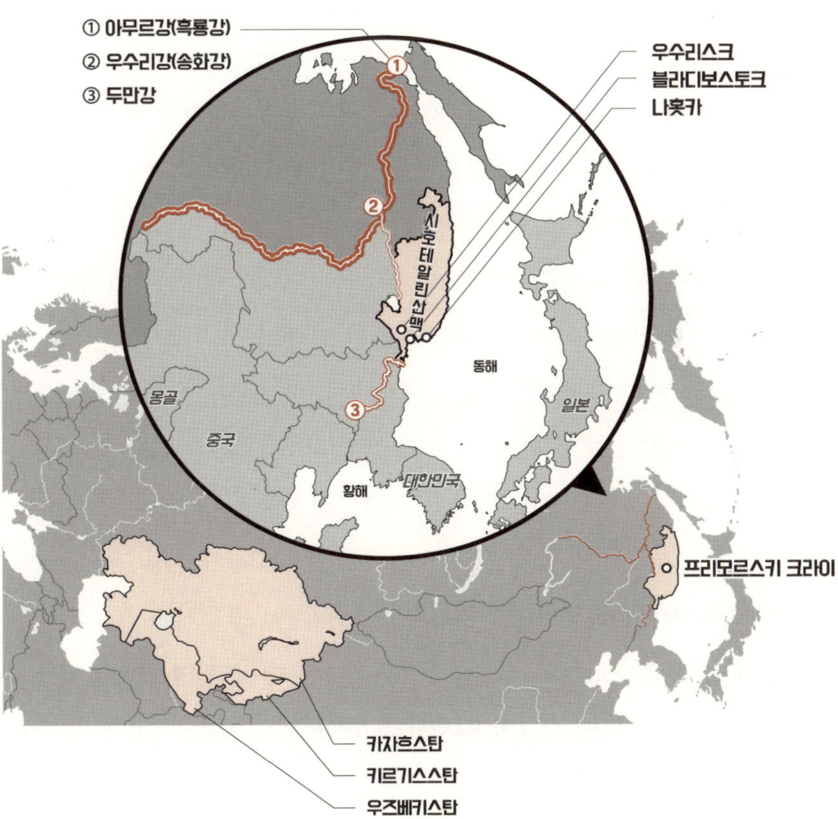

① 아무르강(흑룡강)
② 우수리강(송화강)
③ 두만강

우수리스크
블라디보스토크
나홋카

시호테알린산맥
동해
몽골
중국
일본
황해
대한민국

프리모르스키 크라이

카자흐스탄
키르기스스탄
우즈베키스탄

하여 많은 조선족이 이주 도중에 굶어 죽고 병들어 죽었다. 당시 20만 명의 조선인 이주자 중 우즈베키스탄, 카자흐스탄, 키르기스스탄에 정착한 사람은 16만 명에 불과했다. 4만 명은 강제 이주 과정에서 1년을 넘기지 못하고 죽었다.

소련이 해체된 후 우즈베키스탄, 카자흐스탄, 키르기스스탄이 각각 독립하면서 카레이스키는 러시아인도 원주민도 아닌 신분이 되었다. 그전까지는 소련 연방에 흡수되어 살기 위해 러시아 말을 의무적으로 배우고 러시아 문화를 익혀 러시아 공산당에 들어가 출세하는 카레이스키가 많았다. 그러나 구소련에서 탈퇴한 중앙아시아의 독립 공화국들은 민족어와 러시아어를 병용하고 있다. 러시아 말밖에 모르는 고려인은 역으로 원주민으로부터 차별을 받는 실정이 되었다. 다시 러시아 땅으로 돌아가고 싶어 하는 카레이스키가 늘어나고 있다. 카레이스키가 중앙아시아에서 옛 고향 연해주로 돌아오는 이유이다. 연해주의 우수리스크시 주변에는 고려인의 정착촌, '우정마을'이 생겨났다. 귀환한 카레이스키들이 만든 마을이다. 한글도 다시 배운다. 한국에서 대학생 자원봉사자도 많이 들어간다. 카레이스키들은 한국 기업의 러시아 연해주 진출을 돕고 있다.

한국 속의 러시아 땅, 러시아 속의 한국 땅

마산교육대학교 교수로 재직하던 당시 나는 마산 월영동에 살았다. 1970년의 일이다. 집값이 시세보다 낮아 집을 사려고 했다. 그런데 월영동에서는 집을 살 수는 있는데 등기를 할 수 없다고 했다. 마산의 월영동은 한국 땅이 아니고 아직 러시아의 조차지(租借地)라는 것이다. 구한말도 아니고 무슨 이런 일이? 믿을 수 없었지만 사실이 그랬다. 러시아는 동양 함대를 위한 석탄저장소와 해군병원을 짓기 위하여 마산포 개항 이듬해인 1900년 3월 30일 대한제국과 한로조차협약(韓露租借協約)을 맺고 지금의 마산 월영동, 반월동 일대를 조차하였다. 국제법이 국내법에 우선하고 조약을 파기하지 않았으므로 아직도 제정 러시아의 땅이라는 것이다.

그 후 소유권 문제가 일어나고 법원 판결을 받아, 1982년에 러시아 조차지가 국유지로 편입되었다는 기사를 읽었다. 러시아는 동시베리아로 진출하면서 얼지 않는 항구를 얻기 위해 부단히 노력했다. 구한말 명성황후가 일본 자객에게 시해당한 후, 고종이 러시아 공사관으로 피신한 사건이 '아관파천'이다. 러시아 공사 베베르가 고종을 조종하여, 러시아가 한반도를 통해 해양으로 진출하는 계기를 마련하려 했다. 그것이 러시아의 마산 조차지였다.

러시아의 남하정책과 조선의 북벌계획 간의 마찰은 1850년인 효종 때로 소급된다. 러시아의 잦은 남하에 자극을 받아 멀리 송화강, 흑룡강변에서 러시아 군대와 접전했다는 기록이 있다. 청나라의 요청도 있었지만, 효종의 북벌정책도 작용한 결과이다. 이후 베이징 조약(1860)이 체결되면서 청과 러시아 간에 흑룡강(아무르강), 송화강(우수리강)을 경계로 하는 국경이 확정되었다. 중국의 동북 3성(헤이룽장성, 길림성, 요령성)은 동해로 나가는 길이 봉쇄되었다. 당시 러시아의 중심 모스크바에서 보면 프리모르스키는 동시베리아의 변방 중 변방이었다. 제정 러시아 때는 원주민을 통하여 모피를 얻거나, 경비대로서의 가치 정도밖에 없던 곳이다.

최근에는 이러한 인식이 바뀌고 있다. 동시베리아 천연가스, 석유, 목재, 수산물의 가치가 높아지면서 인구에 비해 많은 자원을 보유한 프리모르스키의 경제적 가치가 높아지고 있다. 러시아는 프리모르스키를 개발하여 극동 경제 발전의 축으로 삼고자 한다. 중앙정부 차원에서 극동개발부를 신설하여 종합개발계획(극동바이칼지역 경제사회개발 프로그램)에 박차를 가하고 있다. 그 영향으로 연해주 지역에 대한 외국의 투자가 늘었고(EU 31%, 일본 25%, 한국 10%, 중국 9%), 외국인의 출입이 자유로워지면서 프리모르스키의 중심 도시 블라디보스토크로 이주하는 외국계 이주민 수도 크게 늘어났다. 현재 외국인 거주자는 25만 명 정도인데, 이를 국적별로 살펴보면 중국인이 14만 명으로 압도적으로 많다. 그 밖에 우즈베키스탄인이 4만 4000명, 북한인이 8800명, 한국인이 6800명, 키르기스인이 6700명, 타지크인이 5400명, 일본인이 5300명 정도다. 반대로 이곳에 거주하는 러시아계 백인 수는 계속 줄어들고 있다. 유럽 쪽 러시아에 비하면 프리모르스키는 교육과 문화시설이 낙후되어 있다.

중국과 접경하고 있으므로 중국인 거주자 수가 늘어나는 것은 자연스러운 현상이다. 그러나 러시아 당국은 중국인 수가 늘어나는 것을 경계하며, 내심 한국인들의 유입이 많기를 바라고 있다. 프리모르스키 땅은 우수리강(송화강) 하중도를 두고 러시아와 중국

간에 국경분쟁이 있었던 곳이고, 사할린 4개 섬 반환 문제로 일본과의 외교관계도 껄끄러운 상태이다. 틈새 국가는 한국이다. 러시아는 중국인의 유입을 엄격히 통제하는 반면, 한국의 참여는 환영한다. 러시아도 중국도 북한도 자유무역지대로 나가기를 희망하고 있다. 우리에게 프리모르스키는 북한과 함께 기회의 땅, 거대한 블루오션이 될 수 있는 곳이다.

'동방의 정복자' 블라디보스토크

프리모르스키에는 블라디보스토크, 나홋카, 우수리스크 같은 우리에게 낯익은 도시들이 있다. 북한에서는 기차와 자동차로 들어갈 수 있지만, 남한에서는 배로 들어간다. 블라디보스토크의 경우 강원도 동해시와 부산에서 들어가는 정기선박도 있다. 강원도 동해시에서 블라디보스토크까지는 19시간이 걸린다.

블라디보스토크는 '동방의 정복자(the ruler of the East)'란 뜻이다. 중국에서는 '해산위(海山威)', 북한에서는 '울라지보스또크'라고 부른다. 1860년 러시아 해군 함정 만추르호를 타고 이곳에 처음 도착하여, 알렉시 셰프너(Alexey K. Shefner)가 초소를 만든 후 '블라디보스토크'라고 명명했다. 블라디보스토크가 번영한 것은 1916년 시베리아 대륙횡단철도가 완공되면서부터이다. 이 도시는 그 후 줄곧 러시아 극동 함대가 주둔한 군사도시 역할을 했다. 소비에트 시절에는 외국인의 출입을 금지시킬 만큼 중요한 군사도시였다.

21세기에 들어 냉전체제가 와해되자, 이곳의 가치는 군사에서 경

러시아의 행정구역

러시아의 지배 민족은 슬라브족이지만, 러시아는 160개 민족으로 구성된 다민족 국가이다. 러시아 연방에는 총 85개의 행정자치구역이 있다. 인구수, 면적, 민족에 따라 제정 러시아 때부터 나누어 놓은 것이다. 85개의 행정자치구역은 다음과 같다. 먼저 22개 리퍼블릭(Repulbic, 공화국)과 46개 오블라스트(Oblast, 주), 9개 크라이(Krai, 준주)는 같은 행정등급이다. 3개 연방시는 모스크바, 상트페테르부르크, 세바스토폴이며, 1개 자치주는 유대인 자치주, 4개 자치구는 소수민족구이다. 광대한 토지와 다양한 자연조건 속에서 여러 민족이 살다 보니 이처럼 행정구역이 복잡해졌다.

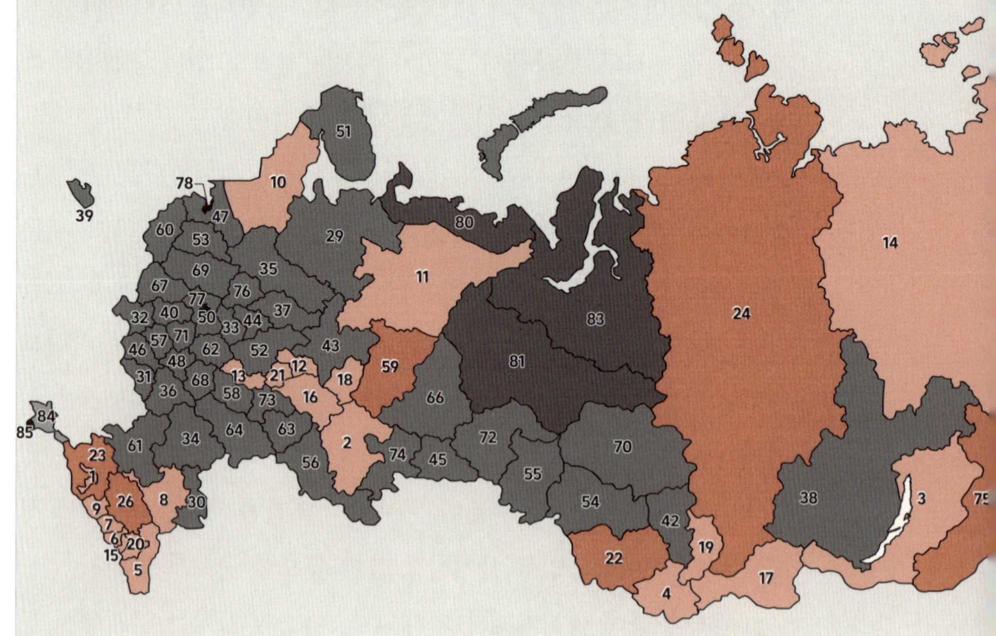

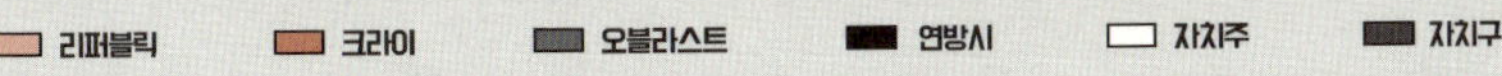

리퍼블릭

1 아디게야 리퍼블릭
2 바시키르 리퍼블릭
3 부랴트 리퍼블릭
4 알타이 리퍼블릭
5 다게스탄 리퍼블릭
6 인구시 리퍼블릭
7 카바르디노발카르 리퍼블릭
8 칼미크 리퍼블릭
9 카라차예보체르케스카야 리퍼블릭
10 카렐리야 리퍼블릭
11 코미 리퍼블릭
12 마리옐 리퍼블릭
13 모르도바 리퍼블릭
14 사하 리퍼블릭
15 세베로오세티야 리퍼블릭
16 타타르 리퍼블릭
17 투바 리퍼블릭
18 우드무르트 리퍼블릭
19 하카스 리퍼블릭
20 체첸 리퍼블릭
21 추바시 리퍼블릭
84 크림 리퍼블릭

크라이

22 알타이 크라이
75 자바이칼 크라이
41 캄차카 크라이
23 크라스노다르 크라이
24 크라스노야르스크 크라이
59 페름 크라이
25 프리모르스키 크라이
26 스타브로폴 크라이
27 하바롭스크 크라이

오블라스트

28 아무르 오블라스트
29 아르한겔스크 오블라스트
30 아스트라한 오블라스트
31 벨고로드 오블라스트
32 브랸스크 오블라스트
33 블라디미르 오블라스트
34 볼고그라드 오블라스트
35 볼로그다 오블라스트
36 보로네시 오블라스트
37 이바노보 오블라스트
38 이르쿠츠크 오블라스트
39 칼리닌그라드 오블라스트
40 칼루가 오블라스트
42 케메로보 오블라스트
43 키로프 오블라스트
44 코스트로마 오블라스트
45 쿠르간 오블라스트
46 쿠르스크 오블라스트
47 레닌그라드 오블라스트
48 리페츠크 오블라스트
49 마가단 오블라스트
50 모스크바 오블라스트
51 무르만스크 오블라스트
52 니즈니노브고로드 오블라스트
53 노브고로드 오블라스트
54 노보시비르스크 오블라스트
55 옴스크 오블라스트
56 오렌부르크 오블라스트
57 오룔 오블라스트
58 펜자 오블라스트
60 프스코프 오블라스트
61 로스토프 오블라스트
62 랴잔 오블라스트
63 사마라 오블라스트
64 사라토프 오블라스트
65 사할린 오블라스트
66 스베르들롭스크 오블라스트
67 스몰렌스크 오블라스트
68 탐보프 오블라스트
69 트베리 오블라스트
70 톰스크 오블라스트
71 툴라 오블라스트
72 튜멘 오블라스트
73 울리야놉스크 오블라스트
74 첼랴빈스크 오블라스트
76 야로슬라블 오블라스트

연방시

77 모스크바
78 상트페테르부르크
85 세바스토폴

자치주

79 유대인 자치주

자치구

80 네네츠 자치구
81 한티만시 자치구
82 축치 자치구
83 야말로네네츠 자치구

제로 옮겨 갔다. 1974년에는 미국의 포드 대통령과 소련의 브레즈네프 서기장 간의 군축회담이 이곳에서 열렸다. 2012년에는 제24차 APEC 정상회의가 이곳에서 개최된 바 있다. 푸틴은 왜 참모들의 반대에도 불구하고 러시아의 변방, 블라디보스토크에서 APEC을 개최했을까? APEC 러시아 대사 겐나디 오베치코는 "아시아 태평양 지역 교역에서 러시아가 차지하는 비중은 1%에 지나지 않는다. 이는 러시아의 위상에도 걸맞지 않고, 경제적 이해와도 부합하지 않는다."라고 했다. 러시아는 '정치는 모스크바, 문화는 상트페테르부르크, 경제는 블라디보스토크'라는 새로운 구상을 하고 있다. 러시아는 극동의 중요성을 강조하기 위하여 APEC 정상회의에 앞서 극동개발부를 신설하고 가스관·발전소·주택을 건설했다. 320억 달러를 들여 60개의 거대 프로젝트를 진행했다. 연해주의 행정 중심지 블라디보스토크는 미국의 서부 도시 시애틀과 같은 위도에 있다. 미국의 서부를 꿈꾼다. 블라디보스토크는 푸틴이 추진하고 있는 신동방 정책으로 활기를 띠기 시작했다.

2014년부터 러시아와 한국 간에는 비자가 면제되었다. 러시아의 연해주와 한반도는 두만강을 사이에 두고 접경하고 있다. 한반도와 러시아 사이를 흐르는 두만강에는 지금도 통행이 가능한 두만강 철교가 놓여 있다. 북한은 1952년에 개통된 이 철교를 '우정의 다리'라고 부른다. 이 다리에 대해서는 중국도 엄청난 관심을 보이고 있다. 중국은 동해 쪽으로의 출구가 두만강 하구뿐인데, 철교의 높이가 너무 낮아 중국의 큰 상선들이 통과할 수 없다. 현재

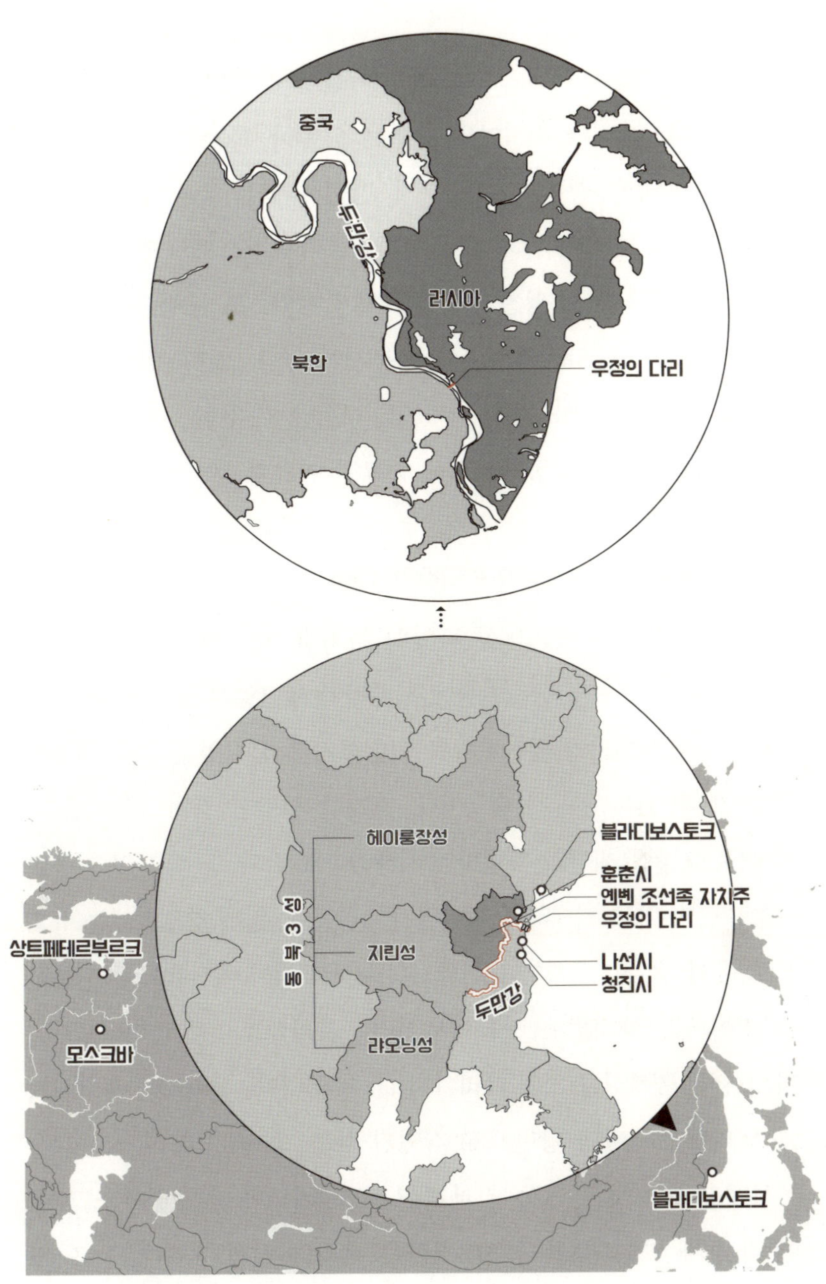

중국
두만강
러시아
북한
우정의 다리
블라디보스토크
헤이룽장성
훈춘시
옌볜 조선족 자치주
우정의 다리
동북 3성
지린성
나선시
청진시
두만강
랴오닝성
상트페테르부르크
모스크바
블라디보스토크

의 낡은 교량을 뜯어내고 교량의 높이를 조정하는 문제가 여러 번 논의되었다. 그러나 러시아의 답변은 언제나 'No'였다. 이유는 간단하다. 중국은 동해로의 출구가 간절하지만, 러시아는 중국의 동해 진출을 바라지 않기 때문이다. 블라디보스토크를 중심으로 200km 내에 북한의 청진시와 나선시가 있다. 또 동북 3성을 배경으로 한 옌벤 조선족 자치주와 훈춘시가 있다. 어디 이뿐인가. 동해 너머에는 일본 열도가 놓여 있고, 태평양 너머에는 미국이 있다. 블라디보스토크가 지정학적으로 중요한 이유다.

버킷리스트 1위, 시베리아 횡단열차(TSR)

죽기 전에 꼭 해 보고 싶은 일의 목록을 '버킷리스트'라고들 한다. 내 버킷리스트 1위는 겨울에 시베리아 횡단열차를 타 보는 것이었다. 내가 시베리아 횡단열차로 여행하기를 꿈꾸었던 것은 이광수의 소설 『유정(有情)』(1933) 때문이다. 제자를 사랑한 것에 죄의식을 느낀 최석 교장은 세상과 작별하러 시베리아로 간다. 그때 그가 이용한 교통수단이 바로 시베리아 횡단열차(TSR)였다. 일제 강점기에는 유럽으로 유학 갈 때, 비행기나 선박보다는 시베리아 횡단철도를 이용하는 것이 일반적이었다. 서울에서 청진, 블라디보스토크, 모스크바, 바르샤바, 베를린을 거쳐 파리까지 갈 수 있었다. 시베리아 횡단열차가 우리에게 사랑과 낭만으로 각인된 것은 그 때문인지도 모른다.

시베리아 여행은 겨울이 제격이고, 시베리아 횡단열차도 겨울에 타야 제 맛이 난다. 창 밖 경관은 우리와 전혀 다르다. 눈과 자작나무와 소나무뿐이다. 모스크바에서 블라디보스토크까지는 9289km다. 세상에서 가장 긴 철도이다. 모스크바에서 상트페테르부르크 구간은 TSR에서 제외된다. 이 구간의 철길은 1860년에 이미 완공되었다. 당시 황제였던 니콜라이 2세는 극동을 여행한 후 TSR 건설을 결심했다. 미국은 1869년 대륙간횡단철도를 완성하여 태평양으로 진출하는 교두보를 확보하였다. 캐나다도 1885년 대륙간횡단철도 건설을 끝냈다. 러시아도 극동 진출을 위해서는 횡단철도 건설이 꼭 필요했으므로, 이 사업은 황제의 버킷리스트 최상위에 있었을 것이다.

당시는 철도가 제1의 교통 수단이었고, 자동차와 비행기는 아직 크게 발달하지 않았을 때였다. 1891년에 시작하여 1905년에 1차 준공식을 했지만, 구간별로 하자가 너무 많아 완성된 철도로 보기는 어려웠다. 전체가 완성된 것은 1916년이었고, 전 구간의 전철화는 2002년에야 마무리되었다. 시베리아 횡단열차는 동쪽에서 서쪽으로 블라디보스토크–하바롭스크–치타–울란우데–이르쿠츠크–노보시비르스크–옴스크–예카테린부르크–모스크바가 거점 역이다. 철도의 폭은 우리나라 것(143.5cm, 표준궤)보다 넓은 광궤(152cm)이다. 구소련 국가들의 철도는 모두 광궤로 연결되어 있어 '152클럽'이라는 철도로 연결된 국가 간의 모임도 있다. 한반도에서는 경원선을 통해 러시아까지 철도가 연결되어 있다.

TSR 건설 당시 러시아는 중국과 한반도로부터 식량을 수입하고 공산품을 수출하여 엄청난 이익을 얻을 수 있을 것으로 기대했다.

물론 시베리아를 러시아의 실질 영토로 관리함으로써 태평양으로의 진출도 용이해질 것이라는 점도 염두에 두었다. 그러나 건설공사는 시베리아의 자연에 강한 저항을 받았다. 재정적인 압박도 있었다. 혹한 때문에 건설기간이 길어지고, 예산도 턱없이 부족했다. 러일전쟁 패전과 제1차 세계대전으로 인해 러시아는 예상했던 경제적 실익을 얻지 못했다. 철도 건설과 전쟁으로 인한 재정 파탄은 결국 러시아 혁명의 원인이 되기도 했다.

아무튼 TSR 건설로 황무지에 불과했던 시베리아는 러시아의 실질적인 영토가 되었다. TSR은 한반도에도 적지 않은 영향을 미쳤다. 북한이 한국전쟁을 일으켰을 때 러시아제 탱크와 대포, 탄약이 TSR을 통해 한반도로 들어왔다. 근대사를 바꾸어 놓은 러일전쟁의 패인도 TSR에 있었다. 철도는 단선이었고, 부실했다. 러시아의 패배는 전장(戰場)이 모스크바에서 너무 멀리 떨어져 있어 군수물자를 제대로 수송하지 못한 탓이다. 지금도 별반 다르지 않지만, 당시 전쟁의 승패는 수송 능력에 달려 있었다.

2010년 푸틴과 이명박 대통령은 러시아산 천연가스와 석유·목재·수산물 교역에 대해 합의를 보았다. TSR을 배경으로 하고 있다. 철도의 기능 개선으로 종전에 10일 걸리던 수송 기간이 8일로 단축되었다. 시속 80km이던 평균속도도 시속 100km로 향상되었다. 현재 TSR은 많은 이웃 국가와 연결되어 있다. 한반도 종단철도(TKR)는 부산에서 서울–원산을 거쳐 블라디보스토크로 연결된다. 서울에서 평양–신의주로 연결되는 철도는 북경에서 울란바토르를

거치는 몽골 횡단철도(TMGR)와 연결된다. TMGR은 북쪽 러시아의 울란우데에서 TSR과 연결된다. 또 중국 횡단철도(TCR)는 북경에서 우루무치와 카자흐스탄의 아스타나를 거쳐 러시아의 예카테린부르크로 연결된다. 중앙아시아의 모든 철도는 TSR을 접선하여 유럽과 연결된다. 따라서 TSR은 유라시아의 대동맥이다.

미국과 캐나다에서 운영하고 있는 대륙간횡단열차의 여객 수송 기능은 항공기와 승용차의 발달로 이미 사양길에 접어들었다. 지금은 주로 중량 화물 수송이나 관광용으로 이용될 따름이다. 하지만 TSR은 지금 전성기가 시작되고 있다. 블라디보스토크에서 런던까지 선박으로는 25일이 소요되지만, TSR로는 2주일이면 가능하다. 현재 중국-러시아 간 화물 수송량은 연간 6000만 톤이나 된다. 매년 컨테이너 20만 개가 TSR에 실려 양국을 오간다. 블라디보스토크에서 상트페테르부르크까지는 일주일이면 도착할 수 있다. 하루에 평균 1500km를 달린다. 중국에서도 하얼빈과 치치하얼을 통과하여 러시아 치타와 이르쿠츠크로 연결되어 있다. 북한과의 관계만 개선된다면 부산에서 기차를 타고 북한, 중국, 러시아, 폴란드, 독일, 프랑스, 스페인을 거쳐 포르투갈의 리스본까지 갈 수 있다.

만병통치약 자작나무

어머니는 "추우면 옷 입어야 하고, 배고프면 먹어야 하고, 비 오면 피해야 한다. 사람 사는 곳 중에서 이와 다른 데는 없다."라고 하셨다. 학교 교육이라곤 받아 본 적이 없고, 한글조차 겨우 읽는 어머니의 말씀이지만, 생각할수록 맞다 싶다. 문화의 보편성을 훤히 꿰고 하는 말씀이다. 얼마나 추우냐에 따라 입는 옷이 달라지고, 심는 작물이 달라지고, 먹는 음식이 달라지고, 집의 형태가 달라질 뿐이다.

'지리학은 여행에서 논문의 가설을 얻는다.'는 말이 있다. 지구상에 똑같이 사람이 살아도, 어떤 곳은 문화가 서로 같고 어떤 곳은 다르다. 시베리아의 예벤키족은 우리와 같은 퉁구스 유전자를 갖고 있지만, 먹고 사는 일상은 우리와 다르다. 같은 곳은 왜 같고, 다른 곳은 왜 다른가. 지리학자는 여행지에서 문화의 지역 차를 꼼꼼히 살핀다.

2005년에 기차를 타고 시베리아를 횡단한 적이 있다. 우리의 생활과 얼마나 다른지를 보고자 했지만, 기차 속이므로 차창을 통해 시베리아의 자연만 보게 된 셈이다. 이르쿠츠크로 가는 3박 4일 동안 창밖은 눈 덮인 설원과 자작나무의 세상이었다. '아!' 하는 탄성이 절로 나왔다. 정말 다르다. 우리 산에서 보던 소나무와는 너무나 다른 자연이다. 나는 자작나무에 대한 환상을 가지고 있었다. 고등학교 3학년 국어 교과서에 실린 정비석의 「산정무한」 덕분이었다. 우리 시절 대학입시에 단골로 출제되었던 금강산 기행문을 나도 그때는 다 외우고 있었다. "비로봉 동쪽은 아낙네의 살결보다도 흰 자작나무의 수해(樹海)였다. 설 자리를 삼가, 구중심처(九重深處)가 아니면 살지 않는 자작나무는 무슨 수중 공주(樹中公主)이던가!……" 자작나무가 얼마나 수려했으면 이렇게 표현했을까? 하지만 정비석이 시베리아 사람이었더라면 자작나무를 이토록 칭찬하지는 않았을 것이다. 3일 밤낮 눈에 보이는 것이라고는 하얀 눈밭과 자작나무뿐이다 보니 자작나무는 더 이상 감동이 아니었다.

시베리아 횡단철도가 달리는 지형은 매우 평탄하다. 한국은 산악지형이므로 KTX 철도는 터널과 교량의 연속이다. 게다가 속도까지 빨라 바깥 경치를 감상할 수가 없다. 하지만 TSR은 평균 100km 속도로 일정하게 달리는 데다, 주변이 평야이므로 시야를 가릴 장애물도 없다. 열차를 타는 내내 터널 한번 경험하지 못했다. 게다가 선로가 단선인 관계로 교차 때마다 중간 도시에서 멈춰야 했다. 덕분에 그때마다 기차를 오르내리는 사람들과 역사 주변의 풍경들을 눈에 담을 수 있었다.

다시 자작나무 이야기로 돌아가 보자. 자작나무는 추운 지역에서 자라는 활엽수이다. 침엽수 지대와 경계를 이루고 있으므로, 자작나무 지대를 넘어서면 시베리아 침엽수림인 타이가(Taiga) 지대가 나타난다. 열차는 끝없이 펼쳐지는 자작나무 지대를 달린다. 자작나무 수액은 감기·소화불량·신경통·간경화에 효과가 있어, 러시아에서는 만병통치약으로 쓰이고 있다. 자작나무 수액은 또 우리나라에 널리 보급된 '자일리톨' 껌의 재료로 이용되기도 한다. 러시아와의 교역이 자유로워지면서 러시아산 자작나무에서 자라는 차가버섯이 우리나라에서도 인기를 끌고 있다. 암 치료 효과가 탁월하다는 입소문 덕분이다. 솔제니친의 소설 『암병동』에서도 차가버섯은 암 치료제로 묘사된다. 기념품 가게에 들렀더니 하얀 자작나무 껍질에 그림을 그려 팔고 있었다. 시베리아 여행을 함께한 일행은 세상의 약이 되자며 훗날 '베루자(자작나무의 러시아 이름, 영어로는 Birch)'라는 모임을 만들었다. 그러나 이 낭만적인 모임은 그리 오래가지 못했다.

시베리아 횡단철도로 여행하기

러시아에서는 표를 샀다 해서 무작정 기차를 탈 수 없다. 차장이 승객의 여권번호와 이름이 기재된, 신분증이나 다름없는 열차표를 일일이 대조한 후에 승차시켜 준다. 항공기 체크인과도 같다. 차장은 열차가 출발할 때부터 도착할 때까지 승객의 승하차, 화장실 관리, 식수 공급 등을 책임지는 대단한 권한을 갖고 있다. 승객은 죄수와 같은 신세다. 여행안내서에도 차장에게는 절대복종하고, '기름을 치라'고 적혀 있다. 1등석은 2인실로 한 평 크기의 방이고 안에서 문을 잠그게 되어 있다. 2등석은 4인실, 3등석은 칸막이가 없다. 차장의 방은 화장실과 붙어 있다. 차장이 화장실 문을 잠그면 화장실 사용이 금지되는데, 열차가 정차하기 30분 전에 잠긴 화장실 문은 출발 후 30분이 지나야 다시 열린다. 고통스럽지만, 족히 한 시간을 참아 내는 것 외에는 도리가 없다. 열차가 서면 제복을 입은 여차장이 열차 아래 얼어붙은 배설물을 도끼로 깨 떼어 내는 작업을 한다. 겨울 시베리아 여행이 아니면 볼 수 없는 장면이다.

내가 여행 중 머물렀던 1등석은 침대 두 개가 마주 보고 있고 침대 밑에 가방을 둘 공간이 있었다. 두 사람이 자는 침대를 의자로 만들어 앉으면 침대 하나에 4명, 모두 8명이 무릎을 맞대고 앉을 수 있다. 밖은 영하 30도지만 실내는 난방이 잘되어 있어 영상 20도를 가리킨다. 그래서 차내에서는 티셔츠에 슬리퍼 차림으로 다닌다. 객실 옆에는 좁고 긴 복도가 있어 화장실을 가거나 물을 얻으러 다닐 수 있다. 분위기가 칙칙하고 냄새가 나지만 참을 만하다. 죄수를 실어 나르던 시베리아 횡단열차를 상상했는데, 생각보다 꽤 훌륭하고 편했다. 열차시간을 정확하게 지키는 것 또한 러시아가 사회주의로 망했다는 걸 생각하면 놀라운 일이다.

열차는 밤낮을 가리지 않고 계속 달린다. 좁은 공간에 갇혀 낯선 이들과 함께 지내다 보면 잠을 제대로 자기 어렵다. 나는 달리는 열차 속에서 자다가 책을 읽다가 일행과 토론하다가 보드카를 마시다가 하면서 시간을 보냈다. 밤을 새워 가며 하는 장거리 열차 여행이 러시아 사람들에게는 일상이겠지만, 거대한 대륙의 끝자락에 살고 있는 나 같은 사람에게는 흔치 않은 경험이다. 일행과 정치에서 러시아 여성에 이르기까지 다양한 주제로 이야기를 이어 갔지만 24시간은 참으로 길었다. 밀폐된 열차 안에서 시간은 느리게 흐른다.

하바롭스크와 동시베리아의 자원

동시베리아의 중심 도시

하바롭스크는 우수리강과 아무르강(중국명은 흑룡강)이 합류하는 곳에 자리 잡고 있다. 두 하천은 이곳에서 합류하여 오호츠크해로 흘러간다. 작은 강은 한눈에 들어오지만, 큰 강은 바다처럼 넓어 시야에 다 들어오지 않는다. 이럴 때는 지도를 펴 보는 쪽이 낫다. 겨울에 강이 결빙되면 30톤 트럭이 고속도로가 된 강을 따라 화물을 운반하고, 여름이면 대양선이 다닌다. 교통의 요지에서 현대 도시는 점점 커진다. 하바롭스크가 바로 그런 경우다.

하바롭스크를 다녀온 사람들은 이 도시가 매우 아름답다고 말한다. 특히 아무르강 우안의 넓은 백사장과 광장, 시장이 아름답다. 하바롭스크는 동시베리아에서 가장 큰 도시로 철도, 도로, 수상

교통의 요지이다. 블라디보스토크에서 우수리강 하류를 따라 북쪽으로 800km쯤 되는 지점에 위치해 있으며 기차로는 11시간이 걸린다. 내륙 깊숙이 있지만 아무르강을 따라 상류에서 하류까지 큰 배가 다닐 수 있다는 장점이 있다.

시베리아의 큰 도시들은 모두 자원 확보 쟁탈전 속에서 발전했다. 사람이 거의 살지 않지만 자원이 많은 땅이었기에 이 땅의 지배권을 두고 러시아, 중국, 일본 간에 전쟁이 일어났다. 17세기에는 모피를 구하러 시베리아로 동진하던 러시아가 동쪽의 대국 청나라를 만나 국경이 맞닿은 곳에서 네르친스크(Nerchinsk) 조약(1689)을 맺었다. 아무르강(흑룡강) 이북은 러시아가, 이남은 청나라가 갖는 것이 조약의 핵심이었다. 20세기 들어서는 의화단 사건을 빌미로 연합군(영국, 프랑스를 비롯한 8개국)이 청나라를 침략하고 베이징 조약(1901)을 체결하였다. 러시아는 청과 열강을 중재한 대가로 우수리강 동쪽 프리모르스키(연해주)와 아무르강 이남을 차지하였다. 이때부터 하바롭스크는 러시아의 군사거점이 되었다. 러시아 혁명(1917) 때 내전으로 백군이 볼셰비키의 적군과 끝까지 싸웠던 곳도 바로 이곳 하바롭스크였다. 레닌은 하바롭스크를 점령하고 난 후에야 볼셰비키 혁명의 성공을 선언할 수 있었다.

그러나 청일전쟁(1895)과 러일전쟁(1905)에 승리한 일본이 한반도를 점령한 데 이어 만주와 연해주의 지배권을 확보하면서 하바롭스크는 일본의 군사 거점이 되었다. 소련은 제2차 세계 대전에서 승리함으로써 비로소 하바롭스크를 비롯한 실지(失地)를 회복하고 사할린까지 차지할 수 있었다. 제2차 세계 대전이 끝난 뒤 미군은 도쿄에 전범재판소를 두었지만, 만주를 점령한 소련군은 하바롭스크에 전범재판소를 두고 관동군 사령관을 비롯하여 열두 명의 전범들을 재판했다.

1969년 중국과 소련 간에 국경 분쟁이 일어나면서 이 지역은 또다시 전화에 휘말렸다. 국경을 가르는 우수리강에는 여의도와 같은 작은 섬들, 즉 하중도(河中島)가 많이 있다. 이 가운데 한 섬—소련은 다만스키, 중국은 첸파오(珍寶島)라고 부른다—의 영유권을 두고 전쟁이 발발하였다. 이 전쟁은 아직도 끝나지 않은 채 휴전으로 남아 있다.

블라디보스토크가 러시아 극동 해군의 중심이라면, 하바롭스크는 러시아 육군과 공군의 중심이자 중요한 군수지원기지이다. 1858년에 최초로 군사기지가 설치되었으며, 지금도 핵무기를 장착한 대륙간 유도탄 기지가 운용되고 있다. 참고로 1983년 KAL 007 여객기가 오호츠크해에서 격추된 것도 바로 이곳 하바롭스크 작전 사령부의 지시에 의한 것이라고 한다.

시베리아 횡단철도가 개통된 지 100년이 되던 2015년 러시아의 푸틴은 러시아 극동 정책을 군사에서 경제 중심으로 바꾸려는 야심찬 계획을 발표했다. 그러나 문제는 여전히 남아 있다. 아무르-우수리강을 경계로 놓고 양쪽을 비교해 보면, 중국은 만주 지역 인구가 1억 명이 넘지만, 러시아는 동시베리아 인구를 모두 합쳐도 600만 명이 채 안 된다. 범위를 좁혀 보아도 마찬가지다. 강 건

하바롭스크
Khabarovsk

경도·위도 동경 135° 04', 북위 48° 29'

러시아 영토

① 아무르강(흑룡강)
② 우수리강(송화강)

너 중국의 하얼빈시가 500만 명, 헤이룽장성은 3800만 명의 인구를 능가하는 반면, 하바롭스크시 인구는 60만 명이고, 하바롭스크 크라이 전체 인구를 다 합쳐도 170만 명에 불과하다. 심지어 러시아 극동 인구는 계속 줄고 있다. 러시아 백인 청년들이 낙후 지역인 동시베리아에 살기 싫어하기 때문이다. 역사적으로도 아무르강과 우수리강 유역은 명나라와 청나라가 점령했던 땅이다. 러시아 당국은 중국인이 많아지면 극동이 저절로 중국과의 영토 분쟁에 말려들 것이라고 우려하고 있다.

극동시베리아의 개발은 중국인을 통하지 않고서는 불가능하지만, 러시아는 중국에게 쉽게 개방하지 못하고 있다. 중국인에 의한 개발은 이 지역의 중국화를 초래할 것이 자명하기 때문이다. 블라디보스토크에도, 하바롭스크에도 이미 거대한 중국 시장이 들어서 있다. 하바롭스크의 농산물과 생필품은 모두 중국에서 온다고 해도 과언이 아니다.

그런데 하바롭스크에서는 우리의 눈에 익숙한 것들도 심심찮게 눈에 띈다. 예를 들어 '서울역-왕십리' 간판이 그대로 붙어 있는 중고 버스가 시내를 돌아다닌다. 초코파이와 한국산 스타킹도 러시아인들에게 큰 인기를 끌고 있어 쉽게 발견할 수 있다. 하바롭스크에는 고려인, 북한인, 한국인 등 한국계 2만 명이 살고 있고 한국의 영사관도 있다. 다수의 한국 기업이 진출해 있고, 한국어 신문뿐 아니라 한국어 방송도 송출된다. 교민사회가 형성되어 있다. 중국과 일본을 경계하는 러시아에게 한국은 참으로 매력 있는 나라이다.

아무르강

하바롭스크를 탄생시킨 강은 아무르(Amur)강이다. 중국어로는 헤이룽장(흑룡강黑龍江)이라 부른다. 만주 전역을 흘러 오호츠크해로 들어가는 거대한 강으로, 남쪽의 송화강과 북쪽의 아르군(Argun)강도 아무르강의 지류이다. 아무르강은 아시아에서 양자강, 황하강 다음으로 크며 세계에서는 열 번째로 큰 강이다(4444km). 유역 면적은 200만 km^2로 중국의 동북 3성에 걸치는 광대한 규모이다. 하천 유역의 대부분은 북위 50도 선에 분포한다. 아무르강의 지류 우수리강(송화강)은 발원지가 백두산이다.

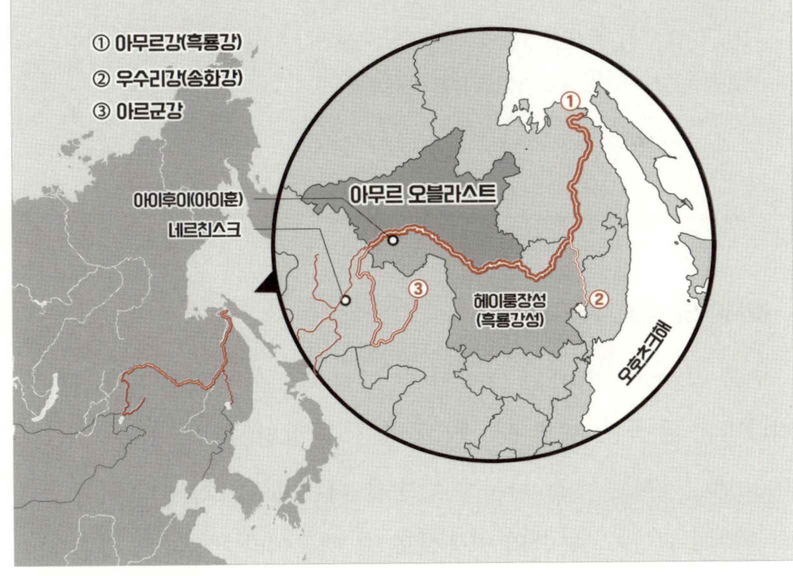

겨울이 되면 아무르강에는 모래를 실은 대형 트럭이 지나다닐 만큼 두꺼운 얼음이 언다. 강 유역에서는 옛날부터 퉁구스계 민족들이 물고기를 잡거나 순록을 사냥하며 살았다. 이들은 겨울이 되면 얼음을 뚫고 얼음 아래 있는 물고기를 잡는다. 온 부족이 힘을 합쳐 수십 톤의 물고기를 잡아 겨울 식량으로 쓴다. 이들의 생태는 17세기 후반 코사크(Cossack) 원정대에 의하여 서양에 알려졌다. 서양은 이들을 '야만의 주르첸(Jurchen, 여진족)'으로 기록했다. 지금은 이들의 겨울 물고기 잡이가 관광 상품이 되었다.

아무르강은 러시아와 중국의 국경을 가르는 강이기도 하다. 강의 북쪽은 러시아의 아무르 오블라스트(Amur Oblast)이고 남쪽은 중국의 헤이룽장성이다. 1689년에는 러시아와 청나라 간에 최초로 네르친스크 조약이 체결되었다. 네르친스크는 러시아 자바이칼 크라이의 중심 도시이다. 인구 1만 4000명의 작은 도시이다. 이후 제정 러시아가 등장하면서 1858년에 또 한 번 국경 조약(아이훈Aigun 조약)이 체결되었다. 아이훈은 지금의 헤이룽장성에 있는 작은 도시 아이후이의 옛 이름이다. 1969년에도 아무르강 사이에 있는 하중도(河中島)를 두고 소련과 중국 간에 전쟁을 치렀다.

러시아의 극동, 자원과 인구

추운 겨울을 지내려면 난방이 필수다. 효율성 측면에서 볼 때 우리나라의 온돌은 세계에서 가장 좋은 난방법 중 하나다. 그런데 1960년대까지는 주로 나무로 난방을 하다 보니, 남벌로 민둥산이 속출하게 되었다. 북한의 민둥산도 그 때문이다. 이후 1970년대는 석탄 시대였고, 무연탄이 나무를 대체했다. 연탄 가루로 도시 전체가 새까맣게 되었지만, 구공탄은 우리 생활의 필수품이었다. 그때는 미세먼지라는 단어조차 없을 때였다.

1990년대 중반부터는 석탄 대신 석유가 난방연료로 사용되었다. 석유는 너무나 편리한 에너지이다. 석탄처럼 검은 장갑, 검은 옷이 아니라 하얀 와이셔츠를 입고도 스위치 하나만 누르면 금방 따뜻해졌다. 너나없이 연탄보일러를 석유보일러로 바꾸었다. 석유는 운반하기도 편리하지만 쓰기도 간편했다. 교통사고보다 희생자가 많았던 연탄가스 중독 사망자도 사라졌다. 그러나 대한민국 국민은 석유 한 방울 나지 않는 나라에서 석유를 물처럼 흥청망청 써도 되는지 늘 걱정해야 했다. 그러다가 올 것이 왔다. 배럴당 40달러 하던 석유가 2009년에는 140달러까지 치솟았고, 그 후에도 100달러선을 오르락내리락하였다. 석유를 물처럼 쓰던 시대는 지나갔다.

시간이 좀 더 흐르자 석유 대신 천연가스가 나왔다. 천연가스도 석유와 같은 조건에서 생성된 자원이므로 석유와 비슷한 지질구조에 매장되어 있다. 천연가스가 좋은 연료인 줄은 진작 알았지만, 기체인 천연가스를 수송할 방법을 몰랐다. 천연가스를 영하 160도에서 액체로 전환하는 기술은 한참 후에 개발되었다. 천연가스를 액화시키면 부피를 약 1/600로 줄일 수 있고, 그 액체를 특수용기에 넣어 수송하거나 저장할 수도 있다. 액화된 천연가스(LNG)를 운반하기 위해 영하 160도를 유지할 수 있는 재질의 저장 탱크도 함께 개발되었다.

우리나라는 말레이시아, 인도네시아, 카타르, 오만 등지에서 연간 2400만 톤 이상의 LNG를 수입하고 있다.(이 때문만은 아니겠지만 현재 우리나라의 LNG 선박 건조 기술은 세계 최고 수준이다.) 해마다 소비량이 늘어나고 있으므로, 수입량도 증가할 것이다. 그런데 이 천연가스의 최대 수출국이 바로 러시아다. 천연가스는 석유만큼 가격 오름세가 가파르지도 않다. 하지만 천연가스를 쓰려면 특별한 수송선과 특별한 배관이 필요하고, 저장할 때도 값비싼 탱크가 필요하므로 석유를 천연가스로 대체하는 것이 말처럼 쉽지는 않다. 참고로 LNG는 땅에서 나는 천연가스를 액화한 것이고, LPG는 정유 과정에서 나오는 부산물이다. 천연가스는 공기보다 가볍고, 프로판가스는 공기보다 무겁다는 차이가 있다.

천연가스 세계 최대 수출국인 러시아는 서시베리아에서 생산된 천연가스를 주로 파이프라인을 이용해 유럽에 공급하고 있다. 현재 러시아산 천연가스의 25%를 EU가 소비하고 있는데, 그중 80%가 파이프라인을 통해 공급된다. EU 측에서 보면 에너지의 공급이 러시아에 달려 있기 때문에, 러시아가 크리미아반도를 합병할 때도 강력하게 항의하지 못했다. 강력한 제재를 가해 러시아의 심기를 건드리면 유럽으로 가는 가스관이 폐쇄될 수도 있었기 때문이다.

천연가스는 동시베리아에도 다량 매장되어 있다. 사할린, 야쿠티아, 크라스노야르스크, 이르쿠츠크가 주 매장지이다. 하지만 동시베리아 지역은 인구가 희박하다. 이곳에서 생산된 천연가스를 주로 소비할 나라는 중국, 일본, 한국뿐이다. 푸틴 대통령은 2013년

1월 동시베리아산 원유를 수출하기 위한 송유관 개통식에 참석했다. 동아시아 시장에 대한 관심을 표방한 것이다. 중국, 일본과는 영토 문제로 관계가 껄끄럽다 보니 남의 땅을 넘볼 형편이 안 되는 한국인과 한국의 투자를 환영한다.

한국과 러시아는 사할린에서 생산되는 천연가스를 한국에 공급하기 위해 하바롭스크–블라디보스토크–평양–서울–부산으로 연결되는 가스관 건설 프로젝트를 구상하였다. 파이프라인을 이용하면 천연가스를 액화할 필요가 없으므로 값이 더 싸진다. 이 프로젝트에 따르면 향후 25년간 현재보다 30% 정도 저렴한 가격에 안정적으로 가스를 수입할 수 있다. 그런데 이 가스관은 반드시 북한을 통과해야 한다. 북한에게도 나쁜 이야기는 아니다. 가스관 건설을 통해 북한도 에너지를 값싸게 쓸 수 있고, 연간 3억 달러의 통과비도 받을 수 있기 때문이다. 러시아, 한국, 북한 모두에 윈–윈인 게임이다. 김정일과 메드베데프 러시아 대통령이 만나 기본적인 합의를 추인하였고, 2012년 9월 APEC 정상회의에서 이명박 대통령과 푸틴 대통령이 만나 가스관 건설 프로젝트에 서명하였다. 당시 한국가스공사와 러시아 국영 가스프롬사는 2015년까지 연간 750만 톤, 우리나라 전 가구 1240만 호가 쓸 수 있는 양을 도입하기로 협약했다.

그러나 당사자를 빼놓고 아무리 서명을 하고 사진을 찍어도 소용없다. 북한과 교류를 단절하고 러시아 대통령과 협의한다고 해서 되는 일이 아니라는 뜻이다. 먼저 김정은을 만나야 했다. 러시아, 북한, 남한이 원하는 것은 TSR과 KTX의 연결, 천연가스·석유·석탄·산림자원·수산자원의 교역이다. 미국이 핵을 빌미로 북한을 견제하고 있지만 변화의 조짐은 있다. 트럼프는 김정은이 '좋은 친구'라고 말하고 있다. '깽판'을 놓고 싶지는 않다는 마음이다. 미국 대통령 선거가 끝나고 나면 교류의 요구가 강해져 벽을 넘을 수 있으리라 확신한다.

국적 없는 사할린의 조선족

한반도를 지배한 강대국들은 한국인을 안고 갔다. 조선을 지배했던 중국에 150만 명, 러시아에 100만 명, 일본에 100만 명, 미국에 250만 명의 한국인이 살고 있다. 땅은 그 땅에 오래 산 사람의 것이다. 한국인이 살고 있으면 한국인 땅, 러시아인이 살고 있으면 러시아 땅이다. 국가의 이름으로 마음대로 국경선을 긋고 땅 주인을 자처하며 거주 이전을 방해하는 것은 인간만이 하는 일이다.

사할린섬에는 조선 사람이 3만 명이나 살고 있다. 러시아인 다음으로 많다. 어떻게 해서 그 많은 조선 사람들이 러시아의 낯선 곳, 사할린에서 살게 되었는가? 사할린섬은 원래 청나라의 것이었지만, 아이훈(Aigun) 조약(1858)과 베이징 조약(1860)을 거쳐 러시아 땅으로 등기되었다. 그런데 일본이 러일전쟁에 승리하면서 북위 50도선을 기준으로 북쪽은 러시아, 남쪽은 일본의 영토가 되었다.

일본은 이렇게 획득한 사할린 땅의 석탄 채굴과 산림 벌목을 위해 조선인들을 강제 동원했다. 주로 경상도와 전라도 사람들이었다. 전후 전승국 소련은 북위 50도 이하의 사할린 남부를 러일전쟁 이전 상태로 되돌려 놓았다. 사할린에 살던 일본인은 모두 본국으로 쫓겨 갔지만, 강제 동원된 조선족은 그대로 방치되었다. 러시아 국적도 갖지 못하고 일본 국적도 갖지 못한 채 무국적자가 되어 버렸다.

대한민국이 사할린 동포를 챙기기 시작한 것은 경제 발전을 이룩하고도 한참이 지나서였다. 정부는 귀국을 희망하는 동포를 위해 경기도 안산에 정착촌을 짓고 이주를 도왔다. 노인 1500명이 귀국했다. 강제로 끌려가서 광부나 벌목공 생활을 하다 50년 만에 돌아왔지만, 고향은 그들이 그리던 고향이 아니었다. 이주자 중 10%는 적응하지 못하고 사할린으로 되돌아갔다. 러시아가 고향이고 한국말도 몰라 한국에 적응하기 어려운 2세들도 한국에 들어오기보다는 사할린에 그대로 살겠다고 한다. 사할린 조선족은 러시아 국적이 없으므로 병역도 면제되었다. 하지만 최근 들어 법을 바꾼 러시아는 모든 조선인에게 러시아 국적을 부여하고 병역 의무도 부과하고 있다.

사할린에 사는 조선족들 중에도 북사할린의 조선족은 러시아 말을, 남사할린의 조선족은 일본말을 더 잘한다. 그들이 한국말을 배운 것은 최근의 일이다. 그래도 사할린의 조선족이 중앙아시아

사할린섬
Sakhalin Island

경도·위도 동경 143° 0', 북위 50° 0'

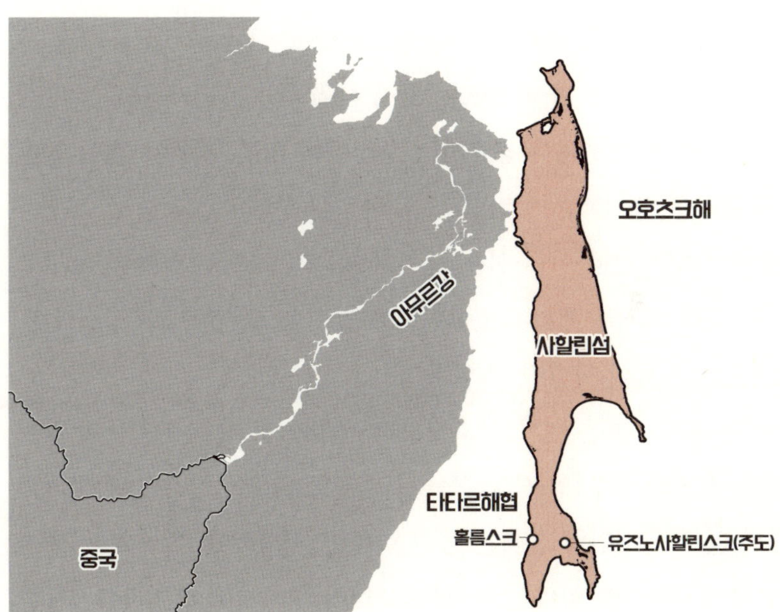

의 조선족보다 한국말을 더 잘한다. 최근 사할린의 젊은 조선족은 한국의 영향을 받아 한글 신문도 발간했다. 이들은 한국에서 유행하는 가요도 곧잘 부른다.

사할린은 제정 러시아 때부터 죄인들의 유배지였다. 유배된 러시아인들은 유배에서 풀려난 후에도 사할린에 그대로 눌러앉는 경우가 많았는데, 이 경우 온 가족이 사할린에 정착하는 것이 다반사였다. 러시아에서는 정치범이 유배지로 떠날 때 죄수만 아니라 가족도 함께 가는 경우가 많았기 때문이다. 러시아의 문호 안톤 체호프(Anton Chekhov)는 1890년 사할린을 여행한 후 소설「살인자」를 썼다. 쇠사슬 족쇄를 찬 죄수가 6살 난 딸아이를 데리고 유배를 가는 현장을 기록한 이 작품에는 당시 사할린의 자연과 사회상이 잘 드러나 있다. 정부에서 공급하는 보급품의 횡령, 강제로 편입된 창녀, 부인을 죽이고 사할린으로 유배된 살인범의 생활 등을 생생하게 묘사하고 있는 이 소설은 소설이 아니라 사할린에 관한 보고서라는 평을 받기도 했다. 이 밖에도 사할린을 그린 체호프의 소설로는 단편「지옥의 사할린」이 있다.

사할린의 여름은 비가 많고 안개가 짙다. 또 겨울에는 눈이 많이 내려, 산지의 경우 평균 5m 높이의 눈이 쌓인다. 인간의 손이 거의 닿지 않은 원시림의 산에는 곰과 순록이 서식하고, 강으로는 연어가 올라온다. 또 바다는 물개와 고래의 서식지로 유명하다. 사할린은 자연자원의 보고다.

아무르강 하구 맞은편에 있는 사할린은 사실 러시아에서 제일 큰 섬이다. 타타르 해협이 본토와 사할린을 갈라놓고 있지만, 기차까지 실어 나르는 페리가 취항하고 있어 교통은 그리 불편하지 않다. 타타르 해협에서 폭이 좁은 곳은 10km도 채 안 된다. 현재 교량이나 해저터널 등으로 본토와 연결하는 방안이 계속 논의되고 있다. 사할린 남단은 일본 홋카이도와도 40킬로미터 거리인 만큼 일본도 사할린의 자원을 탐하며 해저터널을 계획한 바 있다. 현재 부산과 사할린 홀름스크(Kholmsk) 간에는 주로 원자재와 어산물을 수송하는 선박이 정기적으로 운항하고 있다. 사할린 면적은 7만 2492km²로 남한의 2/3 정도지만, 인구는 60만 명에 지나지 않는 미개발 지역이다. 주도는 유즈노사할린스크로 17만 명이 살고 있다. 조선인 대부분이 여기에 살고 있다. 사할린은 러시아에서도 꽤 잘사는 곳이다. 천연가스와 석유 수출이 사할린 소득의 80%를 차지한다. 지금은 취업을 위해 사할린으로 들어오는 본토인들도 있다. 한국과 일본 때문에 호경기를 맞고 있는 것이다.

활화산의 천국
캄차카반도

캄차카반도는 아시아 대륙 동쪽 끝에 매달린 수세미 모양의 땅이다. 러시아 극동 지방은 날씨가 춥고 문명의 중심과 멀리 떨어져 있어 예로부터 사람이 거의 살지 않았다. 캄차카반도의 크기는 33만 km^2이지만 인구는 고작 30만 명이다. 반도 북쪽에는 1991년까지 미국을 겨냥한 핵폭탄과 핵 잠수함 기지 등 군사시설이 들어차 있어 외국인은 물론, 내국인조차 출입이 허용되지 않았다. 1983년에는 KAL 007 여객기가 캄차카반도에 잘못 들어갔다가 간첩 비행으로 오인되어 변을 당했다. 미소 냉전의 희생양이었다. 우리에겐 몸서리쳐지는 기억이다.

인구가 적고 개발되지 않은 곳이라 원시 상태의 자연이 그대로 보존되어 있다. 동쪽은 북태평양, 서쪽은 오호츠크해로 둘러싸여 있으며, 북태평양 건너 미국 알래스카와도 가깝다. 해양성기후이다. 연평균 강수량 2500mm로 비가 많이 오고, 짙은 안개가 끼는 날이 많다. 겨울에는 바람이 세차게 분다. 높은 위도에 비하여 기후가 따뜻한 편이다. 9개월간은 얼지 않는다. 반도 중앙에는 코랴크산맥이 남북으로 놓여 있고, 태평양 쪽에는 해안산맥이 있다. 최고봉은 클류쳅스카야산(4750m)이다. 알래스카에서 캄차카반도까지는 알류샨 열도가, 캄차카반도에서 일본 홋카이도까지는 비슷한 모양의 섬들이 분포하는데, 지도를 보면 마치 누군가 돌다리를 놓은 듯하다. 모두가 화산 활동으로 생긴 섬들이다. 환태평양 조산대(Ring of Fire)의 일환이다.

캄차카반도에는 원시림이 있고, 활엽수와 침엽수가 자생하며, 툰드라 지대까지 나타난다. 연안에는 고래와 물개가 서식한다. 러시아 전체 어획량의 10%를 차지하는 이 지역에서는 특히 대구, 명태, 정어리, 게가 많이 잡힌다. 세계 최대의 연어 회귀 지역이기도 하다. 내륙에는 곰, 순록 등이 있다.

여름에는 관광객이 많이 온다. 인간의 손이 닿지 않은 북반구의 자연을 보러 오는 것이다. 반도지만 항공기와 배로만 올 수 있다. 도로가 있긴 하지만 정비가 되어 있지 않아 지프차가 겨우 다닌다. 모스크바, 상트페테르부르크, 이르쿠츠크, 하바롭스크, 블라디보스토크에서 캄차카의 주도(州都) 페트로파블롭스크 캄차츠키(Petropavlovsk-Kamchatsky, 인구 17만 9000명)까지 직항로가 있다. 우리나라는 여름철에 인천에서 캄차카까지 전세기가 다닌다. 4시간이 소요된다.

캄차카반도 관광의 목적은 자연을 보러 가는 것이다. 첫 번째가 화산 구경이다. 캄차카반도는 세계에서 활화산이 가장 밀집된 지역이다. 북반구에서 가장 높은 화산인 클류첸스카야산을 비롯해 총 160개의 화산이 있다. 그중 29개가 활화산이다. 헬기로 화구 안을 들여다볼 수 있는데, 개중에는 용암이 흘러내리는 활화산도 있다. 화산으로 생성된 온천 지대도 좋은 구경거리이다. 게이저 밸리(Geyser valley)의 경우에는 화산에서 나오는 온천이 계곡 전체를 덮고 있다. 지진도 많이 난다. 지진을 구경할 수는 없지만, 세계에서 지진 횟수가 가장 많고 규모도 크다. 1737년에는 진도 9.3, 1952년에는 진도 9.0의 지진이 발생했다. 이 정도면 지구상에서 일어난 지진 중 가장 강력했을 것이다. 진도 7.0 규모의 지진은 자주 일어난다. 세계에서 지진이 가장 심한 곳이고 지반이 불안정한 곳이다. 두 번째는 연어 낚시 체험이다. 연어는 민물고기의 제왕이라 불리는 만큼, 맛있고 영양가도 풍부한 물고기다. 서양 사람들은 민물고기를 거의 먹지 않고 연어만 먹는다. 우리나라에서도 부화 방류하여 회귀하는 연어를 잡고 있다. 연어는 바다에서 살다가 산란을 위하여 얕은 강으로 올라오기 때문에 잡기가 쉽다. 9월에 온 관광객은 5kg 내외의 큰 연어를 낚는 체험을 할 수 있다. 연어뿐 아니라 왕게도 인기가 높다. 우리가 알고 있는 그 왕게(Alaskan King Crab)다. 값이 정말 저렴하다. 여행 안내서에는 다른 지역의 1/20 가격으로 왕게를 먹을 수 있는 곳으로 소개하고 있다. 세 번째는 곰 구경이다. 연어가 있는 곳에는 곰이 있다. 이곳에서 볼 수 있는 곰은 털이 갈색에, 키가 3m에 이르며, 무게가 650kg으로

캄차카반도
Kamchatka Peninsula

경도·위도 동경 159° 0', 북위 55° 0'

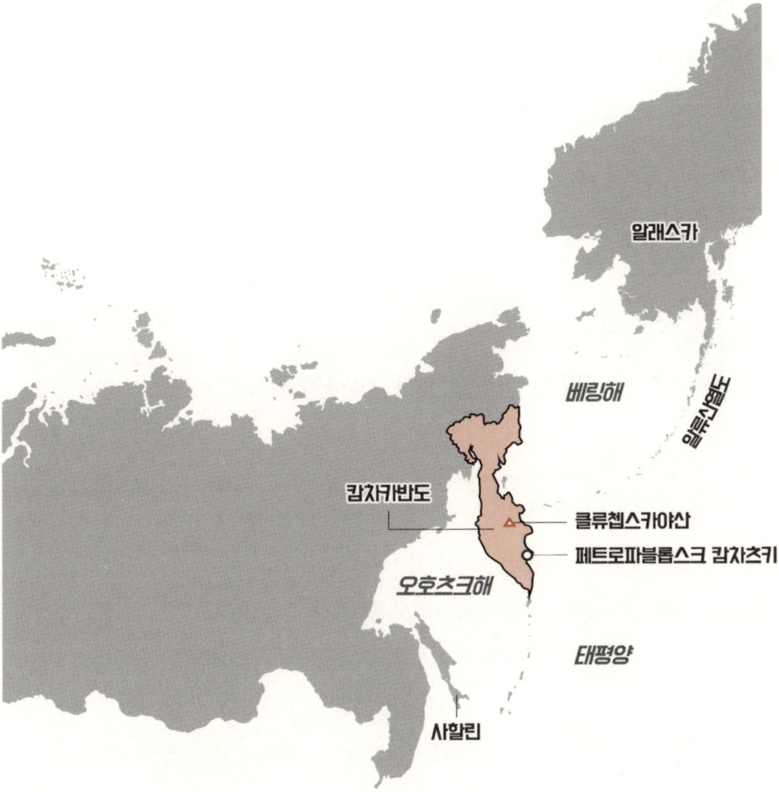

알래스카
베링해
알류산열도
캄차카반도
클류쳅스카야산
페트로파블롭스크 캄차츠키
오호츠크해
태평양
사할린

소만 하다. 캄차카에서는 어디서나 쉽게 볼 수 있고, 계절에 맞추어 가면 곰이 연어를 사냥하는 장관을 지척에서 볼 수 있다.

교통수단은 헬기와 지프차뿐이다. 도로가 없어 관광을 하려면 지프차로 이동하거나 헬기를 이용하는 수밖에 없다. 그러나 헬기 관광은 턱없이 비싸다. 나이아가라 폭포를 헬기로 관광하면 30분에 100달러이다. 캄차카 관광은 2시간에 900달러를 내라 한다. 캄차카 총 여행 경비와 맞먹지만 선택의 여지가 없다. 한 번에 20명을 태울 수 있는 대형 헬기를 한 여행사가 독점 운영한다. 왜 이렇게 비싼지 물으니, 말로는 극동 러시아의 마피아가 운영하고 있다 했다. 공산주의의 독재가 물러간 자리에 자유화의 틈을 타고 범죄조직이 끼어들었다. 러시아 마피아는 경찰간부, 정치권력과 결탁하고 있어서 척결이 쉽지 않다고 한다.

냉전의 희생양 KAL 007의 피격

KAL 007기가 소련의 전투기 수호이 15에 의해 격추되었다. 1983년 9월 1일에 사할린 서쪽 몬레온섬 근처에서 피격당했고, 승객 269명 전원이 사망했다. 당시 KAL 007기는 뉴욕에서 출발해 앵커리지를 거처 서울로 가는 길이었다. 뉴욕에서 앵커리지에 착륙했다가, 캄차카반도 동쪽 공해상에서 사할린섬의 동쪽 공해상을 지나 일본을 거친 다음, 동해를 건너 서울로 오는 항로였다. 소련 측 주장에 따르면 캄차카반도와 사할린섬을 비롯한 소련의 극동지역은 핵무기, 대륙간탄도미사일(ICBM), 원자력 잠수함, 태평양 함대 등 1급 군사시설이 집중되어 있는 비행 금지 구역인데, KAL 007기가 그곳을 여러 번 간첩 비행했다는 것이다. KAL 007기는 소련의 영토를 침범하여 핵심 군사시설 상공을 비행했고, 소련기가 강제착륙을 명령하며 위협사격을 했지만 멈추지 않고 계속 비행했다. 소련기는 KAL 007기를 사할린 남쪽까지 따라간 끝에 격추시켰다고 밝혔다. 1983년 당시 소련과 한국은 국교가 수립되어 있지 않았다. 실수로 소련 영공을 비행했고 착륙 명령조차 거부한 KAL도 잘못이 있다. 그러나 이 사건으로 269명이 억울한 죽음을 당했다. 소련은 26명만 탄 간첩기였다고 주장했지만, 격파된 항공기 잔해를 수거해 보니 아이 옷과 여자 신발 등 각종 민항기 증거물이 발견되었다. 국제민간항공기구(ICAO)는 민항기를 미사일로 쏜 소련에 엄청난 비난과 항의를 퍼부었다. 소련은 귀를 막았다.

1980년 모스크바 올림픽 개최 당시 미국과 그 우방국들은 소련의 아프가니스탄 침공을 규탄하며 올림픽에 불참했다. 한편 1984년 미국 LA 올림픽에는 소련과 그 우방국이 참석하지 않았다. 평화를 상징하는 올림픽이 냉전 때문에 반쪽짜리 올림픽이 된 것이다. 분단국이자 약소국인 한국은 1981년에 88 서울 올림픽을 유치했다. 정부는 소련과 비밀리에 접촉해 올림픽 참가를 간청했다. KAL기 폭파의 책임을 묻기는커녕, 소련 팀 참가를 대대적으로 환영했다. 1991년 제주도 회담 때는 15억 달러나 되는 거액을 고르바초프의 비행기에 실어 주고 국교 정상화를 약속받았다. 대단한 '성과'(?)였다. 거짓말 같은 이야기지만 사실이다. 모욕적인 대우를 받으면서 우리는 소련과 외교관계를 수립했다. 서울 올림픽을 거치며 승승장구한 한국은 이내 OECD에 가입했지만, 소련은 1991년에 경제가 붕괴되고 소련연방이 해체되는 운명을 맞게 되었다. 굴욕적이지만 평화를 추구했던 한국은 발전했고, 세계 전쟁을 준비하던 소련은 망했다. 한국 민항기는 지금 소련과 중국의 영토를 가로질러 비행하고 있다.

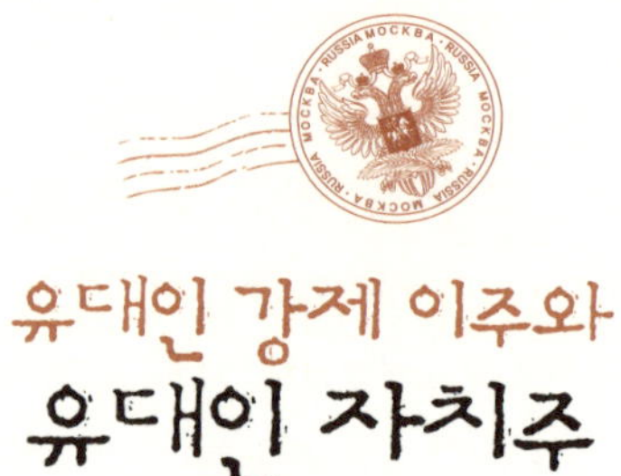

유대인 강제 이주와 유대인 자치주

러시아의 아무르강 유역, 중국과의 접경지역에 유대인 자치주(Jewish Autonomous Oblast, JAO)가 있다. 면적은 3만 6000km², 인구는 17만 6000명이다. 주도(州都)는 비로비잔(Birobidzhan, 인구 7만 5000명)이다. 극동의 아무르강 유역이 유대인과 무슨 인연이 있어 여기에 유대인 자치령이 생긴 것일까? 한때 이곳에는 17만 명의 유대인이 살았지만, 러시아가 민주화되면서 모두 떠나고 지금은 3000명 정도 남아 있다. 유대인 자치주에서는 유대인의 문화를 엿볼 수 있다. 비로비잔에는 유대인 대학교가 있고, 이곳에서는 극동에서는 유일하게 히브리어, 유대인의 전통, 역사를 가르치고 있다.

러시아는 한때 유럽에서 유대인이 가장 많은 나라였다. 1897년 러시아에는 510만 명의 유대인이 거주했고, 지금도 60만 명 정도가 살고 있다. 대부분의 유대인은 이스라엘, 미국, 캐나다, 호주로 떠났다. 아무르강 유역이 유대인의 삶의 터전이 된 것은 정치적 박해 때문이다. 연해주에 살던 우리 민족이 중앙아시아로 강제 이주 당한 것과 같다. 원래 유대인은 러시아의 중심이라 할 수 있는 흑해의 북쪽, 즉 지금의 벨라루스·폴란드·우크라이나 지방에 살았다. 그러나 러시아의 유대인은 제정 러시아 시대부터 박해를 받았다. 정부는 유대인이 게토(Ghetto)라 불리는 특정 지역에 살도록 강제했고, 모스크바 시내로는 들어오지 못하게 했다. 구소련에는 160개 민족이 살고 있었는데 왜 유독 유대인에게만 그토록 심한 박해를 가하고, 심지어는 교육권과 공민권까지 제한한 것일까?

유대인 문화가 배타적이긴 하다. 남의 나라에서 2천 년간 유랑생활을 하면서도 강한 민족적 아이덴티티를 고수하는 민족은 유대인뿐이다. 유럽에 살던 유대인은 자기들만의 고유한 종교를 믿고, 고유한 문화와 전통을 유지·발전시키고자 했다. 그렇다 보니 유대인들은 기독교 국가에 살면서도 동화를 거부한 것처럼 보였다. 유대인은 보통 식당에서 식사하지 않는다. 유대인 식단이 까다롭기 때문이다. 이들은 정결한 음식, 코셔(Kosher) 식품만 먹는다. 그 내용은 다음과 같다. 첫째, 위가 4개이며 되새김질하는 동물과 발톱이 2개 이상 갈라진 동물(즉 소와 양)의 고기는 먹지만 말과 돼지, 토끼고기는 먹지 않는다. 둘째, 물고기는 지느러미와 비늘이 있는 것만 먹는다. 따라서 뱀장어, 미꾸라지, 게, 새우, 조개는 먹지 않는다. 셋째, 우유를 마시고 두 시간 후에는 고기를 먹어도 되지만, 고기를 먹고 난 후에는 6시간이 지나야 우유를 마실 수 있다. 또 계란과 닭고기를 같이 먹지 않는다. 쇠고기와 우유, 닭과 계란은 어미와 자식 관계이므로 같이 먹을 수 없다고 생각한다. 또 고기를 먹고 난 후에 아메리카노는 마셔도 되지만, 카페라테는 마실 수 없다. 라테에는 우유, 즉 소젖이 들어가기 때문이다. 넷째, 자연사한 짐승, 싸우다 죽은 짐승의 고기는 먹지 않는다. 고통 없이 도축한 가축만을 먹으며 피는 먹지 않는다.

음식만 해도 이렇게 제한이 많다 보니 지구촌에서 다른 민족과 함께 사는 데 갈등이 있다. 러시아 속에 살면서도 그들은 항상 섬처럼 따로 떨어져 살았다. 대도시에 살아도 부동산 취득이 허용되지 않았기 때문에 상업과 고리대금업을 주로 했다. 셰익스피어의 희곡 『베니스의 상인』에 등장하는 유대인 고리대금업자 샤일록은 당시 유대인에 대해 유럽인들이 가지고 있던 편견의 단면을 보여준다. 러시아를 포함하여 기독교 국가에서는 유대인의 경제행위가 민족국가의 발전을 저해한다고 믿었다. 유대인 탄압의 정당화이다. 1897년 제정 러시아 때는 500만 명의 유대인을 펠레(Pele) 지방(지금의 벨라루스, 리투아니아, 폴란드 지방)에만 거주하도록 제한하며 이들이 러시아 중심으로 들어오는 것을 막았다. 교육도 제한하고 공민권도 제한하였으니 유대인들은 시민대표로 선출될 자격까지 박탈당했던 것이다.

레닌에 의한 러시아 혁명은 무신론자의 혁명이었다. 마르크스는 “종교는 인민의 아편이다.”라고 했다. 혁명 이후는 종교 자체를 부

유대인 자치주
Jewish Autonomous Oblast, JAO

경도·위도 동경 132° 08′, 북위 48° 28′

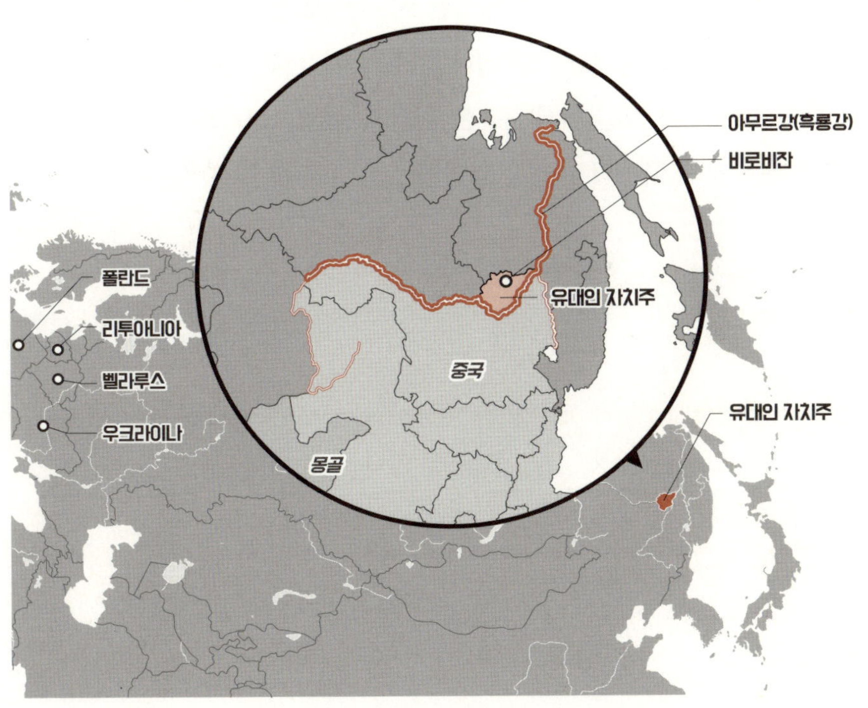

정했다. 자연히 신앙이 강한 유대인들은 박해의 대상이 되었다. 유대인의 독특한 삶의 방식을 빌미 삼아 러시아 정부는 위기 때마다 유대인을 학살했다. 오데사에서 2만 5000명, 크리미아에서 1만 명, 민스크에서 1만 6000명의 유대인이 살해당했다. 유대인은 박해를 피해 독일, 폴란드, 미국으로 갔다. 히틀러가 학살한 유대인은 대부분 피난 온 러시아 유대인이었다. 혁명 후 스탈린은 유대인만 살 수 있도록 특구를 만들어 유대인 자치지역을 설정하려 했다. 이때 아무르강 유역 황무지가 지정되었다. 유대인을 격리하려는 목적도 있었지만, 중국과 국경을 접한 이 지역에 유대인을 이주시켜 완충 지대로 삼고자 했다. 그러나 이주의 자유화가 이루어지면서 유대인 자치주에 살던 유대인들은 미국과 유럽으로 모두 이민 가고 현재는 강제 이주의 흔적만 남았다.

굴락과 마가단

굴락의 대명사 마가단

여행으로 얻는 지식은 한계가 있다. 많이 걸어도 하루에 10km 남짓이고, 자동차로 다닌다 해도 200~300km에 불과하다. 현장을 눈으로 보고 귀로 듣는 것은 그 정도에 그친다. 그 지방 지리를 어렴풋이나마 이해하려면 남의 여행서도 읽고, 자료도 보고, 위성사진, 백과사전, 인터넷도 검색해야 한다. 그 지역에 내가 먼저 심취해야 좋은 자료를 얻을 수 있다. 이렇게 얻은 흥미로운 이야기며 지식들을 독자에게 전하고 싶다.

나는 러시아 마가단 오블라스트에 가 보지 못했다. 하지만 이런 지명을 아예 들어보지 못한 사람도 많으리라 생각한다. 20세기를 살아온 한국의 청년들이 '논산훈련소'를 기억하듯, 러시아인에게 마가단은 스탈린 시대 수용소의 대명사로 알려진 곳이다. 러시아 극동의 변방이지만, 넓은 땅이고 극한의 기후지역이다. 북극에 가깝기 때문에 영구 동토, 즉 툰드라이다. 겨울 평균기온은 영하 19도, 여름은 16도이다. 주변에는 오호츠크해가 있다. 퉁구스계의 축치족이 열악한 환경 속에 살고 있다.

도시 지역에는 백인 러시아인과 우크라이나인이 거주하고 있고, 외국인으로는 일본인과 한국인이 소수 거주한다고 한다. 1944년 미국의 부통령 월리스는 서방세계에 수용소로 악명 높던 마가단을 방문하였다. 그는 소련과의 평화적 교류를 주장하던 순진한 정치가였다. 스탈린은 월리스 부통령의 방문 소식을 듣고 수용소 문을 닫고, 감시탑을 내리고, 위장하여 포템킨 도시를 만들었다. 월리스 부통령은 완전히 속아 수용소 마가단을 미국의 TVA(테네시강 유역 개발공사)에 비유했다. 나중에 속은 것을 알고 후회했다. 대통령에 출마했다가 참패를 당했다.

콜리마강은 북서쪽으로 흘러 북극해로 들어간다. 러시아의 거대한 영토에는 북극해로 흘러가는 큰 강이 여러 개 있다. 동쪽에서부터 콜리마강, 레나강, 예니세이강, 오비강이다. 모두 2000km가 넘는 대하천들이다. 우랄산맥 서쪽에서는 볼가강과 드네프르강이 남쪽으로 흘러 흑해, 카스피해로 들어간다. 강의 흐름으로 보면 러시아의 지형은 우랄산맥을 기준으로 서쪽은 남쪽으로, 동쪽은 북쪽으로 기울어져 있는 모양새다.

러시아의 자연과 문화를 가르는 것은 우랄산맥이다. 우랄산맥

마가단 오블라스트
Magadan Oblast

경도·위도 동경 150° 48′, 북위 59° 34′

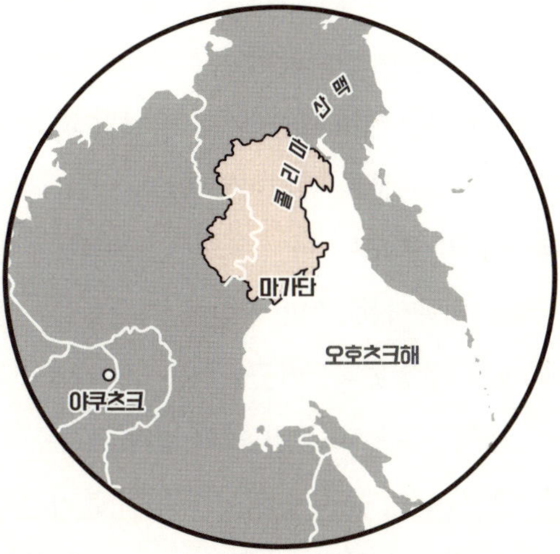

콜리마 산맥
마가단
오호츠크해
야쿠츠크

북극해
콜리마강
콜리마 산맥
레나강
발트해
예니세이강
볼가강
북유럽평원
우랄 산맥
오비강
드네프르강
동유럽평원
카스피해
시베리아횡단철도
TSR

서쪽은 평야지대이며 기후가 비교적 따뜻하고 토양도 비옥하여 오래전부터 러시아 문명의 중심이 되어 왔다. 한편 우랄산맥의 동쪽은 시베리아다. '잠자는 땅'이란 뜻 그대로, 시베리아는 개발되지 않는 황무지였다. 소수민족이 유목하며 흩어져 살았다. 러시아에게 극동시베리아는 버리지 못해 갖고 있는 영토였다. 얼마나 가치가 없었으면 147만 km^2의 광대한 알래스카 땅을 720만 달러에 팔았겠는가. 그러나 20세기 전환기에 러시아가 일본, 중국과 갈등하게 되면서 극동시베리아의 전략적 중요성이 높아졌다. 대륙횡단철도, TSR이 건설되고 개발이 본격화되었다. TSR은 강제노동 캠프인 굴락(Gulag)으로 수백만 명의 죄수를 실어 날랐고, 죄수들은 시베리아의 도로와 도시 대부분을 건설하였다.

마가단 오블라스트의 주도는 마가단으로, 인구는 9만 명이다. 주도 마가단은 금을 채굴하는 주변 굴락에 죄수들을 공급하는 일종의 죄수 보급기지로 발전했다. 이곳에서는 금 외에도 다양한 광산물이 채굴된다. 내륙으로는 도로가 거의 없다. 있는 도로조차 비포장 상태라, 얼음이 녹으면 늪지가 되어 통행이 불가능하다. 항구도시지만 8개월은 결빙되어 있고 근해는 2~3m 두께의 얼음으로 덮여 있다. 겨울에는 바다가 '얼음 도로(ice road)'가 된다. 장비가 좋아진 지금은 쇄빙선으로 두꺼운 얼음을 깨 겨울에도 큰 배는 다닐 수 있다. 가까이 있는 러시아의 도시는 야쿠츠크(Yakutsk, 인구 21만 명)인데 2000km 떨어져 있다. 참으로 외진 곳이다.

북한의 기정동과 포템킨 마을

'포템킨 마을(Potemkin village)'은 윗사람에게 잘 보이기 위해 겉치레하는 행위를 일컫는 말이다. 군사독재 시절 지방자치단체장이 정부 고위직 인사가 시찰할 때 눈가림하기 위하여, 또는 국민을 속이기 위하여 겉치레 행정을 할 때 이 말을 썼다. 특히 실속 없는 경제정책을 할 때 자주 쓴다.

그레고리 포템킨은 러시아의 귀족 장군이다. 그는 오스만 제국과의 전쟁, 즉 크리미아 전쟁에 승리하여 야시 조약을 이끌어 내고, 흑해의 제해권과 지중해로 나가는 항로를 확보하였다. 러시아는 흑해 연안을 장악함으로써 유럽의 강대국이 되었다. 1762년에는 쿠데타에 가담하여 예카테리나 황후를 황제로 만드는 데 공헌하였다. 예카테리나는 남편인 황제를 살해하고 제위에 올랐다. 예카테리나 여제는 남성 편력으로 유명하다. 여제 곁에 있는 귀족 남성은 모두 그녀의 애인이라는 말까지 있었을 정도다. 포템킨 장군도 그녀의 연인이었다. 역사서는 그들이 서로 사랑하는 사이였으며, 남편과 아내처럼 의무를 다했다고 적고 있다. 포템킨 장군은 사랑이 식은 후에도 일평생 정치 일선에서 여제를 도왔다. 예카테리나의 용인술이 뛰어났던 모양이다. 그의 사후, 러시아 흑해 함대는 주 전함을 '포템킨 함'으로 명명하였다. 크리미아 전쟁에서 승리한 포템킨 장군을 기리기 위해서였다.

포템킨 마을이라는 표현은 포템킨 장군과 예카테리나 여제의 일화에서 탄생한 것이다. 당시 여제는 툴라(Tula)라는 도시를 방문할 계획이었다. 볼가강을 따라 모스크바에서 남쪽 170km 지점에 있는 이곳은 지금은 인구 50만 명의 도시지만, 당시에는 러시아의 주요 무기인 총과 대포를 생산하는 군수기지였다. 황제의 행차지 주변은 피폐하고 가난에 찌든 농촌이었다. 포템킨 장군은 황제가 오는 길가에서 멀리 떨어진 곳에 포장을 친 다음, 그 위에 아름다운 풍경과 풍성한 결실을 수확하는 장면을 그려 툴라를 풍요로운 마을로 보이게 했다. 너무나 크고 유명한 위장 이야기라 후세에까지 전해 내려오고 있다.

〈위키피디아〉는 포템킨 마을의 예로 휴전선의 북한 마을, 개성시 평화리 기정동(機井洞)을 든다. 휴전선 4km 안에 두 개의 마을을 허용되었는데, 북쪽의 기정동과 남쪽의 대성동이다. 북한 당국은 기정동에 근사한 아파트를 여러 채 지어 두었지만, 농민도 군인도 살지 않는 유령 마을이다. 휴전선에 근무하던 1960년대의 가난한 한국 군인이 북한의 주택을 부러워하여 북한으로 귀순할 것이라는 가정 아래 건설했다. 그뿐 아니다. 독재 시절에는 언제나 어디에나 포템킨 마을이 있었다. 우리도 대청소를 하고 도로 벽에 페인트칠을 하면 "높은 사람이 오는 모양이다."라고 했다. 세칭 '높은 사람'이 지방을 순시한다 하면 평소보다 더 좋게 보여 자기 담당구역 행정을 잘한다고 생각하게끔 하기 위해 위장을 했던 것이다. 이처럼 '포템킨 마을'에서는 정부를 칭찬해야 하고, 모르는 것도 아는 체해야 하는 시절도 있었다. 교육감이 초등학교를 방문할 때 교사와 학생들이 질의응답을 미리 짜 놓는 일도 있는데, 이에 대한 유명한 농담도 있다. 지구의를 놓고 수업하는 지리 시간에 장학관 일행이 시찰을 왔다. 장학관이 학생에게 질문을 했다. "지구의가 왜 기울어져 있는지 아는가?" 학생은 난처한 표정을 지으며 "제가 안 그랬어요."라고 대답했다. 장학관이 교사에게 같은 질문을 하니 교사 왈 "자료실에서 가져올 때부터 그랬어요." 다시 교장에게 질문을 하니 교장 왈 "교육청에서 배급해 줄 때부터 기울어져 있었습니다." 겁에 질린 지리 시간이었다. 웃자고 하는 말이다. 권력자의 비위를 맞춰야 살아남는다.

스탈린의 유령, 굴락

러시아의 소설은 추운 겨울에 읽어야 제 맛이다. 솔제니친의 단편 『이반 데니소비치, 수용소의 하루(One day in the Life of Ivan Denisovich)』를 추운 겨울 시베리아의 열차 속에서 읽은 적이 있다. 영하 30도나 되는 간이역의 추위를 몸소 경험하고서야 소설 속 주인공, 슈호프의 삶과 고통을 피부로 느낄 수 있었다.

발트해 남부에서 흑해까지, 우랄산맥에서 서부 국경까지 러시아의 평원은 대단히 넓고 토지는 비옥하다. 중국의 동북 3성(만주) 같은 곳이다. 러시아인 대부분은 여기에 산다. 우랄산맥의 동쪽은 시베리아다. 시베리아 하면 굴락, 굴락 하면 스탈린이 연상된다. 1921년부터 스탈린이 사망한 1953년까지 재판을 통하여 굴락 형(刑)을 받은 죄수는 공식 기록에 따르면 250만 명이다. 굴락 연구의 권위자 안네 애플바움은 실제로는 1000만 명에서 1500만 명이 굴락 형을 받았다고 주장한다. 굴락 형도 재판으로 결정되어야 하지만, 스탈린의 공포정치가 한창일 때(1934년~1953년)는 재판을 거치지 않고, 비밀경찰(NKVD)에 의하여 집행되었다. 죄수들은 수용소에서 채 2년을 견디지 못했다. 160만 명이 굴락에서 과로와 영양실조로 죽었다. 이들 대부분은 정치범이나 전쟁포로였다. 굴락 지역은 러시아 전역에 476개가 있었고, 한 지역 안에는 여러 개의 개별 수용소가 있어 전체 굴락 수는 1500개나 되었다. 정권을 유지하려는 스탈린은 비밀경찰을 이용하여 스탈린주의에 반대하는 러시아인을 사찰·체포하고 고문한 다음 굴락으로 보냈다. 굴락을 경험한

자들의 수기에 따르면 재판 절차를 거치지 않고 비밀경찰에 체포되어 형이 집행되는 경우가 대부분이었다고 한다. 스탈린은 강제노동 캠프인 굴락의 죄수들을 시베리아 도시의 운하·철도·도로·교량·공공건물을 건설하는 일이나, 광산 채굴 또는 목재 벌채에 강제 동원되었다. 시베리아의 도시는 굴락이 남긴 유산이다. 솔제니친의 단편소설『이반 데니소비치, 수용소의 하루』는 시베리아의 겨울이 어떠했는지를 잘 보여 준다. 여름에는 늪지에서 발생하는 엄청난 모기 때문에 순록이 모기에 뜯겨 죽는다.

여름의 시베리아, 예니세이강 유역에 있는 굴락의 어느 죄수의 수기에는 "수용소의 여름, 모기가 소매, 바지 안으로 들어와 문다. 얼굴의 눈과 귀 코 안으로 모기가 들어온다. 얼마나 물렸는지, 온전한 형체의 얼굴을 가진 죄수가 없다. 배달된 소금국에 모기가 가득 들어 있어 마치 밀죽처럼 되어 있다. 모기 국을 먹는 것과 같았다."라고 기술되어 있다. 여름날 북극 순록의 최대 적은 곰이나 늑대가 아니라 모기이다. 모기에 물려 죽는다. 추운 시베리아에 어떻게 모기가? 이해가 안 되지만 사실이다. 늪지가 넓고 모기의 천적이 없기 때문에 강과 늪지는 모기의 천국이 된다고 한다.

어느 나라나 죄수들에게는 생명을 유지할 수 있을 정도의 식사만 제공한다. 죄수를 살려두는 것은 강제노동을 시키기 위해서이다. 러시아의 겨울과 여름을 이 소설만큼 피부에 와 닿도록 설명하는 글은 없다.

1945년 잘나가는 포병장교였던 솔제니친은 친구에게 쓴 편지에서 '수염 달린 사나이(스탈린)'를 폄하했다는 이유로 체포되어, 국가 원수 모욕죄로 재판을 받고 8년의 굴락 형에 처해진다. 지금의 카자흐스탄 북부 에키바쿠즈 굴락이었다. 그 참담한 8년간의 수용소 생활은 작가로서의 그의 운명을 바꾸어 놓았다. 그는 1962년 자기 체험을 바탕으로 쓴『이반 데니소비치, 수용소의 하루』를 발표하여 일약 유명 작가가 되었다. 1973년 발표한『수용소 군도』역시 죄 없는 정치범들이 굴락에서 어떤 대접을 받으며 어떤 강제노동에 시달렸는지 상세히 기술함으로써 시베리아 죄수들의 비참한 수용소 생활을 세상에 알렸다. 1970년에 이미 노벨문학상 수상이 결정되었지만, 당국의 방해로 스톡홀름에 가지 못했다. 반체제 작가였기 때문이다. 말하자면 솔제니친은 스탈린 때문에 수용소에 갇혀 비참한 인생을 살았지만, 작가로서는 최고의 수혜를 입은 셈이다. 국제 여론에 시달린 소련 당국은 노벨상 수상작가인 그를 결국 해외로 추방하였다. 솔제니친은 미국으로 갔다. 러시아의 기후와 비슷하게 긴 겨울이 있는 미국 동부에서 살기를 원했다. 그는 소련이 해체된 후인 1994년에 러시아로 돌아와 모스크바 근교에서 살다가 89세 나이로 죽었다. 시베리아의 정치범 수용소는 1992년 옐친 대통령 때 완전히 철폐되었다.

세계에서 가장 추운 땅
사하

체르스키의 빙하기 공원

어린이날, 동물원을 많이 찾는다. 한 조사에 따르면 한국 어린이가 가장 좋아하는 동물은 공룡이라고 한다. 공룡은 사라진 지 오래된 동물이다. 공룡은 쥐라기부터 백악기까지, 즉 1억 8000만 년 전부터 6500만 년 전까지 지구를 호령했다. 우리나라도 경남 고성을 비롯하여 스물한 곳에서 공룡 발자국과 각종 화석이 발견되었다. 화석이 될 확률은 매우 낮은데 그 많은 화석이 발견되는 것을 보면 한반도에도 공룡이 꽤 많이 살았던 모양이다.

1억 년 넘게 지구를 지배했던 그 많은 공룡들은 6500만 년 전에 완전히 멸종했다. 왜 갑자기 사라졌을까? 기후 변화 때문이다. 그렇다면 왜 기후 변화가 일어난 것일까? 지구상에 식물이 자라지 못했기 때문인데, 이에 대해서는 크게 두 가지 가설이 있다. 하나는 거대한 운석이 지구와 충돌하여 성층권까지 먼지와 수증기가 올라가 태양을 가렸다는 것이고, 다른 하나는 인도네시아에서 거대 화산이 폭발하여 먹구름이 태양을 가렸다는 것이다. 어느 쪽이 더 큰 원인인지는 아직 밝혀지지 않았으나, 이로 인해 지구의 기온이 낮아져 빙하기가 도래했고 공룡이 멸종하는 결과를 낳았다. 어린이날, 동물원 울타리 너머로 목을 내미는 몸무게 122톤, 크기 58m의 암피코엘리아스 공룡에게 풀을 먹이는 어린이 사진을 볼 수 있었다면 좋았을 터이다.

빙하기는 2500만 년 전에 시작하여 1만 4000년 전에 끝났다. 빙하기에는 대형 초식동물이 살았다. 매머드(Mammoth), 털코뿔소(Wooly Rhinoceros), 마스토돈(Mastodon), 쌍문치류(Diprotodont), 동굴호랑이(Smilodon), 대형 소(Auroch), 대형 나무늘보(Giant Sloth) 등이다. 그러나 또 한 번의 기후 변화, 간빙기가 시작되면서 말, 낙타, 무스, 순록, 사향소를 제외한 대형 초식동물은 모두 멸종했다. 서식지가 점점 줄어들고 식량이 부족해진 까닭이다.

사하 리퍼블릭(Sakha Republic, 사하 공화국)은 러시아의 한 주이다. 시베리아의 동북부에 위치하며, 세계에서 가장 추운 곳이다. 인구는 100만 명이 채 안 되지만, 면적은 300만 km²에 달한다. 아르헨티나(278만 km²)보다 크고 인도(329만 km²)보다 조금 작다. 남한 면적의 30배이다. 이렇게 광대한 토지에 비해 적은 인구가 유목생활을 하고 살아간다. 퉁구스계인 야쿠트족이다. 러시아는 1998년 사하의 체르스키(Chersky)시에 160km² 크기의 빙하기 공원(Pleistocene Park)을 만들었다. 빙하기 과학자 세르게이 지모프(Sergey Zimov) 박사의 제안에 따른 것이었다. 체르스키는 인간의 발길이 거의 닿지 않은 원시적인 곳이다. 북위 68도 30분에 있는 이곳 기후는 빙하기 말기와 비슷하다. 불과 4500년 전까지도 털 있는 코끼리 매머드가 살았다. 1월 평균기온이 영하 33도, 7월 평균기온이 12도, 연 강수량은 200~250mm이다. 도시 옆으로 콜리마(Kolyma)강이 흐른다.

이 지역에는 현재 북극권 스텝 초지가 형성되어 있다. 늪지와 덤불, 초지, 이끼가 식생이다. 콜리마강 유역은 빙하기에도 풀이 무성해, 매머드를 비롯한 대형 초식동물이 서식했다. 이들이 풀을 뜯어 먹고 다닐 때는 큰 나무가 자라지 못했다. 그러나 대형 초식동물이 사라짐에 따라(기후 변화가 원인이라고도 하고, 인간의 남획이 원인이라고도 한다) 초지에서 큰 나무가 자랐고, 타이가(Taiga) 지대로 변했다. 타이가 지대는 에너지 증발률이 에너지 흡수율보다 더 높다. 이로 인해 얼음이 더 많이 녹았고, 지표면의 메탄가스를 대기중으로 더 많이 방출하게 되어 기후 변화를 가속화시키는 결과를 낳았다. 대형 초식동물의 감소로 초지가 사라지고, 큰 나무가 자라 기온이 올라가면서 간빙기가 시작되었다는 가설이다. 기후 변화 이야기는 우리에게 닥친 과학적인 증거인데도 불구하고, 동화처럼 느껴지는 이유는 무엇일까?

2005년에 러시아 정부는 체르스키시에 160km²의 펜스를 치고 순록과 무스, 사향소, 곰, 말과 호랑이를 방사했다. 펜스 밖에 야

사하 리퍼블릭
Sakha Republic

경도·위도 동경 129° 10', 북위 66° 24'

생동물들도 들어갈 수 있도록 했다. 생태계를 유지하기 위해서였다. 공원 안에 32m 높이의 탑을 세워 메탄가스, 탄산가스, 수증기의 배출량을 측정했다. 방목 초식동물의 수가 증가함에 따라 공원 내의 나무와 덤불이 사라지고, 점점 초지가 형성되어 갔다. 에너지 방출량이 줄어 동토가 녹지 않게 되었다. 정부는 대형 초식동물이 서식함으로써 초지가 형성되었고, 이것이 지구온난화를 지연시키고 있다고 발표했다.

빙하기 공원은 과학연구단지로, 관광지로 인기가 높다. 사하 리퍼블릭은 빙하기 공원을 600km² 더 확장할 계획을 가지고 있다. 흥미로운 계획이다.

세계에서 가장 추운 도시 야쿠츠크

러시아의 극동지방은 사람이 사는 곳 중에서는 가장 추운 곳이다. 그렇다면 세계에서 가장 추운 도시는 어디일까? 인구 1만 명 이상의 도시 중 가장 추운 곳은 레나강 상류에 위치한 야쿠츠크이다. (지리책에서는 세계에서 가장 추운 도시가 베르호얀스크라고들 하는데, 베르호얀스크는 군사기지라서 일반적인 도시로 보기 어렵다.) 영국 신문 『인디펜던트』지는 2019년 세계에서 가장 추운 도시로 인구 20만의 도시 야쿠츠크를 소개했다. 사하 리퍼블릭의 수도이다.

야쿠츠크에 접한 레나강은 세계에서 열한 번째로 긴 강이며, 시베리아에서 북극해로 흘러 들어가는 큰 강이다. 겨울에는 얼고 여

름에는 녹아 광범위한 늪지를 만든다. 여름에도 상류는 녹지만 하류는 녹지 않아 얼음으로 덮여 있다. 상류의 강물은 하류의 얼음 위로 흘러 광범위한 지역을 범람한다. 많은 지하자원이 북극해 연안에 매장되어 있지만, 인간이 접근하기 힘들 만큼 광대한 늪지가 큰 장애가 되고 있다. 그리고 모기가 많다. 평소에는 얼음으로 덮인 동토이지만, 여름에 하천이 녹아 늪지가 되면 그 늪지에 엄청나게 많은 모기가 서식한다. 러시아 혁명가 레닌(본명 블라디미르 일리치 울리야노프)은 야쿠츠크의 굴락에서 유배생활을 했다. 자기 이름도 레나강의 이름을 따서 '레닌'이라 바꾸었다. 동시베리아의 도시 건설은 군인들의 초소나 죄인의 형무소로부터 시작되었다.

겨울에 야쿠츠크를 다녀온 한국 유학생의 체험담을 들었다. 그의 이야기에서는 우리가 보지 못한 경관이 나타난다. 야쿠츠크의 1월 평균기온은 영하 38.6도이다. 최저기온은 영하 64.4도로 기록되어 있다. 초등학교는 영하 50도가 되면 휴교를 한다. 겨울에는 누구나 두터운 털모자를 쓰고, 밍크를 비롯한 동물의 털옷을 입는다. 신발도 담비, 수탉 등 동물의 털가죽으로 만든 긴 부츠를 신는다. 얼굴은 두꺼운 털모자 깊숙이 숨긴다. 한국에서 가지고 간 방한복은 하나도 입을 수 없다. 한국에는 영하 40도에서 견딜 만한 옷을 파는 곳이 없기 때문이다. 코트, 장화, 모자, 장갑 등 모두 현지에서 사야 확실하다. 좋은 옷은 다 모피로 되어 있다. 밍크, 수탉, 여우 털옷은 비싸지만 순록, 개 털옷은 값이 싸다. 털옷은 가벼울수록 비싸고 무거울수록 싸다. 겨울의 주식은 냉동 물고기이다. 시장에서는 물고기를 나무처럼 세워 놓고 판다. 큰 물고기가 레나강에서 많이 잡힌다. 냉동 생선 요리 '스트로가니나(строганина)'는 야쿠트족이 가장 선호하는 요리이다. 이방인이 먹어도 맛있다고 한다.

서울에서는 북경 또는 블라디보스토크를 거치면 야쿠츠크 공항으로 들어갈 수 있다. 물론 기차도 있다. 7월의 평균기온은 19도이다. 집을 지을 때는 땅에 파일(pile)을 박고 그 위에 짓는다. 평소에는 땅이 얼어 있지만, 여름에 얼음이 녹으면 땅이 밀려나기 때문이다. 파일을 깊이 박아 기초를 다지지 않으면 땅이 얼고 녹는 과정에서 지반이 무너져 집이 허물어지는 현상이 일어난다.

야쿠츠크 근교에서도 2012년 매머드의 유해가 발견된 적도 있다. 얼음 속에 파묻힌 매머드의 살점이 너무나 신선하게 보여 개가 먹으려고 달려들었다 한다. 야쿠츠크에는 매머드 박물관이 있다. 매머드 유해에서 털, 살점, 뼈 속의 세포를 채취해 복제의 가능성을 시사하고 있다.

시베리아 개척사와 밍크코트

시베리아의 역사는 모피의 역사다. 시베리아의 러시아 지배는 값비싼 모피를 얻는 과정에서 부차적으로 발생한 일이었다. 스페인의 남미 정복이 금과 은 때문이었던 것과 비슷하다. 화학섬유가 개발되고, 모피동물을 대량으로 사육할 수 있게 되면서 지금은 방한복을 구하기가 쉬워졌다. 하지만 100년 전만 해도 시베리아의 모진 추위를 견디는 데 모피만 한 것이 없었다. 그러나 모피는 귀한 물건이었다. 보고만 있어도 따뜻해지는 밍크코트를 입는다는 것은 귀족이나 큰 부자가 아니면 상상도 할 수 없는 일이었다. 지금도 시베리아 최고의 겨울 의상은 밍크모자와 밍크코트, 그리고 수탉피 장화다. 사실 우리나라의 겨울 추위에는 모피코트가 사치스럽고, 오히려 거추장스럽기까지 하다. 하지만 시베리아에서는 털신, 털모자, 털옷으로 무장하지 않고는 외출할 수 없다. 털모자를 쓰지 않고 다니면 추위에 뇌 손상을 입어 치매가 일찍 온다고 한다. 뭐, 그 정도까지는 아니라고 해도 추위로 1년 내내 두통에 시달리며 머리카락도 쉽게 빠진다. 여자는 밍크코트를 입지만, 남자는 밍크가 아닌 털옷을 입는다. 러시아인들이 즐겨 쓰는 둥근 털모자 사프카(Шапка)는 밍크, 단비, 수탉, 여우, 토끼 등의 털로 만든다. 러시아에서는 남자의 모자를 보고 빈부를 가늠한다. 신발은 수탉피로 된 장화(펠트)가 최고급이다.

동시베리아의 원주민은 퉁구스(Tungus)계인데, 자연환경에 적응하며 각각의 언어를 쓰는 다른 민족으로 분화되었다. 야쿠트족, 부랴트족, 축치족인데, 우리에게 낯익은 이름으로 하면 만주족, 여진족, 거란족이 된다. 유전자로 따지면 하플로그룹(Haplogroup) C-M217이다. 주로 추운 예니세이강 유역과 아무르강 유역에 거주한다. 그들 중 일부는 아메리카로 건너가 아메리카 대륙의 원주민이 되었다. 이곳 원주민들은 동물을 사냥하여 고기는 먹고, 털과 가죽은 내다팔았는데, 이것이 그들의 유일한 현금 소득원이었다. 밍크코트 한 벌을 만들려면 밍크 200마리가 필요하다. 좋은 모피는 색깔이 같은 것이어야 하는데, 이는 주로 한겨울에 잡은 암컷 밍크의 털에서 나온다. 야생 밍크를 사냥하여 그 기준에 맞추려면 값이 엄청나게 비싸질 수밖에 없다. 제정 러시아 말기에 밍크코트 한 벌은 100헥타르의 토지와 바꿀 만했고, 뇌물로 주면 귀족의 작위가 바뀔 정도였다고 한다. 지금은 농장에서 밍크를 대량 사육하고 있어 밍크코트 가격은 급전직하했다. 블라디보스토크 시내에 나가 보면, 귀족의 전유물이었던 밍크코트를 이제 누구나 입고 다닌다. 그래도 여전히 비싸다. 유명 모피 회사 홈페이지에 들어가 보았더니 최고급 밍크코트는 한 벌에 8천만 원이나 했다. 숙녀의 겨울 옷 중 최고급은 여전히 밍크코트인 모양이다.

16세기 초 러시아 남부 돈(Don)강 유역에 살던 유목민 코사크(Cossack)족은 시베리아를 왕래하면서 모피 보따리 장사를 하고 있었다. 러시아는 이들을 보호하기 위해 톰스크(1604), 크라스노야르스크(1627), 야쿠츠크(1632), 이르쿠츠크(1651), 치타(1655)에 경비대를 설치하고 정착할 사람들을 모집했다. 이 과정에서 경비대가 있는 곳으로 이주하는 자들은 농노의 신분에서 해방시켜 주고 토지도 무상으로 나누어 주는 이주 촉진 정책도 적절히 병행되었다. 그리고 이러한 정책은 성공을 거두었다. 공급 물량이 늘어난 모피는 러시아 최고의 수출품이 되었고, 모피상으로부터 들어오는 세금은 러시아 재정에 큰 도움이 되었다. 시베리아 개척은 모피와 함께 시작되었고, 모피 상인을 보호하기 위한 경비대 초소가 있던 지역들은 현재 시베리아의 거점도시로 발전했다. 러시아의 시베리아 개척사는 큰 싸움 없이 영토를 접수했다는 점에서 미국의 서부 개척사와 서로 닮아 있다.

무당의 바다 바이칼

고속도로가 된 호수

울란우데에서 바이칼 호수를 끼고 2시간쯤 달리는 구간은 기나긴 시베리아 횡단철도 여행 중에 가장 아름다운 구간으로 꼽힌다. 열차는 호수 주변을 둘러싼 자작나무와 소나무 사이를 달린다. 이곳의 아름다운 경치에 반하여 수많은 문인들이 글을 남겼다. 이광수의 소설 『유정』에도 바이칼 호수 이야기가 나온다. 물론 이 구간에서도 사람들을 보기란 그리 쉽지 않다. 호수를 덮고 있는 하얀 눈밭에서 얼음낚시를 하는 사람들만 간혹 눈에 띌 뿐이다. 날씨가 더 추워지면 바이칼 호수의 물은 두께가 1m도 넘게 얼어, 호수 위를 40톤 트럭이 다녀도 괜찮다고 한다. 겨울에는 강과 호수가 얼어붙어 고속도로가 되는 캐나다의 북부 도시 옐로나이프

(Yellowknife)와 다르지 않은 풍경이다.

바이칼 호수에서는 겨울에 얼음이 얼면 그 얼음에 구멍을 내 얼음낚시를 즐긴다. 철도로 시베리아를 횡단하던 당시, 얼음낚시가 하고 싶었던 나는 이르쿠츠크에서 하차하여 곧장 바이칼 호수로 갔다. 결국 낚시를 해보지는 못했지만, 밑바닥이 훤히 들여다보이는 얼음호수 위에 서서 발아래의 맑은 물을 감상할 수 있었다. 가이드는 우리에게 진기한 경험을 선물하려는 듯, 호수의 얼음을 깨 만든 큰 술잔에 보드카를 가득 부어 주고 바비큐를 준비했다. 바이칼 호수에는 '오물(Omul)'이라는 물고기가 많이 잡힌다. 30cm 청어 크기의 민물고기다. 시베리아의 겨울 여행이 아니면 할 수 없는 경험이었다. 가이드는 우리에게 곰 사냥을 권하기도 했다. 시간도 없고 그러고 싶지도 않아 사양했지만, 이곳은 곰 개체 수가 많아 사냥을 허용하는 모양이다.

2002년 여름에는 몽골 울란바토르를 여행한 적이 있다. 여행할 때는 울란바토르를 관통하는 투울(Tuul)강이 어디로 흘러가는지 몰랐는데, 나중에 확인해 보니 이 투울강의 최종 귀착지가 바로 바이칼호였다. 몽골을 지나 북쪽으로 흐르다가 바이칼호로 유입된다. 몽골은 1500m의 고원지대에 위치한 나라다. 투울강뿐 아니라 북극으로 흘러드는 아무르강과 레나강이 모두 몽골고원에서 발원한다. 흘러드는 강이 있으면 흘러나오는 강도 있는 법이다. 바이칼 호수에서 흘러나오는 안가라강은 노보시비르스크에서 예니세이강과 합류하여 수천 km를 더 흐르다가 북극해로 들어간다. 바이칼

바이칼 호수
Baikal Lake

경도·위도 동경 107° 39, 북위 10° 25'

올혼섬

북극해

바이칼 호수

① 레나강
② 예니세이강
③ 안가라강
④ 투울강
⑤ 아무르강(흑룡강)

부랴트 리퍼블릭
울란우데
이르쿠츠크
이르쿠츠크 오블라스트

몽골

중국

호수가 두꺼운 얼음으로 뒤덮일 때도 안가라강은 얼지 않는다. 영하 20도의 날씨에도 얼지 않는다니, 정말 이상한 일 아닌가? 이르쿠츠크 대학에서 공부한다는 한국인 가이드에게 물어 보니, 유속이 빨라 얼지 않는 것이라고 답변한다. 그럴 리가? 설악산의 폭포도 얼어붙는다. 아무리 유속이 빨라도 영하 20도에 얼지 않을 강이 있겠는가. 바이칼호에서 흘러나오는 안가라강이 얼지 않는 것은 두꺼운 얼음이 이불 같은 역할을 해 주기 때문이다. 하류로 가면 곧 얼게 된다고 한 수 가르쳐 주었다.

초승달 모양으로 생긴 바이칼 호수는 중앙시베리아의 약간 남쪽에 위치하고 있다. 북쪽 이르쿠츠크 오블라스트와 남쪽 부랴트 리퍼블릭 사이, 또 도시 울란우데와 이르쿠츠크 사이다. 이 호수는 지구상에 있는 담수의 20%를 저장하고 있는 세계에서 가장 큰 담수호(저수량이 2만 2000km^{3}로, 미국의 오대호 다섯 개를 합한 물의 양보다 더 많다)일 뿐 아니라, 세계에서 가장 오래되고 수심도 가장 깊은 호수(최대 수심 1700m)이기도 하다. 비도 많은 지역이어서 호수 주변에는 소나무가 울창하게 자란다. 표면적이 3만 1500km^{2}이니, 제주도 면적의 17배, 우리나라 전체 면적의 1/3 정도가 된다. 폭이 70km나 되는 곳도 있으니, 호수라기보다는 바다 같다. 겨울 평균수온은 영하 19℃이고, 여름은 영상 14℃다. 물론 빙하호가 아니라, 지각운동으로 생긴 구조호(構造湖)이다.

바이칼 호수는 실질적으로 동양과 서양을 나누는 경계가 되고 있다. 서쪽은 서양 문화, 동쪽은 동양 문화다. 물이 맑고 깨끗하여 그대로 마셔도 된다고 하니, 오염되지 않은 청정 호수다. 러시아 정부는 오염 방지를 위해 호수 주변에 산재해 있던 많은 공장들을 전부 폐쇄했다. 덕분에 수심 40m 아래까지 훤히 보인다. 바이칼에는 2600종에 이르는 동식물이 살고 있다. 희귀종이 많다. 이로 인해 '아시아의 갈라파고스'로 불리기도 한다. 주변의 산지로부터 유입되는 하천은 많지만, 나가는 길은 앞서 언급한 안가라강 하나뿐이다. 안가라강은 예니세이강의 상류이다. 바이칼 호수는 유네스코 세계자연유산으로 등록되어 있다.

바이칼의 샤머니즘

바이칼 호수 중앙에는 올혼(Olkhon)이라는 섬이 있다. 길이 72킬로미터, 폭 20킬로미터인 큰 섬이다. 면적은 730km²로, 거제도(379km²) 두 배만 하다. 관광보트가 올혼섬까지 다니고 있고, 섬 안에는 수십 개의 호텔이 있다. 이곳의 원주민은 퉁구스계인 부랴트(Buryats)족인데, 이들은 이 섬을 샤먼의 성지로 생각하여 신성시하고 있다. 퉁구스족은 사냥을 하며 살아가던 유목민족이다. 동물과 마주쳐야 하므로 일상은 늘 위험에 노출되어 있었다. 하루의 운명을 가늠할 수 없는 상황에서 자신과 가족의 안녕과 복을 빌기 위한 신앙이 꼭 필요했을 것이다.

샤먼(Shaman) 신앙은 예니세이강 동쪽에서 태평양에 이르기까지, 시베리아 거의 전역에 살고 있는 북방 퉁구스계 유목민족의 민속신앙이다. 바이칼 호수는 바로 그 샤먼 신앙의 진원지다. '바이칼'에서 '바이'는 '무당'을, '칼'은 '바다'를 뜻한다. 그러니 바이칼은 '무당의 바다'라는 뜻이다. 올혼섬 사람들은 울긋불긋한 색깔의 천 조각으로 리본(Prayer Ribbons)을 만들어 큰 나무둥치에 묶어 둔다. 우리나라 무당들이 굿을 할 때 장옷을 입는 것처럼, 바이칼의 샤먼도 신을 부르는 의식 때는 특별한 옷을 입는다. 올혼섬 사람들은 샤먼들이 제식을 올리는 장소를 성스러운 곳(Sacral Center)이라고 했지만, 지금 샤먼의 의식은 관광 상품이 되어 버렸다.

그런데 바이칼 호수 주변의 샤머니즘은 몽골의 샤머니즘과 다르지 않다. 엄청나게 멀리 떨어져 있는 것처럼 보이는 두 지역이 비슷한 민속문화를 공유하고 있는 것은 어째서일까? 앞서 이야기한 것처럼 몽골 고원과 바이칼 호수가 투울강으로 연결되어 있기 때문이다. 강이라는 접점이 있다. 같은 맥락에서 북방계인 우리 민족의 샤먼도 바이칼에서 그 원류를 찾을 수 있다. 학자들에 따르면 신라 금관을 비롯해 우리 민족문화에 나타나는 샤머니즘이 시베리아의 샤머니즘과 동일하다. 우리 민족의 이동 때 샤먼도 함께 한반도로 들어온 것으로 추정된다. 분자생물학을 연구한 학자에 따르면, DNA의 측면에서 보았을 때도 한국인은 시베리아 퉁구스족·아메리카 인디언·만주인·일본인과 가까우며, 남중국인·대만인·베트남인과는 거리가 있다고 한다.

샤머니즘은 너그러운 종교다. 다른 종교를 박해하거나 거부하지 않는다. 모든 종교를 수용하는 동시에 모든 종교를 자기의 색깔로 물들여 버리는 힘을 갖고 있다. 또한 애니미즘(Animism)과도 밀접한 관련이 있다. 자연계의 모든 사물은 영적인 생명력을 갖고 있다고 믿는다. 샤머니즘은 불교, 유교, 기독교가 들어오기 전부터 우리 민족과 함께하며 민족성, 사고방식, 신앙관에 큰 영향을 끼쳤다. 그 어떤 외래 종교도 샤머니즘을 제압한 적이 없고, 오히려 샤머니즘과 함께 발전해 왔다. 통상 무당은 네 가지 기능을 갖고 있다. 신과 인간의 중간에서 인간과 신을 연결하는 사제적(司祭的) 기능, 악령을 쫓아내어 병을 고치는 치병적(治病的) 기능, 점을 쳐서 신의 말을 전달해 주는 예언적(豫言的) 기능, 춤을 추고 징을 치고 장구를 두들겨 카타르시스를 가져오는 오락적(娛樂的) 기능이 바로 그것이다. 신과 인간과의 관계에서 샤먼은 중간자로서 신과 소통한다.

낭만의 도시 이르쿠츠크

러시아는 아시아와 유럽의 대륙에 걸쳐 있다. 러시아 영토 안에서는 어디서부터가 유럽이고 어디서부터가 아시아인지가 확실치 않다. 사실 여행할 때는 그런 구분이 크게 중요하지도 않다. 다른 대륙으로 들어간다고 해서 관세를 내는 것도 아니고 검문소가 있는 것도 아니기 때문이다. 여권도 국경을 넘을 때만 확인한다.

아무튼 아시아와 유럽은 우랄산맥을 기준으로 구분한다. 우랄의 동쪽은 아시아 대륙이고 서쪽은 유럽 대륙이다. 아시아와 유럽이 하나의 땅덩어리로 이어져 있기 때문에 통틀어 유라시아 대륙이라고도 한다. 러시아의 면적은 아시아 쪽이 크지만, 주류 문화가 유럽에 가까우므로 유럽 국가로 분류한다. 물론 편의에 따라 아시아 국가로 분류할 때도 있다.

러시아의 아시아는 시베리아다. 시베리아는 지리적으로 서시베리아, 중앙시베리아, 동시베리아로 나뉜다. 이르쿠츠크는 중앙시베리아 고원에 위치한다. 자작나무, 소나무, 전나무가 울창하게 우거진 산림 지대다. 이르쿠츠크를 중심으로 동쪽을 동시베리아, 서쪽을 서시베리아라고 부른다. 동·서 시베리아는 인종도 다르다. 동시베리아에는 퉁구스계 인종이 살고 있고, 서시베리아에는 코카시안(Caucasian, 백인)이 살고 있다. 그래도 시베리아에 사는 대표적인 종족을 꼽으라면 퉁구스계이다. 퉁구스계는 우리 민족과도 혈통을 같이하는 종족이지만 사는 지역이 달라 다른 이름표를 달고 있다. 울란우데와 이르쿠츠크는 기후와 지형이 서로 비슷하지만, 바이칼호 너머 동쪽에 위치한 울란우데는 퉁구스계가 많이 살아 아시아적 문화를 더 많이 갖고 있고, 이르쿠츠크는 유럽적이다.

이르쿠츠크는 시베리아에서 가장 오래된 도시다. 기원전부터 인류가 거주했던 흔적이 바이칼호 주변에 남아 있다. 고인류학 연구에 따르면 12만 년 전 인류가 극동으로 이동할 때에도 바이칼 호수 주변 지역을 지났다고 한다. 아직 화석이 발견되지 않아 연대를 확정할 수는 없다. 원주민은 퉁구스계 부랴트(Buryat)족이다. 1600년대 이르쿠츠크에 취락이 발생했을 때는 원주민과 모피를 교환하는 게 고작이었다. 본격적인 도시 개발은 시베리아 횡단철도의 부설과 함께한다. 철도가 이르쿠츠크까지 건설된 것은 1898년의 일이다.

이르쿠츠크가 활성화된 것은 모피 상인들을 보호하기 위한 수비대가 바이칼호 주변에 주둔하면서부터이다. 이후 제정 러시아 때에는 정치범 유배지로도 이용되었다. 그런 도시가 지금은 중앙시베리아에서 제일 큰 도시로 성장했다. 사실 이르쿠츠크에서 몽골의 수도 울란바토르까지는 530km로, 그리 멀지 않다. 그래서인지 부랴트족을 보면 우리나라 농촌에서 시골 사람을 만난 것 같은 착각을 하게 된다.

19세기 유럽에서 자유주의 사상이 팽배했을 때, 이르쿠츠크는 러시아 지식인들의 유배지로 유명했다. 인근의 다른 여러 도시들과 마찬가지로 이르쿠츠크는 죄수들의 강제노동으로 건설되었다. 오랜 유배생활에서 풀려난 뒤에도 아름다운 자연, 풍부한 수산물과 농산물 생산에 적응한 러시아 백인 유배자들은 문명의 고향인 모스크바로 돌아가지 않고, 이르쿠츠크에 정착했다. 이곳에 유배된 정치범들은 러시아에서 새로운 사회를 건설하려 했던 낭만적 개혁주의자들이었다.

톨스토이의 『부활』을 처음 읽었을 때, 연인을 따라 시베리아로 유형(流刑)을 떠나는 카츄샤를 따라가는 네흘류도프의 지순한 사랑 이야기인 줄로만 알았다. 그런데 러시아 여행 중 기차 안에서 읽은 『부활』은 전혀 다른 이야기였다. 톨스토이 말년의 작품 『부활』은 사상서였다. 헨리 조지가 『진보와 빈곤』에서 주창했던 '토지공개념'의 철학을 실천하고 전파하려 했던 톨스토이의 고민이 이 책에 오롯이 담겨 있었다. 경북대학교의 김윤상 교수가 만든 '헨리 조지 연구' 모임이 생각났다. 빈부의 격차를 없애는 사회개혁의 근본은 토

이르쿠츠크
Irkutsk

경도·위도 동경 104° 14′, 북위 52° 19′

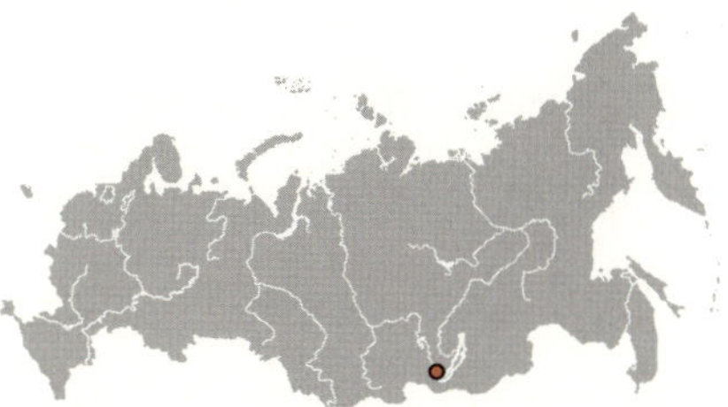

지에 있다고 설파하고 있다. 같은 책이라도 나이 들어 읽으면 다른 느낌을 받는다. 좋은 책은 여러 번 읽어야 비로소 그 진수를 맛볼 수 있다.

되돌아보면 19세기와 20세기의 역사는 제국주의에 의한 식민지 영토 확장의 역사였고, 제국의 경제사는 토지 정책의 역사였다. 이르쿠츠크를 말할 때 '데카브리스트(Decabrist)' 이야기를 빼놓을 수 없다. 1825년 12월 니콜라이 1세의 제위식 날이었다. 러시아의 엘리트 장교들이 봉건국가 러시아의 개혁을 요구하는 쿠데타를 시도했다. 3천 명의 병사와 함께 상트페테르부르크의 원로원 광장에 모여, 새 황제에게 충성하기보다는 헌법(Constitution)에 충성하겠다고 선언했다. 12월에 일어난 사건이었으므로 사람들은 이 사건의 주동자들을 '데카브리스트'라고 불렀다.('데카브리스트'는 러시아어로 '12월 사람'이라는 뜻이다.) 바로 '데카브리스트 리볼트(Decembrist revolt)'이다.

러시아의 귀족 출신 장교들이었던 데카브리스트들은 나폴레옹을 쫓아 파리까지 갔고, 파리에 체류하는 동안 프랑스 시민혁명의 정신과 자유주의 사상을 접하게 되었다. 이들은 그때까지도 농노제도와 봉건제도에 묶여 있던 러시아를 개혁하고자 했다. 데카브리스트들은 황제에게 영국과 마찬가지로 입헌군주제를 실시할 것, 농노제도를 폐지하고 토지를 농민에게 분배할 것, 헌법을 제정하여 법으로 통치할 것을 주장하였다. 그러나 이들은 제대로 된 조직도 없고 단합도 안 된 낭만주의적 개혁주의자들이었다. 정부군에 포위되어 쿠데타는 실패했고, 유능한 귀족 청년장교들은 체포되었다. 주동자 다섯 명은 교수형에 처해지고, 나머지는 시베리아 유배형(exile to settlement)을 받았다. 이들은 쇠고랑을 찬 채로 맨발로 걸어 시베리아 이르쿠츠크로 보내졌다.

나폴레옹 군대를 물리친 러시아의 청년장교들은 국민들에게 우상처럼 존경받았다. 그러나 쿠데타 실패로 처형되고 유배되는 신세가 되었다. 청년 볼콘스키는 크리미아전쟁, 스웨덴전쟁, 나폴레옹전쟁에서 승리를 거둔 러시아의 영웅이었다. 톨스토이의 삼촌이자, 그의 소설 『전쟁과 평화』의 주인공인 동명의 등장인물 볼콘스키의 실제 모델이기도 하다. 황제는 이들 청년 장교의 연인들에게 재산과 신분을 박탈당하고 장교들을 따라 유배지로 가든지, 아니면 귀족으로 남아 재혼을 하라고 명했다. 열다섯 명의 부인들은 귀족의 신분과 재산을 버리고, 남편과 연인을 따라 유배지 이르쿠츠크로 갔다. 순애보이다. 볼콘스키의 연인 마리야도 애인을 따라 시베리아로 갔다. 마리야는 시인 푸시킨의 연인이기도 했다. 귀족 숙녀들은 상트페테르부르크에서는 상대도 하지 않던 원주민과 교류하거나 그들을 교육시키고, 황무지에서 음악회를 열고, 극장을 만들고, 미술관을 지었다. 이르쿠츠크를 파리처럼 만들기로 마음 먹었다. 러시아의 민중들은 그 스토리에 울었고, 지식인들은 그들의 애환을 문학작품으로 남겼다. 시인 네크라소프는 「러시아의 아내」에서, 푸시킨은 「삶이 그대를 속일지라도」에서, 톨스토이는 『전쟁과 평화』와 『부활』에서 그들의 한을 풀어 주었다. 청년 영웅 볼콘스키와 트루베츠코이가 살던 집이 아직 남아 있다. 지금은 작은 박물관으로 쓰이고 있다. 이르쿠츠크가 '시베리아의 파리'라고 불리는 이유다.

쿠데타는 비록 실패로 끝났지만, 데카브리스트의 사상은 후대로 계승되어 러시아 혁명사상으로 발전하였다. 1917년 러시아 혁명세력의 핵심 주장은 귀족의 토지를 가난한 농민에게 분배하라는 것, 즉 토지개혁이었다. 20세기 초반 전 세계에 휘몰아친 사회주의 사상의 요체가 바로 '토지개혁'에 있었다. 니콜라이 1세는 새로운 세상을 만들겠다는 청년장교들의 뜻을 짓밟고 그들을 죽이거나 유배시켰지만, 그의 손자 알렉산드르 3세는 개혁에 실패한 탓에 뒷날 혁명이 일어나자 총살형을 당했다. 러시아 혁명은 러시아를 위하여 봉기했지만, 결국 억울하게 죽거나 유배당한 데카브리스트를 대신해 통쾌한 복수를 해 준 셈이다. 그러나 지상천국을 장담했던 사회주의 종주국은 결국 토지생산성 저하로 붕괴되었다.

이르쿠츠크는 바이칼 호수의 영향으로 위도에 비해 겨울이 그리 춥지 않다. 중국에서 몽골을 통하여 가는 철도가 합류하는 곳인 만큼, 중국이나 극동에서도 가기 쉽다. 게다가 러시아 시베리아 횡단 고속도로인 M53과 M55도 이곳 이르쿠츠크를 통과한다. 한마디로 교통의 결절지이다. 러시아 문학과 언어를 공부하려는 한국 학생들 중에는 이르쿠츠크를 염두에 두고 있는 이들이 많다. 모스크바는 물가가 비싸 돈이 많이 들지만, 이르쿠츠크에서는 비교적 저렴한 비용으로 정통 러시아 문화와 언어를 배울 수 있기 때문이다. 시베리아 중앙에 위치한 이르쿠츠크는 특히 군수산업이 발달하였고, 항공기 제작 회사도 여러 개 있다. 이르쿠츠크는 러시아인이 자랑할 만한 도시다.

그러나 개인적으로는 이르쿠츠크에 도착하기 전 울란우데 역에서 만난 러시아인 부부가 더 기억에 남는다. 그들은 러시아 군 장교로 근무하는 두 아들을 환송하기 위해 울란우데 역에 나왔다. 체첸에서 근무하는 두 아들을 다시 전쟁터—당시 러시아와 체첸은 전쟁 중이었다—로 보내면서 눈물 흘리던 부인의 모습은 지금도 잊히지 않는다. 꼭 나의 어머니를 보는 것 같았기 때문이다.

순록의 서식지
예니세이강

인류의 문명은 하천의 하류에서 발생하였다. 황하 문명, 인더스 문명, 이집트 문명, 메소포타미아 문명이 모두 그렇다. 그러나 북극해로 흘러 들어가는 강의 하류에는 예나 지금이나 사람이 살지 못한다. 우랄산맥 동쪽의 강들, 오비(Ob')강, 예니세이(Eenisey)강, 레나(Lena)강, 콜리마(Kolyma)강은 모두 북극해로 흘러 들어간다. 유라시아 대륙에서 북극으로 흐르는 강은 러시아에만 있다. 북극으로 흐르는 러시아의 강들은 특색이 있다. 사람이 살지 않고 인간의 접근이 어려운 곳에 위치한다. 원주민은 퉁구스계 유목민이다. 상류로 갈수록 따뜻하고 툰드라, 타이가, 스텝 지역이 나타난다. 스텝 지역에는 야생 순록, 사슴, 곰이 서식한다. 이 중 예니세이강 하류는 11월부터 이듬해 5월까지 얼어붙는다. 그렇다고 물이 아예

마르는 것은 아니다. 아무리 추운 겨울에도 물은 흐른다. 얼음이 이불 역할을 해 주어 얼음 아래 강물은 영상의 온도를 유지한다.

봄이 되면 위도가 낮은 강 상류가 따뜻해지면서 얼음이 녹아 하류로 흐른다. 하류는 고위도이므로 아직 얼음에 덮여 있다. 얼음 위로 강물이 흘러 광범위한 지역에 홍수가 난다. 북극으로 흐르는 강의 하구는 그 수량(水量)에 비하여 삼각주와 늪지가 대단히 넓고 크다. 하류의 얼음이 녹으면서 일대가 전부 늪지가 되기 때문이다. 어떤 교통수단을 선택해도 늪지를 다니기란 쉽지 않다. 선박, 자동차, 기차, 비행기 어느 것이든 속수무책이다. 그래서 수륙양용 군사용 장갑차를 개조해서 다닌다. 사실 20세기 전반까지만 해도 북극으로 흐르는 대하천은 연구와 탐험의 대상이었지, 토지 이용의 대상은 아니었다. 북극해로 흐르는 강 하구의 개발에는 관심도 없었다.

사람이 살기 어려운 환경이다. 실제로 북극 가까운 지방에 사는 사람들은 모두 유목민이다. 땅 위에 농사를 지을 수 없기 때문이다. 이들은 예로부터 순록을 유목하거나 바다에서 물개와 고래를 포획하며 살았다. 러시아 북극해 연안에는 예벤키족, 야쿠트족, 콜리마족, 사하족, 축치족이 살고 있다. 모두 퉁구스계다. 퉁구스계는 원래 아무르강 유역에 살았던 종족이다. 이들 중 일부는 빙하기 때인 1만 4000년 전에 북아메리카로 건너가 에스키모(지금은 이누이트라고 부른다)가 되었고, 서쪽으로 이동한 이들은 유라시아 끝 핀란드까지 갔다. 같은 종족이고 비슷한 환경이라서 그런지 사는 방법도 비슷하다.

북극해로 흐르는 강 중에서 가장 긴 강은 예니세이강이다.

4090km나 된다. 몽골 사얀산맥에서 발원한 강물은 바이칼호에서 흘러나온 안가라강과 합쳐져 카라해(Kara Sea), 즉 북극해로 유입된다. 이 강은 10월부터 이듬해 5월까지 동결된다. 예외가 없다. 대신 여름에는 하류에 폭 64km, 길이 160km의 거대한 늪지를 만든다. 예니세이강은 160만 km^{2}의 광대한 유역 면적을 갖고 있다. 그 대부분이 중앙시베리아 고원, 크라스노야르스크(Krasnoyarsk) 오블라스트에 해당한다. 하류는 황무지로 방치되어 있지만, 중류와 상류는 하운을 이용하여 도시들이 발달하였다. 얼음이 녹으면 2600km 상류까지 큰 배가 다니며 화물을 실어나른다. 상류에서는 수력발전을 많이 한다. 풍부한 수력전기를 이용하여 알루미늄을 제련하고 있다. 크라스노야르스크는 하운과 시베리아 횡단철도로 발전한, 인구 78만 명의 대도시이다.

러시아 지리학자들은 지구온난화에 기대를 걸고 있다. 지구온난화로 북극 빙상이 녹으면 북극해를 연안으로 접하고 있는 러시아는 해안 교통이 매우 편리해질 것이기 때문이다. 아직도 처녀지로 알려진 광대한 북극해 연안은 러시아 지하자원, 수산자원, 산림자원의 보고다. 교통 접근성이 높아지면 석유, 천연가스를 비롯해 다량의 자원이 매장되어 있는 이 지역을 대대적으로 개발할 수 있다. 지구온난화가 계속되면 우리나라는 아열대 지방으로, 러시아의 동토는 온대 지방으로 변한다는 가설이 있다. 러시아는 자국의 산림지대가 농토로, 툰드라가 산림지대로, 산림지대가 농업지대로 변할 것을 기대하며 벌써부터 북극해를 횡단하는 항해수로를 개척하고 있다.

예니세이강
Eenisey River

유역 면적 160만 km^2 | **길이** 4090km

미래의 강
오비강

유역 면적 290만 km^2, 길이 3670km인 오비(Ob')강은 세계에서 일곱 번째로 큰 강이다. 세계적인 대하천은 하류로 갈수록 큰 도시가 나타나고 인구가 많아지는 것이 보통이지만, 앞서 언급한 것처럼 북극해로 흐르는 시베리아의 강들은 그런 상식이 통하지 않는다. 하류로 갈수록 사람이 더 살지 않는 늪지이고 황무지이다. 오비강도 예외는 아니다. 오비강은 시베리아 횡단철도가 건설되기 전에 하운(河運)의 일익을 담당했다. 러시아는 동서 간의 교통로가 필요한데, 시베리아의 큰 강들은 남북으로 흐르는 형태를 취하고 있어 크게 기여하지 못하고 오히려 교류에 장애가 된다. 다만 지류는 동서 흐름의 패턴을 보이고 있어 일정 구간에서는 교통로 역할을 한다.

오비강 유역은 상류에서 하류로 가면서 사막, 스텝, 타이가, 늪지로 바뀐다. 오비강은 카자흐스탄, 몽골, 중국을 경계로 하는 알타이(Altai)산맥 부하라산에서 발원하여 서부 시베리아의 저지대를 흐르다가, 오브스카야만(灣)을 지나 북극해인 카라(Kara)해로 유입된다. 강에는 물고기, 육지에는 순록이 서식하여 원주민의 주요한 단백질 공급원이 되었다. 봄이 되면 상류는 녹아 흐르지만, 하류로 갈수록 녹지 않아 얼음 위로 강물이 넘쳐흘러 광범위한 지역에 늪지를 만든다. 북극해로 흐르는 시베리아 강들의 특징이다. 이러한 특징이 인간의 접근을 어렵게 한다. 오비강은 두 개의 큰 지류가 있다. 중국 천산에서 발원하여 카자흐 고원을 지나는 이르티시강과, 몽골고원에서 발원하여 서쪽으로 흐르는 오비강의 본류이다. 두 지류는 저지대의 도시 한티만시스크(Khanty-Mansiysk, 인구 8만 명)에서 합류한다.

극동시베리아와 중앙시베리아에는 산지가 많지만, 서시베리아는 평야이다. 평야지대를 흐르는 강물은 유량이 많고 유속이 느리기에 대형선박이 내륙 깊숙이 항해할 수 있다. 이로 인해 옴스크(인구 110만 명), 첼랴빈스크(인구 100만 명), 노보시비르스크(인구 140만 명) 같은 대도시가 생겨났다. 내륙에 위치한 이들 도시는 제2차 세계대전 때 전쟁 물자를 생산하는 군수기지로 크게 기여했다. 전쟁 중 독일은 모스크바와 그 인근의 산업도시를 폭격하여 전부 파괴했다. 그러나 우랄산맥 동부 내륙 깊숙한 곳에 위치한 이들 도시는 독일에서 2300km나 떨어져 있어 전투기로 공습할 수 없었다. 우랄산맥 너며 군수 도시에서 끝없이 공급되는 탱크, 대포, 비행기에 히틀러는 기가 질려 버렸다. 폭정에도 불구하고 스탈린은 농업국이었던 러시아를 단기간에 공업국가로 만들어 제2차 세계대전을 승리로 이끌었다. 사실 그 비결은 오비강 유역 내륙도시 개발에 있었다.

한편 이 도시들은 러시아 혁명 당시 혁명에 반대하는 귀족들의 거점이기도 했다. 이 지역에 결집한 귀족들은 황실 군대를 이끌고 시베리아 지역을 점령한 다음 모스크바로 진격하고자 했다. 대표적 인물이 백군(White Army)의 콜차크 장군이다. 그러나 명분 없는 싸움은 농민의 지지를 받지 못했고 백군은 붕괴되고 말았다. 콜차크 장군은 후퇴하여 이르쿠츠크를 마지막 거점으로 삼았으나 결국 체포되어 처형당했다. 이르쿠츠크에 그의 동상이 서 있다.

오비강의 상류는 카자흐스탄의 초원지대다. 카자흐스탄에서 시베리아 쪽으로 연속되는 대평원이 전개된다. 상류 쪽은 포도, 멜론, 수박을 재배하는 온대기후이지만, 하류는 동토다. 러시아는 스탈린 시절 독일군의 포로를 잡아 강제 노동을 시켰다. 많은 댐을 건설해 에너지를 생산했다. 이 지역의 경우 댐 건설을 통해 광범위한 건조 지역에 관개를 함으로써 목초지를 농경지로 만들었다. 1956년에 건설한 노보시비르스크 근처의 댐은 러시아 최대 규모이다. 노보시비르스크의 호수는 길이 160km, 폭 20km로, 400만 kw의 전력을 생산한다. 노보시비르스크는 서시베리아에서는 인구가 가장 많은 도시다. 러시아 전체를 놓고 봐도 모스크바, 상트페테르부르크 다음으로 크다. 이 밖에도 서시베리아에는 비슷한 크

오비강
Ob' River

유역 면적 290만 km² | **길이** 3670km

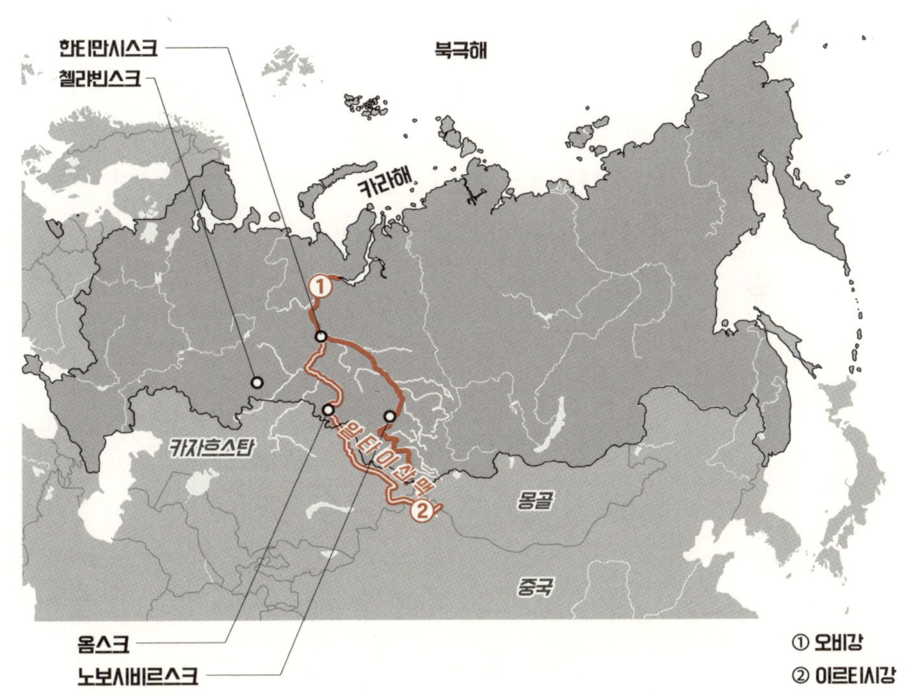

기의 도시 옴스크와 첼랴빈스크가 있다. 시베리아 횡단철도와 연결되어 있고, 인구가 각각 백만 명이 넘는 서시베리아의 중공업 도시들이다.

첼랴빈스크 근교에는 2013년 2월에 큰 운석(meteorite)이 떨어져 1천여 명이 부상을 당하는 희귀한 사건도 있었다. 운석은 시속 6만 9000km 속력으로 대기권에 진입함으로써 태양보다 밝았고, 100km 밖에서도 관찰할 수 있었다 한다. 운석의 흔적을 보러 관광객이 많이 찾는다. 옴스크는 세계 최고의 전차라고 하는 T-80, T-95, 블랙이글 탱크를 생산한다. 러시아에 있는 여덟 개의 군구(軍區) 중 시베리아 연방군구가 오비강 유역에 있다. 대통령 전권대사가 지휘한다. 사령부는 노보시비르스크에 있다. 보통 하천은 상류에 댐을 건설하면 하류에 또 다른 문제가 발생하게 마련인데, 오비강 하류에는 사람이 살지 않는 거대한 늪지만 있다. 기후온난화로 동토의 땅 늪지가 옥토가 될 날이 머지않았다고 기대가 높다.

예카테린부르크와
황제의 최후

인구 140만 명, 러시아에서 네 번째로 큰 도시인 예카테린부르크는 우랄산맥의 동편에 있다. 유럽대륙이 아닌, 유럽과 아시아의 경계지역에 있는 도시이다. 예카테린부르크라는 이름은 표트르 대제의 왕비 예카테리나 1세의 이름에서 따왔다.

예카테린부르크는 첼랴빈스크에서는 200km, 상트페테르부르크에서는 2000km 떨어져 있다. 1918년 4월, 볼셰비키는 니콜라이 2세와 가족을 체포하여 예카테린부르크의 부호 이파티예프의 집에 가두었다. 러시아 혁명이 적군(볼셰비키)과 백군(황제군) 간 내전으로 발전하던 시기였다. 볼셰비키는 상트페테르부르크와 모스크바를 점령하였을 뿐 아직 러시아 전역으로 혁명을 파급시키지는 못하고 있었고, 황제를 모시고자 하는 반혁명군인 백군은 동시베리아와 러시아 남부에서 시작해 북쪽 모스크바로 향하고 있었다. 이들은 예카테린부르크를 200km 앞둔 곳까지 진격했다. 이 소식은 황제에게도 전해졌다. 1918년 7월 17일 새벽, 적군은 황제 가족을 깨우고 정장을 입게 했다. 사진을 찍어 황제 가족이 건재하다는 것을 러시아 국민에게 알리고 정국의 안정을 꾀하려 한다는 것이었다. 황제 가족은 사진을 찍기 위해 자리에 앉았다. 하지만 장막 뒤에서는 사진기 대신 총구가 나왔다.

황제 일가는 예카테린부르크에 있는 이파티예프의 집 지하실에서 전원 살해됐다. 백군은 다음 날인 18일에 도착했지만 이미 늦은 뒤였다. 백군은 광산에 버려진 황제 가족의 시신을 수습하였다. 이때 황제의 막내 공주, 아나스타샤의 시신은 발견되지 않았다. 공주는 밤에 화장실에 갔다가 도주하여 블라디보스토크까지 갔고, 그곳에서 다시 배를 타고 파리로 도주했다는 소문이 퍼졌다. 불가능한 일이지만, 아나스타샤 공주 한 사람만이라도 살았으면 하는 민중의 연민이 이런 이야기를 만들어 낸 것이다.

스위스 최대의 은행 UBS는 예금주의 비밀을 절대 보장하는 은행이다. 독재자들이 즐겨 이용했다. 『허영의 불꽃』을 쓴 톰 울프는 이를 두고 "월스트리트 거물이라면 모두 아는 돈"이라고 썼다. 니콜라이 2세의 신하였던 올레니코프는 혁명이 일어나자 미국으로 망명했는데, 황제의 명을 받아 UBS에 황족 명의의 비밀 계좌를 만들어 두었다고 증언했다. 거액의 유산을 탐낸 가짜 아나스타샤가 속출했다. 혁명 때 파리로 망명한 옛 황실의 하녀가 진위 여부를 확

예카테린부르크
Ekaterinburg

경도·위도 동경 60° 35′, 북위 56° 50′

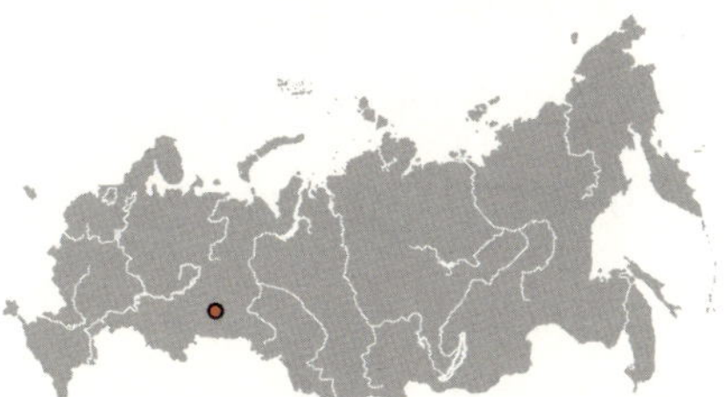

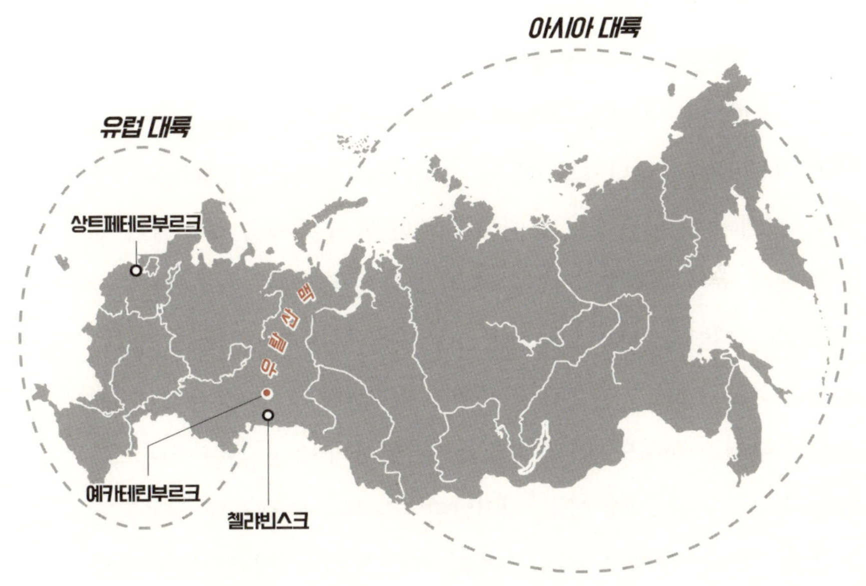

인해 주었다. 진짜 아나스타샤는 나타나지 않았다.

2009년, 당시의 참사를 연민한 러시아 정교의 요청에 따라 정부는 유해를 재발굴했다. 뼛조각의 DNA를 분석한 결과 모두 같은 날짜에 처형되었고, 생존설이 돌았던 알렉세이 황태자와 아나스타샤 공주의 시신도 같은 곳에 있었다고 판명되었다. 유골은 지금 상트페테르부르크에 있는 러시아 정교의 성당에 안치되어 있다. 세월이 흐른 뒤 제정 러시아에 대한 추억에 잠겨 황제의 마지막 처소인 이파티예프의 집과 처형 장소를 보러 오는 관광객이 늘어났다. 공산당 정부는 1977년, 총 자국과 핏자국이 남아 있는 집을 철거하고 그 자리에 러시아 정교 성당을 세웠다. 지금도 많은 관광객이 찾는 예카테린부르크의 명물이다.

어느 철학자는 인간의 출생이 제비뽑기와 같다고 했다. 하얀 피부의 미인으로 태어나기도 하고, 검고 작은 못난이로 태어나기도 한다. 어떤 아이는 출생과 동시에 수백억 원의 주식을 상속받고 좋은 집에서 좋은 음식을 먹으며 좋은 교육을 받기도 한다. 반면 아버지 없이 태어나 어머니에 의해 고아원에 버려지는 아이도 있다. 제대로 먹지 못하고, 제대로 교육받지 못한 채 매 맞고 자라면, 운명을 바꾸려 노력해도 잘 되지 않는다. 황제의 막내 공주 아나스타샤는 황금수저를 입에 물고 태어났다. 그러나 인간지사 새옹지마라던가. 그녀는 열여섯 살의 나이로 이파티예프의 지하실에서 죽었다. 애잔하고 슬픈 이야기이다. 사주팔자가 있는 모양이다.

진실보다 강한 허구,
『닥터 지바고』와 페름

소설은 거짓말로 지어낸 이야기지만, 거짓말 속에서 진실을 말한다. 소설은 사실을 토대로 창작되는 허구이지만, 사실보다 더 큰 영향력을 행사한다. 나폴레옹의 러시아 침략을 기초로 한 톨스토이의 소설 『전쟁과 평화』만큼 그 시대 러시아의 농촌사회와 모스크바를 잘 기술한 사회과학서는 없다.

20세기 초반 러시아 혁명기를 살아야 했던 한 인간의 사랑과 갈등을 다룬 『닥터 지바고』도 마찬가지다. 혁명 기간의 모스크바, 눈 덮인 우크라이나, 횡단철도를 배경으로 당시 사람들이 어떻게 살았는지를 잘 보여 준다. 작가는 러시아 혁명기를 경험한 한 인간이자 시인의 눈으로 혁명 과정을 그려 냈다.

이 작품을 제대로 이해하려면 제정 러시아 시대, 새로운 사회를 만들고자 했던 학생운동, 혁명이 시작된 1905년, 제1차 세계대전, 볼셰비키에 의한 1917년 러시아 혁명, 혁명 후 혁명군(적군)과 황제군(백군)의 내전, 스탈린의 대숙청, 제2차 세계대전으로 인한 무자비한 살육과 그에 따른 인간성 말살에 관한 지식이 필요하다. 『닥터 지바고』는 그 시대를 살며, 그 시대의 이데올로기 속에서 인간성이 무엇인지 고민한 작가 보리스 파스테르나크의 대답이다. 인간은 살기 위해 태어난 것이지, 인생을 준비하기 위해 태어난 것이 아니라고 소설은 말한다. 국가의 법보다 사회도덕, 사회의 질서보다 개인의 자유가 더 가치 있다고 말한다. 울림이 큰 작품이다.

나는 『닥터 지바고』를 영화로 먼저 보았고, 나중에 소설을 읽었다. 냉전시대에 영화를 만드느라 실제 촬영은 스페인에서 했다고 하는데도, 〈닥터 지바고〉만큼 러시아의 겨울을 잘 묘사한 영화가 없다. 러시아의 겨울은 길다. 혁명도 전쟁도 겨울 풍경 속에서 전개된다. 평범한 부부에게도 사랑이 있지만, 이 작품에서처럼 극한 상황에서 이루어지는 사랑은 더 큰 감동을 준다. 인간을 생물로 보면 사랑이란 곧 구애의 행위이고, 죽기 전에 자신의 유전자를 남기고자 하는 본능이다. 극한의 추위와 굶주림을 겪으며 살아가는 삶이 더 귀하고 가치 있게 느껴지듯, 극한 상황에서 피어나는 사랑의 아픔이 더 크게 다가오는 것은 당연한 일 아닐까? 주인공 유리 지바고는 출산을 앞둔 만삭의 부인 토냐를 두고, 연인 라라를 만나기 위하여 유리아틴으로 떠난다. 그는 도중에 빨치산에 납치되지만, 탈출하여 죽음을 무릅쓰고 눈밭을 헤치며 라라의 집을 찾아간

페름
Perm

경도·위도 동경 56° 15′, 북위 58° 0′

다. 또 다른 인물인 코마로프스키는 제정 러시아의 귀족 변호사로서 황제권력을 변호하고, 혁명 후 볼셰비키 정부 아래에서 법무부장관이 되는 등 세상을 살아가는 능력이 탁월한 인물이다. 어느 시대나 그런 사람이 있다. 그는 라라 어머니의 정부였고, 라라를 겁탈한 장본인이었지만 라라를 아끼고 사랑하며 전쟁의 혼란 속에서 그녀를 끝까지 돌봐 준다. 사랑은 도덕이나 윤리에 앞선다. 주인공 유리, 라라, 코마로프스키 모두 비도덕적인 인간이다. 그러나 우리는 그들의 아픔과 감정에 공감한다. 이 이야기가 우리의 가슴을 때리는 것은 우리 몸속에 지바고, 라라, 코마로프스키의 유전자가 모두 들어 있기 때문이다. 읽으면서 '나도 같은 상황에서는 같은 행동을 할지 모른다'는 생각이 든다면, 자연인으로서의 그들을 죄인이라고 볼 수는 없을 것 같다.

유리와 토냐의 갈등은 토냐 아버지의 별장이 있는 우랄산맥 쪽의 발레키노와 유리아틴에서 절정을 이룬다. 유리아틴은 가상의 지명으로, 작가가 실제로 살았던 도시 페름(Perm) 근교를 상정했다고 한다. 지금 페름에는 푸시킨 박물관이 있는데, 이 박물관 안에 작은 '유리아틴 도서관'이 있다. 간이역인 '유리 역'도 있다. 볼가강의 지류에 자리한 페름은 인구 100만 명이 넘는 큰 도시이다. 모스크바에서 우랄산맥 쪽으로 1000km 떨어진 곳이고, 러시아의 마지막 황제, 니콜라이 2세와 그 일가족이 총살당한 예카테린부르크와는 200km 떨어져 있다. 근대화된 공업도시로 시베리아 횡단철도가 지난다.

『닥터 지바고』는 미·소 간 냉전이 극에 달했을 때 출간되었다. 사회의 정의나 도덕이 아닌, 개인의 사랑을 담았다. 하지만 스탈린주의, 집단화, 대숙청, 굴락을 묵시적으로 비판하고 있다. 당시 러시아 작가협회는 파스테르나크를 제명하고 출판을 거부했다. 공산주의 가치를 부정했다는 이유에서였다. 하지만 원고는 밀수출되어 1957년 이탈리아에서 출판되었다. 서구의 언어로 번역되면서 『닥터 지바고』의 인기는 하늘을 찔렀고, 데이비드 린 감독의 영화로도 제작돼 아카데미상 5개 부문을 수상했다. 파스테르나크는 1958년에 노벨문학상을 받았지만, 1960년 폐암으로 사망했다.

어머니 강을 따라, 볼가강

러시아의 어머니 강 볼가강

볼가(Volga)강은 우랄산맥의 서편을 흐르는 강이다. 우랄산맥을 기준으로 동쪽에는 오비(Ob')강, 서쪽에는 볼가강이 대칭되게 흐른다. 크기는 비슷하지만 러시아 문명에 미치는 영향 면에서는 큰 차이가 있다. 러시아 문명에 오비강이 끼친 영향은 볼가강의 1/10도 안 된다. 볼가강은 러시아에서 가장 중요한 강이다. 모스크바를 필두로 러시아의 대도시 스무 개 중 열한 개 도시가 볼가강 유역에 있다. 가항(可航) 하천 길이만도 2700km가 넘는다. 때문에 볼가강은 'Volga–Matushka', 즉 어머니 볼가(Mother Volga)라 불린다.

시베리아의 모든 강은 남에서 북으로 흐른다고 앞서 이야기했다. 하지만 우랄산맥 서편의 강들은 볼가강을 비롯해 모두 북에서 남으로 흐른다. 볼가강은 3700km를 흘러 카스피해로 들어가고, 돈강(1870km)과 드네프르강(2220km)은 흑해로 들어간다. 이 3대 하천은 하운이 편리하고 주변 농토가 비옥해 러시아의 문명의 토대가 되었다.

볼가강은 모스크바의 동북쪽에서 발원하여 러시아의 대평원을 지나, 해수면보다 28m 낮은 카스피해로 유입된다. 유역 하천 전체가 가항 하천이다. 200개의 지류가 있으며 유역 면적이 136만 km^2이다. 상류도 수심이 3~15m는 되고, 하폭은 평균 1.6km이다. 중량급 화물 수송선은 물론, 대형 크루즈도 넉넉히 다닌다. 러시아는 다른 나라에 비하여 내륙의 하운(河運)이 매우 발달하였다. 볼가강 수로는 전체 내륙 수송량의 2/3를 담당하고 있다. 900개의 항구와 550개의 화물 전용 부두가 있다. 강 유역에는 호수도 많다. 하천 주변의 호수는 빙하호이다. 역대 왕조와 혁명정부 모두 호수와 볼가강, 볼가강과 그 지류를 운하로 연결하는 토목공사를 했다. 스탈린 시대에는 굴락의 죄수들과 독일 전쟁포로들에게 강제노역을 시켜 운하를 건설하였다. 3000톤급 대양선이 볼가강을 따라 대서양 쪽 발트해, 북쪽의 백해에서부터 남쪽 카스피해까지 항해할 수 있다. 또 카스피해에서 흑해를 거쳐 지중해로 나갈 수도 있다. 미국의 미시시피강과 비교된다. 놀라운 강이다.

볼가강 하류에 대한 기록은 헤로도토스의 『역사서(Histories)』(B.C. 425)와 프톨레마이오스의 『지리(Geography)』(A.D. 170)에도 나온다. 이들은 볼가강과 볼가강의 지류를 하나의 강으로 보고, 이 지역을

‘하이퍼보레아(Hyperborea)’라 불렀다. 하이퍼보레아는 모질고 추운 북극 바람이 불어오는 곳 너머, 햇빛이 비치고 따뜻하며 조용한 바람이 불어 사람이 살기 좋은 곳, 전설적인 천국으로 그려진다. 실제로 볼가강 하류의 스텝 지역은 땅이 비옥하고 사람이 살기 좋다.

볼가강을 소재로 한 예술 작품도 많다. 〈볼가강의 배 끄는 인부들(Barge Haulers on the Volga)〉(1870)은 러시아 화가 일리야 레핀(Ilya Repin)의 작품으로, 러시아 혁명을 자극한 그림이다. 열한 명의 뱃사공이 볼가강에서 바지선을 끄는 모습을 그린 이 그림에는, 무더운 여름날 대형 바지선을 끄느라 지쳐 쓰러질 지경인 뱃사공들의 고된 노동 현실이 기막히게 표현되어 있다. 화가 자신이 볼가강을 여행하며 직접 보고 느낀 것을 너무나 사실적으로 표현해 당시 하층노동자들의 고단함과 분노가 그대로 느껴지는 듯하다. 이 그림을 통해 레핀은 자신이 속한 공동체를 위해 무엇을 할 것인지를 러시아 지식인들에게 묻고 있다. 황제의 둘째 아들이 이 그림을 구입하여 1873년 비엔나 국제미술전에 출품했다. 이 그림은 러시아 혁명과 동시에 국유화되어 현재는 러시아 박물관에 전시되어 있다. 러시아 전통 민요 〈볼가강 뱃사공의 노래(Song of the Volga Boatmen)〉도 유명하다. 글렌 밀러가 재즈로 편곡한 버전은 1941년 미국의 음악 차트 1위에 오를 만큼 인기가 많았다. 밧줄을 당겨 볼가강의 배를 끌고 가는 고된 노동자를 상상하며 들으면 더 깊은 감동이 있다. 러시아 붉은 군대 합창단의 베이스 가수 샬리아핀이 〈볼가강 뱃사공의 노래〉를 즐겨 불렀다. 울림이 있는 노래이다.

볼가강
Volga River

유역 면적 136만 km^2 | **길이** 3700km

백해에서 흑해까지

지리학을 공부하면서 꼭 하고 싶었지만, 하지 못한 여행이 있다. 낙동강 상류에서 부산까지 보트를 타고 가는 여행이었다. 물길 따라 배는 저절로 떠내려갈 것이다. 날이 저물면 야영하면서 메기탕, 붕어탕, 추어탕, 잉어찜을 먹고, 지방마다 빚어 놓은 막걸리를 음미하며, 강 유역의 문화를 답사하고 싶었다. 결국 이루지 못한 꿈이다.

한 아일랜드 청년이 러시아에서 이와 비슷한 여행을 했다. 백해(White Sea)에서 출발해 볼가강을 따라 흑해까지 가는 여행이었다. 통역관을 대동하고 길이 10m 남짓한 보트를 탔다. 두 달 반 동안 5000km를 항해하며 55개의 갑문을 통과했다. 그의 여행기는 『내셔널지오그래픽』 1994년 6월호에 「백해에서 흑해까지의 항해」라는 제목으로 게재되었다. 인상적인 이 글은 이렇게 시작된다. "검푸른 바다 흑해이다. 물개들이 떼를 지어 유영하고 있다. 9월 12일 밤 10시 우리는 동양과 서양, 흑해와 지중해를 잇는 보스포루스 해협에서 이스탄불의 찬란한 불빛을 보았다."

백해에서 흑해까지 배로 여행하는 것이 어떻게 가능했을까? 흑해로 흐르는 볼가강은 리빈스크호(Rybinsk Lake)에서 발원한다. 리빈스크호에서 북쪽으로 셱스나강(Sheksna River)을 따라가면 벨로예호(Beloye Lake)와 연결된다. 벨로예호는 비테그라강(Vytegra River)을 통해 오네가호(Onega Lake)와 연결된다. 오네가호에서 스비리강을 따라가면 라도가호(Ladoga Lake)가 나오고, 라도가호는 네바강

(Neva River)을 통해 발트해와 연결된다. 볼가-발트 수로(Volga-Baltic Waterway, 전장 369km)이다. 1960년에 공사를 시작하여 1964년에 완공하였다. 그보다 앞선 1933년에는 발트해와 백해(북극해)를 잇는 발트-백해 수로(Baltic-White Sea Waterway, 전장 224km)가 건설되었다. 두 운하를 통해 백해(북극해)에서 발트해로, 발트해에서 볼가강으로, 다시 흑해로 나갈 수 있게 되었다.

수로를 따라가며 몇몇 도시들을 살펴보자. 먼저 북극해에 면한 무르만스크(북위 68° 58', 인구 30만 명)는 전 세계에서 기차로 갈 수 있는 도시 중 최북단에 위치해 있다. 1978년 4월 20일 파리에서 알래스카로 향하던 KAL 902기가 항법장치 고장으로 소련 영토에 들어갔다가, 소련 전투기의 피격을 받아 무르만스크의 결빙된 호수에 불시착하는 일이 있었다. 이 사건으로 2명이 사망했다. 5년 후인 1983년에는 캄차카 해역에서 KAL 007기 피격 사건이 발생했다. 냉전 시절에 일어난 일이었다.

백해의 작은 항구 도시 벨로모르스크(인구 1만 명)에서 셱스나강을 지나 볼가강으로 들어서면, 볼가강과 돈강, 지류와 수로를 따라 수많은 대도시들이 분포한다. 러시아 도시 중 인구가 가장 많은 모스크바(1200만 명)를 비롯해 상트페테르부르크(530만 명), 니즈니노브고로드(125만 명), 카잔(120만 명), 사마라(119만 명), 로스토프나도누(110만 명), 우파(110만 명), 페름(100만 명), 볼고그라드(100만 명) 등이다. 러시아의 정치·경제·문화가 볼가강과 운하로 연결된 하천 유역에서 발전했다는 증거이다.

이 중 눈여겨볼 만한 도시는 니즈니노브고로드이다. 모스크바에서 동쪽으로 400km 거리, 유럽 쪽 러시아의 한가운데이자 볼가강과 오카강의 합류 지점에 자리 잡은 니즈니노브고로드는 하운은 물론 철도 교통의 중심지이다. 러시아에서 기계공업이 가장 발달한 도시로, 러시아 최대의 자동차 공장도 여기에 있다. 제2차 세계대전 당시 독일군은 러시아의 군수도시들, 특히 자동차 공장에 매일같이 폭격을 가했다. 니즈니노브고로드의 자동차 공장도 이때 완전히 파괴되었지만 100일 만에 복구되었다. 러시아의 문학가 막심 고리키의 출생지이기도 해서, 예전에는 이 도시를 고리키라고 불렀다.

볼가강 하류에 위치한 볼고그라드도 주목할 만하다. 예전에는 스탈린그라드라고 불렸다. 제2차 세계대전 때 독일군이 러시아의 목을 조이고 카스피해 연안의 에너지를 확보할 목적으로 이곳을 포위 공격하였다. 6개월에 걸쳐 공방전이 이어지는 동안 독일군 30만 명, 러시아군 50만 명이 전사했다. 결국 독일이 소련의 지구전에 견디지 못하고 물러났고, 스탈린그라드(볼고그라드) 전투를 기점으로 독일은 수세에 몰리게 된다. 제2차 세계대전의 전환점이 된 전투였다.

볼고그라드에는 1952년에 완공된 볼가-돈 운하(Volga-Don Canal)가 있다. 돈강(Don River)은 흑해로, 볼가강은 카스피해로 들어간다. 두 강을 전장 101km의 운하로 연결했다. 볼가강과 돈강의 고도차는 88m나 되기 때문에 그사이에 13개의 갑문을 설치했다. 현

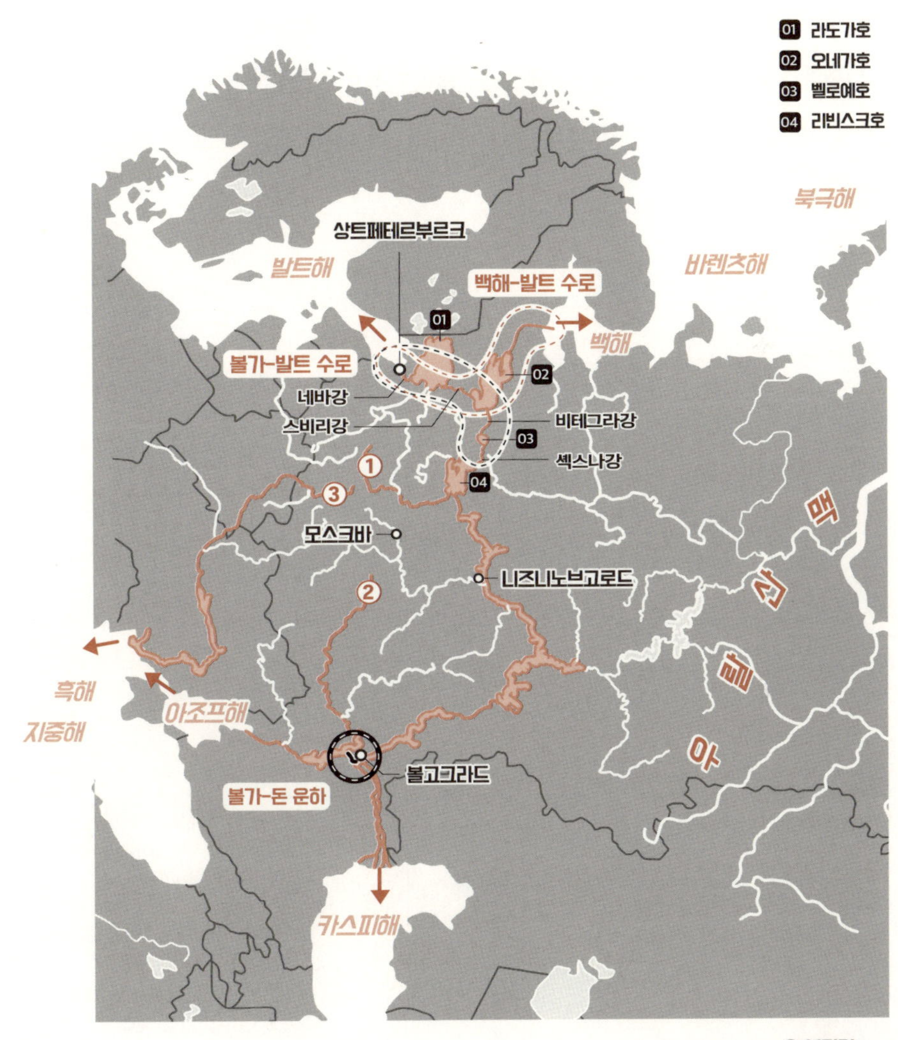

① 볼가강

② 돈강

③ 드네프르강

대 사회에서 땅의 가치는 교통로에 얼마나 쉽게 접근할 수 있느냐에 따라 결정된다. 카스피해와 흑해가 연결됨으로써 카스피해에 매장된 방대한 석유자원의 가치가 높아졌다. 백해, 발트해, 볼가강, 카스피해, 흑해를 연결하는 수로는 여행지로서도 매력적이지만, 러시아를 산업국가로 강대국으로 만드는 데 결정적 역할을 했다는 점에서도 특별하다.

러시아의 중심
모스크바

모스크바의 입지

어느 나라든 국가의 중심지는 있다. 우리나라의 중심지는 서울·경기이고, 중국은 황하강과 양자강이며, 미국은 애팔래치아산맥 동부이다. 러시아의 중심지는 우랄산맥 서쪽이다. 인구·산업·문화가 이곳에 집중되어 있다. 지질구조가 산맥이라는 것이지, 우랄산맥을 넘을 때 산이라는 생각이 들지는 않는다. 우리나라의 차령산맥이 산맥으로 보이지 않은 것과 마찬가지다. 유럽 쪽 러시아는 과거 빙하로 덮여 있었던 거대한 평야지대다. 곳곳에 많은 호수가 산재해 있고, 볼가강과 돈강을 비롯한 긴 강들이 흐른다. 평야지역을 흐르는 강들은 서로 운하와 호수로 연결되어 있는 경우가 많아 수운이 매우 편리하다. 물론 지금은 철도와 도로도 잘 발달해 있다.

러시아의 수도 모스크바는 오래된 도시다. 한때 몽골의 침략으로 초토화되어 목초지가 된 적도 있지만, 모스크바는 로마노프 왕조와 러시아 제국 250년, 소련에서 러시아로 이어지는 100년간 줄곧 러시아의 도읍지였다. 모스코비 공국, 러시아 왕국, 제정 러시아, 소비에트연방에 이르기까지 러시아의 역대 정부가 수도를 모스크바로 정한 데는 그만한 이유가 있다.

전통적으로 중국의 중심은 중원, 즉 황하의 남쪽, 양자강의 북쪽이다. 북경의 입지는 중국의 현재 영토에서 보면 한쪽으로 치우쳐 있지만, 옛 중원의 기준에서 보면 치우친 위치가 아니다. 북부 유목민들의 침입에도 적극적으로 대응할 수 있는 좋은 입지였다. 게다가 운하를 통하여 남쪽의 풍부한 물산을 북경으로 가져올 수 있기 때문에 전략적으로 중요한 위치였다. 러시아도 다르지 않았다. 1732년부터 1918년까지는 상트페테르부르크가 러시아의 수도였다. 상트페테르부르크는 발트해를 통해 서구의 문물을 받아들이기 쉬웠다. 1918년 이후에는 모스크바가 다시 러시아의 중심이 되었다. 농경민으로 살았던 러시아인들에게는 모스크바가 오랫동안 생활 근거지이자 러시아의 중심이었다. 모스크바 주변의 넓은 농토는 세계에서 가장 비옥한 평야다. 울창한 임야에서는 양질의 목재가 생산된다. 게다가 모스크바는 지도상으로 보면 내륙에 봉쇄된 듯하지만, 하천과 운하가 발달해 있어 발트해를 통해 대서양으로 나갈 수도 있고, 흑해를 통해 지중해로 나갈 수도 있다. 상트페테르부르크의 네바강과 모스크바강도 운하로 연결되어 있고, 멀리

모스크바
Moscow

경도·위도 동경 37° 37′, 북위 55° 45′

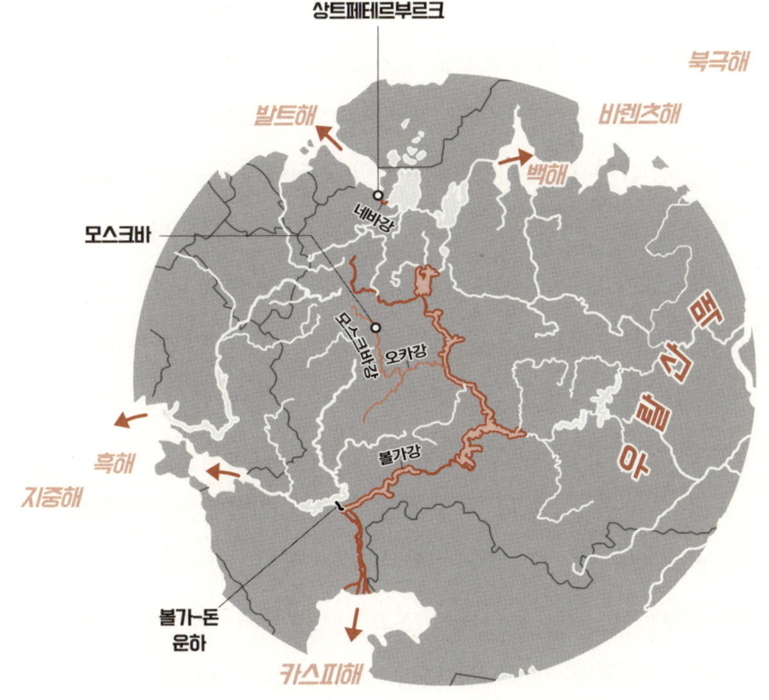

볼가강과도 연결되어 있어 발트해에서 흑해까지 큰 배로 화물 운반이 가능했다. 낙동강과 한강이 연결되어 있는 것과 비슷하다. 모스크바는 내륙도시지만, 항구도시이기도 하다.

현재의 도시로 발전한 것은 1917년 러시아 혁명 이듬해 소비에트의 수도를 모스크바로 옮기고 나서부터다. 혁명이 성공했지만, 제정 러시아의 귀족들과 그 시대의 향수가 많이 남아 있는 상트페테르부르크는 여전히 반혁명세력이 잔존하고 있었다. 혁명을 무산시키려 위협하는 유럽 왕국들과도 인접해 있었다. 게다가 러시아 영토 전체로 봤을 때 상트페테르부르크는 너무 서쪽으로 치우쳐 있다. 소련의 넓은 영토와 다민족을 통치하기에는 입지가 적당치 않았다. 혁명에 성공한 레닌은 수도를 모스크바로 옮겼다. 상트페테르부르크에서 동남쪽으로 690km 떨어져 있는 모스크바는 소위 러시아 평원의 중심이자, 우랄산맥 서쪽의 중심이다. 주변은 흑토지대이고 인구 밀집 지역이다. 수도의 개념은 예나 지금이나 같다. 국토와 국민을 얼마나 효율적으로 다스릴 수 있는지가 최대 관건이다. 세금과 공불을 효율적으로 거두어들일 수 있고, 반란이 일어나면 빠르게 출병하여 진압할 수 있어야 한다. 교통이 발달한 국가의 중앙부라면 수도의 입지로 가장 좋다고 할 수 있다.

1391년 고려 왕조를 상대로 '쿠데타'를 일으킨 이성계는 새 왕조의 도읍을 정하고자 하였다. 처음에는 지금의 계룡산 아래로 생각했다. 사방이 높은 산으로 둘러싸여 있고, 중앙에 평야가 있다. 무엇보다 고려의 수도였던 개성에서 멀리 떨어져 있다는 점이 매력적이었다. 그러나 정도전, 하륜, 무학대사 같은 개국공신들은 한양을 추천하였다. 『도선비기(道詵秘記)』에 "한수가 명당이다."라는 기록이 있었다고도 하고, 최종적으로 위정자들이 인왕산에 올라 풍수를 보고 결정했다고도 한다. 그보다 더 합리적인 근거가 있다. 한반도를 기준으로 볼 때 계룡대는 너무 남쪽에 치우쳐 있다. 장소가 협소하고, 큰 강도 없다. 반면 한양은 한반도의 중앙에 위치하고, 큰 하천이 있어 수운이 편리하며, 경기평야에서 나는 농산물을 손쉽게 거두어들일 수 있다. 천도의 가장 큰 이유는 지배자를 보호하는 것이다. 고려 귀족들로부터 멀리 떨어지는 한편, 국토 전역을 통치할 수 있고 세금을 안정적으로 거둘 수 있는 곳, 반란을 쉽게 진압할 수 있을 뿐 아니라 외적을 방어하기 쉬운 곳을 택하는 것이 가장 중요했다.

모스크바에 자리 잡은 모스코비 공국은 이반 3세 때 비잔틴 제국 황제의 조카딸을 왕후로 삼았다. 그는 비잔틴 제국이 멸망하자, 혈연을 이유로 기독교 제국 비잔틴의 후계자를 자처하며 비잔틴 제국의 상징이었던 쌍독수리 문양을 러시아 황제의 문양으로 삼았다. 지금도 러시아 정교는 동방정교의 종주국을 자칭하고 있다. 모스크바의 입지는 외적의 침입에도 강했다. 나폴레옹의 침략으로 모스크바가 불탔지만 점령은 하지 못했고, 혹독한 겨울을 이기지 못한 나폴레옹은 끝내 패하여 물러갔다. 제2차 세계대전 때도 독일군에 포위당했지만, 스탈린은 모스크바를 떠나지 않고 끝까지 버텨 전쟁을 승리로 이끌었다. 해양세력에게 지배당해 본 적은 한 번도 없는 명당의 입지이다.

몽골 제국과 러시아 제국

현재 러시아의 영토는 13세기 몽골 제국의 땅과 거의 일치한다. 당시 러시아의 중심부를 지배한 몽골 제국은 킵차크한국(1243~1502)이었다. 칭기즈칸은 아들들에게 영토를 나누어 주었다. 지금의 러시아 땅에 해당하는 이르티시강 서쪽은 큰아들 주치에게 주었다. 이후 '황금의 약탈자(Golden Horde)'라는 별명을 가진 주치의 차남 바투와 그 아들 베르케가 킵차크한국을 건설했고 250년 동안 지금의 러시아 중심지를 지배했다. 바투는 킵차크한국의 세력을 아드리아해까지 확장했다. 이 과정에서 노브고로드 공국과 그 뒤를 이은 키예프 공국도 침략당해 사라졌다.

몽골 지배 이전의 러시아는 작은 공국들이 난립했을 뿐 통일된 왕국은 없었다. 몽골 제국은 전쟁다운 전쟁 한번 없이 러시아 평야에 흩어져 살던 유목인 부족을 접수했다. 도읍지는 토볼스크(Tobolsk, 인구 10만 명)에 두었다. 토볼스크는 우랄산맥 동쪽 이르티시강 상류에 있었다. 현재 몽골 유적은 남아 있지 않다. 몽골 유목민은 성채도 궁궐도 짓지 않고, 천막집 유르타에 살았기 때문에 긴 세월 동안 지배했어도 러시아에 남긴 문화유산이 없다. 그들이 남긴 것은 몽골계 혼혈뿐이다. 오늘날 크리미아반도와 흑해 연안에 타타르인(몽골계)이 많은 것은 몽골 지배의 유산이다.

킵차크한국은 14세기 초 우즈베크 칸 시대에 전성기를 맞았다. 안으로 러시아 제후를 지배하고, 서남아시아의 차가타이한국과 대립하였다. 밖으로는 동로마 제국 황제와 친교를 맺는 한편, 이집트와 통혼하여 국가의 기틀을 튼튼히 하였다. 킵차크한국은 흑해 무역을 독점하여 경제적으로 번영을 누렸다.

지금도 그렇지만, 흑해 연안은 실크로드의 서쪽 중심이었고 당시에도 정착농민과 유목민족, 동양과 서양이 만나는 교통의 요지였다. 흑해를 지배함으로써 몽골군은 북쪽의 볼가, 서쪽의 슬라브와 동로마, 동남쪽의 이슬람권 간 중계무역을 장악할 수 있었다. 그러나 자니베크 칸 사후 내란이 일어나고, 티무르의 침략을 받아 쇠퇴한 킵차크한국은 16세기 초 모스크바 대공 이반 3세에 의해 멸망하였다. 18세기에는 표트르 대제가 러시아 제국을 건설하여 러시아가 옛 몽골 제국의 영토를 지배하게 되었다.

러시아 제국의 시베리아 정복사는 1580년 유목민 코사크족의 예르마크가 540명의 병사를 이끌고 정복에 나서면서 시작되었다. 코사크족은 흑해 북쪽 볼가강, 드네프르강, 돈강 유역에 살던 동슬라브족 유목민이다. 지금의 우크라이나와 벨라루스도 코사크족이 건설한 국가이다. 코사크족은 시베리아의 모피를 가져와 러시아에 팔며 생계를 유지했다. 이들에게는 흑해 연안이 실크로드와 비슷한 '모피로드'였던 셈이다. 모피를 찾아 동쪽으로 이동하던 코사크족은 1637년 예니세이강을 지나 오호츠크 해안까지 도달했다. 1640년에는 퉁구스계인 부랴트족을 정복하면서 바이칼 호반까지 진출했다. 1654년에는 네르친스크, 알바진까지 진출하여 아무르강 유역에 도달, 청나라와 네르친스크 조약(1689)을 맺었다. 코사크족은 모피를 찾아 베링해를 건너고 알래스카를 지나, 미국 서부 캘리포니아까지 진출하였다.

'몽골 제국의 멍에(Mongol-Tatar Yoke)'. 몽골의 지배를 서양에서는 그렇게 부른다. 러시아는 이반 3세 때 멍에를 벗고, 몽골이 지배하던 영토와 교통로를 이어받았다. 몽골의 지배가 통일 러시아의 토대를 만든 셈이다. 그 결과 13~15세기에는 몽골족이 러시아의 슬라브족을 지배했지만, 18~20세기에는 백인 슬라브족이 시베리아에 흩어져 살고 있는 몽골족을 지배하게 되었다.

겨울 극장 볼쇼이

춥고 밤이 긴 러시아의 겨울에는 야외에서 즐길 만한 스포츠가 없다. 위도가 높아지면 한낮이라 해도 태양 에너지의 밀도가 한참 떨어진다. 제정 러시아 시대 귀족들은 말을 타고, 개를 데리고 여우나 오리를 사냥하는 것 외에는 마땅한 스포츠가 없었다. 영국, 프랑스, 독일 같은 유럽의 제국들은 겨울에도 여름의 정취를 즐길 수 있는 아열대, 열대의 식민지가 있었지만 러시아는 해외 식민지가 없었다. 남쪽의 흑해 연안 크리미아반도를 제외하면 따뜻한 곳이라곤 없는 나라다.

그래서일까. 러시아의 근대화는 서구에 비하여 한참이나 늦었지만, 문학, 음악, 연극, 발레는 원조인 서구를 능가했다. 춥고 어둡고 긴 겨울 덕분이다. 겨울에 야외활동을 할 수 없었던 지식인과 예술인들은 실내에서 책을 읽거나 작품을 썼고, 상류층 또한 실내 예술 감상을 선호함에 따라 음악, 무용, 연극, 오페라가 발달한 것이다. 열대 지방의 작열하는 태양과 시원한 바다가 관광객을 끌어모으는 자원이듯, 러시아인들에게는 무서운 추위가 자원이다. 사족이지만 도박도 러시아를 따라갈 나라가 없다. 리볼버 권총에 총알 한 발을 장착하고 돌려 격발하는 잔인한 경기, '러시안 룰렛'도 러시아에서 유래한 생명을 거는 도박이다.

뉴욕 브로드웨이에서 뮤지컬 〈미스 사이공〉을 보려고 값싼 표를 구했는데, 좌석이 너무 귀퉁이라 주연 배우는 보지 못하고 노래만 들은 적이 있다. 모스크바에 갔을 때는 기왕이면 제값을 주고 좋

은 좌석을 잡았으면 했지만 일행들의 반대로 또다시 값싼 표를 구했다. 그런데 가이드가 20달러짜리 표를 150달러라며 바가지 씌웠다. 러시아말을 아는 사람이 없어 발레를 다 보고 나서야 그 사실을 알았다. 그날 공연은 셰익스피어의 희곡을 발레로 만든 〈한여름 밤의 꿈〉이었다. 처음 보는 발레 공연인데도 발레리나의 몸짓과 무대, 음악이 환상적인 조화를 이루어 공연은 아름다움 그 자체로 다가왔다. 귀족이 된 듯했다. 또 보고 싶었다.

추운 겨울 밤 발레 공연을 보는 것은 러시아인에게는 최고의 이벤트이다. 극장에 올 때는 두터운 밍크 외투와 밍크 모자, 털신을 신고 온다. 극장 내에서는 남자는 정장을 하고, 여자는 얇은 실크 드레스를 입고 하이힐로 바꾸어 신는다. 실내는 따뜻하다. 층마다 출입구마다 옷과 모자, 무거운 털신을 받아 보관해 주는 클로크룸(cloakroom)과 안내원이 있다. 볼쇼이 극장에는 주차장 안내원은 없어도 옷을 보관해 주는 안내원은 20명도 넘게 있는 듯했다. 극장뿐만 아니다. 괜찮은 식당에는 반드시 옷을 받아 걸어 주는 사람이 따로 있다. 두꺼운 외투를 뒷자리에 두고 식사를 하는 우리와는 차이가 있다.

한 지역의 예술은 그곳의 문화를 대변하고, 그 지역의 문화는 그 지역의 지리를 대변한다. 러시아의 연극, 오페라, 발레를 보려면 겨울에 가야 한다. 겨울에는 실내에서 하는 예술이 극치를 이룬다. 물론 여름에도 좋은 공연이 열리지만, 인기 시즌이 아닌 관계로 유명 배우는 해외로 휴가를 가고 없다. 최고 수준의 배우는 겨울 공연에 출연한다. 인구 1200만 명의 초대형 도시 모스크바는 같은 위도에 있는 시베리아에 비하면 그리 춥지 않다. 볼쇼이 극장은 상트페테르부르크에 있는 에르미타주 극장, 마린스키 극장과 함께 3대 왕립극장으로서, 주로 오페라와 발레를 공연한다. 세계 최고 수준, 최대 규모인 볼쇼이 발레단은 소속 단원만 200명이 넘는다. 100루블짜리 지폐에 극장 사진이 있다. 볼쇼이 극장은 6년간의 광범위한 리노베이션을 거쳐 2011년에 재개관했다. 수리비만 210억 루블(6억 8800만 달러)이 들었는데, 언론은 정부 발표보다 더 많은 비용이 들었을 것으로 추정한다. 러시아 공연예술의 자존심이 담긴 극장이다.

러시아의 문화 수도
상트페테르부르크

러시아 근대화의 거점

상트페테르부르크는 러시아 문화의 중심지이자, 가장 서구화된 도시다. 인구는 520만 명에 달한다. 표트르 대제(1682~1725) 때 건설된 도시다. 황제는 네바강 하구 삼각주를 간척하여 늪지에 근대화된 도시를 건설하였다. 표트르 대제는 현대 러시아의 기초를 만든 인물이다. 그는 러시아가 유럽 국가들처럼 근대화를 이루려면 발트해로 진출할 필요가 있다고 판단했다. 서구 문명을 받아들이기 위해 스스로 황태자의 신분을 감추고 네덜란드 로테르담 조선소의 조선공으로, 독일 함부르크 기계공장의 선반공으로 일했다. 황제가 된 후에는 구습을 타파하고 러시아를 근대화하는 개혁을 단행하였다. 남쪽으로는 터키를 쳐 아조만을 획득하고, 북쪽으로는 스웨덴과 전쟁(1700)을 벌여 발트해로 나아가는 길목을 확보하였다. 그는 스웨덴과의 전쟁으로 얻은 라트비아, 에스토니아, 리투아니아(리보니아)의 땅에 페테르부르크를 건설하였다. 발트해 입구 핀란드만에 건설된 이 도시는 1914년 페트로그라드(Petrograd)로, 1924년 레닌그라드(Leningrad)로 개명하였고, 1991년에 다시 상트페테르부르크(Saint Peterburg)라는 이름을 얻었다.

발트해와 라도가 호수 사이에 위치한 상트페테르부르크는 전략적 요충이다. 이 도시는 두 개의 운하를 통해 흑해(Black Sea)와 백해(White Sea)로 연결된다. 황제는 먼저 남쪽에 볼가-발트 수로를 건설해 발트해와 라도가 호수, 흑해를 연결시킴으로써 발트해에서 흑해로 나갈 수 있게 했다. 뒤이어 발트해-라도가 호수-오네가 호수-백해를 잇는 수로가 건설되자 북쪽 백해까지도 나갈 수 있게 되었다. 발트해에서 북해로 나가면 독일, 핀란드, 스웨덴, 덴마크, 네덜란드, 프랑스, 영국을 마주하게 된다. 운하가 건설됨으로써 상트페테르부르크뿐만 아니라 모스크바에서도 발트해로, 또 흑해를 통해 지중해로 나갈 수 있게 되었다. 이러한 대공사가 가능했던 데는 지형적 이점도 작용했다. 상트페테르부르크는 볼호프(Volkhov)강 하구에, 모스크바는 볼가강의 지류인 모스크바(Moskva)강 유역에 위치해 있다. 두 도시 간 거리는 직선으로 따져도 600km가 넘지만, 도시와 그 주변이 완전한 평야이고, 큰 하천이 흐르며, 양 도시 사이에 빙하 지형인 호수가 산재해 있어 조금의 노력으로도 배가 다닐 수 있는 운하를 건설할 수 있었다.

상트페테르부르크
Saint Petersburg

경도·위도 동경 30° 20′, 북위 59° 56′

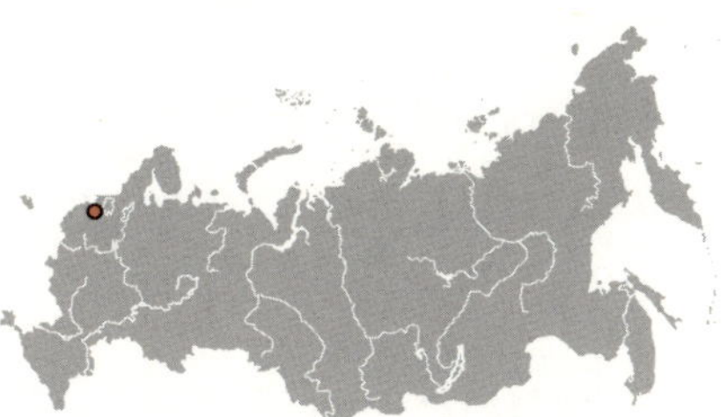

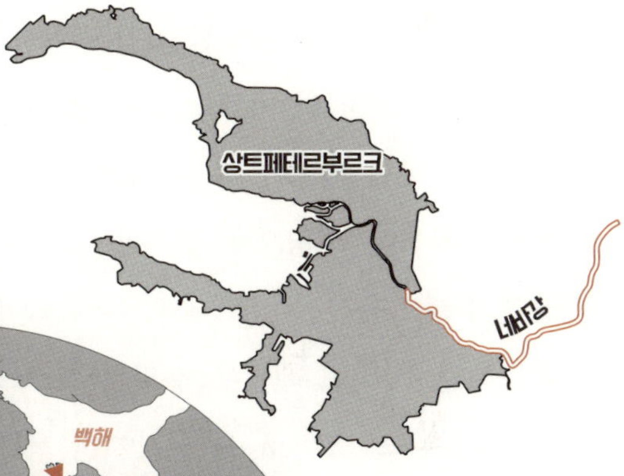
상트페테르부르크
네바강

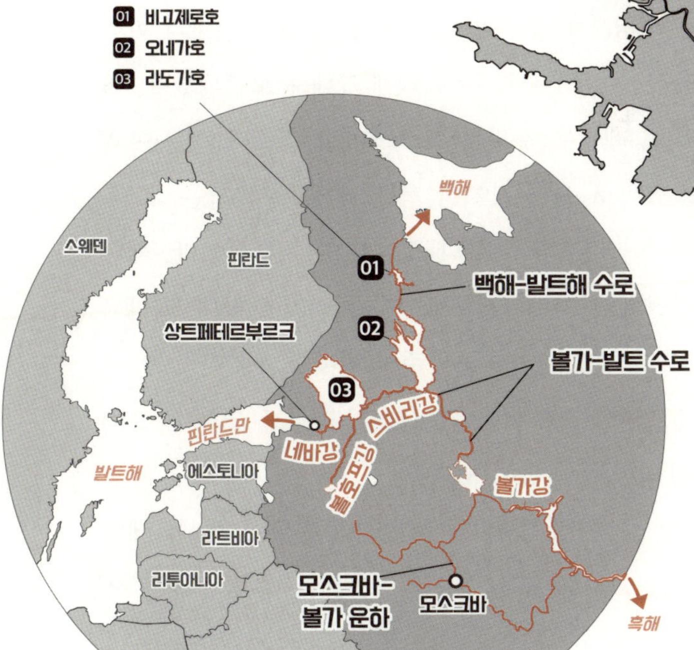
01 비고제로호
02 오네가호
03 라도가호
스웨덴
핀란드
백해
01
백해-발트해 수로
02
상트페테르부르크
볼가-발트 수로
03
핀란드만
네바강
스비리강
볼호프강
발트해
에스토니아
볼가강
라트비아
리투아니아
모스크바-
볼가 운하
모스크바
흑해

사람을 제대로 알려면, 겉모습뿐만 아니라 그 사람이 어떻게 살아왔는지를 알아야 한다. 도시도 마찬가지다. 오늘의 상트페테르부르크를 알려면 현재의 도시 경관과 기능 이상으로 어떠한 역사적 과정을 겪어 왔는지를 파악하는 것이 중요하다. 상트페테르부르크의 역사에서 1917년 러시아 혁명을 떼놓을 수는 없다. 혁명이 일어났던 당시 상트페테르부르크는 러시아의 수도였다. 블라디미르 레닌은 러시아에서 가장 근대화된 도시에서 혁명을 일으킨 것이다. 공산주의 이념하에 지구상 최초로 이상 국가를 건설하고자 했다. 그리하여 공산주의 혁명은 산업 자본주의가 성숙한 독일이나 영국에서 일어날 것이라던 마르크스의 예언과는 달리, 부패한 귀족이 농민을 수탈하던 러시아 봉건사회에서 일어났다. 300년간 이어진 로마노프 왕조는 혁명으로 붕괴됐지만, 제정 러시아 시대의 화려한 궁전과 문화유산은 상트페테르부르크에 그대로 보존되었다. 혁명 이듬해인 1918년 레닌은 수도를 모스크바로 옮겼다. 러시아의 정치 수도는 모스크바로 옮겨 갔지만, 상트페테르부르크는 그 후로도 오랫동안 러시아 경제와 문화의 중심지 역할을 하였다. 레닌이 죽고 난 후 상트페테르부르크는 레닌을 기리기 위하여 '레닌그라드'로 개명하였다가, 72년간의 공산주의 체제를 포기한 1991년에 다시 상트페테르부르크로 이름을 고쳤다. 지금도 도시 내 230여 개 지명에 '레닌'의 이름이 남아 있다.

세계사에서 가장 긴, 가장 많은 희생자를 낸 전투가 제2차 세계대전 때 벌어진 레닌그라드 포위 작전이다. 독일 나치 군대는 오스트리아와 폴란드를 점령한 다음, 막강한 병력으로 레닌그라드를 공격했다. 레닌그라드는 소련 제1의 산업도시, 혁명의 진원지, 제정 러시아의 도읍지로 러시아 공산주의의 상징과도 같은 도시였다. 히틀러는 2개월이면 레닌그라드를 함락시킬 수 있다며 얕잡아 보았다. 월등한 무기를 앞세워 1941년 9월부터 1944년 1월까지 872일간 레닌그라드를 포위했다. 그러나 레닌그라드는 운하와 교량으로 연결되어 있고, 주변이 늪지로 되어 있어 탱크의 진격이나 비행기의 포격이 제 효력을 발휘하지 못했다. 러시아는 질기고 강인하게 버텼다. 격전 중에 소비에트군 100만 명이 전사하고, 240만 명이 부상당했다. 독일군은 14만 명이 죽었다. 결국 독일은 제2차 세계대전이 끝날 때까지 이 도시를 함락시키지 못했다. 상트페테르부르크를 함락시키지 못해 패전하였다고 보아야 할 것이다.

패륜적 여제 예카테리나 2세

흔히 세계 3대 박물관으로 런던의 대영 박물관(The British Museum), 파리의 루브르 박물관(Le Musée du Louvre), 상트페테르부르크의 에르미타주 박물관(The State Hermitage Museum)을 꼽는다. 에르미타주 박물관은 세계에서 가장 오래되고 가장 많은 소장품을 가진 박물관 중 하나로, 300만 점의 작품을 소장하고 있다. 황제가 머물렀던 겨울궁전과 에르미타주 극장 건물을 모두 박물관으로 쓰고 있다. 상트페테르부르크에 가면 누구나 찾는 관광 명소이다.

상트페테르부르크를 건설한 황제는 표트르 대제지만 그 내용을 채운 것은 예카테리나 여제다. 예카테리나 여제는 표트르 대제의 손자며느리이다. 러시아의 황제 중 대제(大帝, The Great) 칭호가 붙는 황제는 단 두 명, 표트르와 예카테리나뿐이다. 러시아 발전에 혁혁한 공을 세운 두 황제의 공로를 인정하여 뒷날 붙여 준 칭호이다. 표트르는 농업 봉건국가였던 러시아를 산업국가로 발돋움시켰고, 스웨덴과 전쟁하여 발트해로 진출하였으며, 그 자리에 상트페테르부르크를 건설하는 등 러시아를 근대화하고 영토를 확장하였다. 한편 예카테리나는 표트르가 이루어 놓은 기반으로 영토를 확장하고 내실을 다져 러시아를 유럽의 대국으로 만들었다.

유럽을 여행하다 보면 전체가 하나의 나라 같다는 생각을 하게 된다. 왜 그럴까. 이유는 여러 가지인데, 지리적인 이유가 첫째다. 유럽의 나라들은 지리적으로 평야 지역에 서로 인접해 있다. 유럽에 전쟁이 나면, 삽시간에 모든 나라가 전란에 휩싸이게 된다. 나폴레옹 전쟁, 크리미아 전쟁, 제1·2차 세계대전에 유럽의 모든 국가가 자의든 타의든 참여한 것을 보면 과연 그렇다. 전쟁은 약탈과 살육을 불러오지만, 민족의 이동을 수반하고 문화의 교류를 증진시키기도 한다. 6·25 전쟁을 통해 우리나라에 미국 문화가 얼마나 많이 전파되었는가. 둘째, 유럽은 공히 기독교 문화권이다. 어디를 가든 웅장한 기독교 성당이 있고, 고유한 종교 문화와 공통의 가치관을 갖고 있다. 셋째, 각국 왕족 간 통혼이 잦았다. 이웃 왕국과 혈연을 맺어, 전쟁을 막고 평화를 유지하고자 한 노력의 결과다. 러시아와 스웨덴, 러시아와 프러시아, 러시아와 프랑스, 영국 왕족과 귀족 간에 정략 결혼을 많이 했다. 그렇다 보니 상류층의 문화가 모두 같다. 마지막으로 언어가 비슷하다. 물론 러시아어와 독일어가 다르고 프랑스어와 영어가 다르지만, 한국어와 중국어, 일본어만큼 차이가 크지는 않다. 그래서 중세 때부터 유럽의 귀족들이나 학자들은 보통 영어, 프랑스어, 독일어, 라틴어를 자유롭게 구사했다.

에르미타주 박물관은 예카테리나 2세가 재위하던 때 만들어졌다. 표트르 대제의 딸 엘리자베타 여제는 후사가 없었기에 조카인 표트르 3세를 황태자로 삼았다. 엘리자베타는 프로이센 공국 출신 독일 처녀, 소피 오귀스트를 황태자비로 간택했다. 열네 살 때 러시아로 시집온 소피 오귀스트는 당찬 여자였다. 러시아어를 열심히 배워 러시아인보다 더 유창하게 러시아어를 구사했고, 개신교 신자였음에도 러시아 정교에 귀의하여 '예카테리나'라는 세례명을 받았다. 러시아 음식을 즐기고 러시아 전통과 음악을 사랑했다. 또한 당시 러시아 귀족들과 사귀고, 군부의 신임을 얻으며 차츰 야심을 키워 갔다. 한편 남편인 표트르 3세는 프로이센에서 자라 프로이센의 생활습관이 몸에 배어 있었다. 프로이센 말을 쓰고, 프로이센 음악을 즐겼으며 프로이센 사람들을 관리로 중용했다. 황제면서도 러시아를 사랑하지 않아 러시아 귀족의 반감을 샀다. 선왕도 황제보다 황후를 더 총애했다. 그렇다 보니 표트르 3세와 예카테리나 사이도 그리 좋지 않아, 결혼은 했지만 18년 동안 각자 따로 정부를 두고 살았다. 예카테리나는 1762년 7월 그녀의 정부(情夫), 올로프 장군과 함께 쿠데타를 일으켜 남편인 표트르 3세를 유폐시키고 살해한 후 스스로 황제 자리에 올랐다. 패륜적인 행동이었지만 이후 정치를 잘했기에 후세는 그녀에게 대제라는 칭호를 붙여 주었다. 황제의 업적을 논할 때 도덕성은 평가하지 않는 모양이다.

그녀는 스스로를 표트르 대제의 후계자로 칭하며, 표트르 대제가 못다 이룬 일에 착수했다. 그녀가 이룬 업적은 다음과 같다. 첫째, 오스만 터키와의 전쟁에서 승리한 후 야시 조약(Treaty of Jassy, 1792)을 체결하여 드네프르강과 비스와강 사이 영역과 크리미아반도, 흑해의 제해권을 획득하였다. 둘째, 발트해 연안 공국을 정벌하여 러시아 영토를 발트해까지 확장하고, 폴란드를 분할 차지하였다. 셋째, 발트 함대를 편성하였다. 넷째, 서부 유럽의 자유사상과 계몽주의를 받아들이고 개혁을 단행하였다. 다섯째, 서부 유럽의 국가들과 활발히 교류하여 그 문화를 받아들였다. 세계 최대의 박물관이 된 겨울궁전과 에르미타주 박물관의 소장품은 모두 예카테리나 여제 때 유럽에서 사들인 작품들이다. 절대왕권을 누렸던 그녀는 제정 러시아의 전성시대를 열었다. 에르미타주 박물관의 화려함이 그 증거로 남아 있다. 러시아는 표트르 대제가 기초를 닦고, 예카테리나 대제가 건물을 지었다고 할 수 있다.

석조건물의 극치 이삭 성당

유럽 관광 여행을 다니다 보면 왕궁, 교회, 박물관만 돌아다니게 된다. 절대왕권의 힘으로 백성을 괴롭힌 과거사를 본다. 중국도 크게 다르지 않다. 서태후의 이화원, 진시황의 병마용갱은 웅장하지만, 그만큼 잔인한 권력의 본질을 보여 준다. 권력은 곧 폭력을 수반한 행위이다. 기중기도 없던 시절에 산 정상까지 바위를 끌어올리느라 얼마나 많은 인민이 죽어났을까? 측은지심은 인간의 본능이라고 맹자가 말했지만, 권력의 의지는 그보다 앞선다. 위대한 위정자일수록 백성을 얼마나 철저하게 지배했느냐로 평가받는다.

상트페테르부르크에서 빼놓을 수 없는 명소가 이삭 성당이다. 성당의 규모는 정말 가관이다. 천장이 101m 높이에 있기 때문에 착시 효과가 일어나 언뜻 보면 공간이 그리 커 보이지 않는다. 그러나 실내 면적은 1만 850m^2나 된다. 1만 4000명, 완공 당시 도시민 전원이 들어가 예배를 볼 수 있었던 거대한 석조건물이다. 실제로 존재하기 때문에 이런 게 다 있구나 싶은 것이지, 감히 상상하기도 어려운 규모의 건축물이다.

그중에서도 내가 주목한 것은 성당의 거대한 돌기둥[석주石柱]이었다. 한국, 중국, 일본에도 러시아에 뒤지지 않는 절대왕권이 있었지만, 이와 같은 돌집을 짓지는 않았다. 동양의 왕궁이나 절은 목조건물인 데 비해 서양은 돌기둥을 세워 거대한 석조건물을 지었다. 이집트 룩소르 신전의 돌기둥에서 시작하여 그리스의 파르테논 신전, 카르타고의 유적, 로마의 베드로 성당이 돌기둥으로 지어졌다. 돌기둥 건축 양식은 서양문명의 전파와 함께 이루어졌다. 지중해 연안은 석회암지대이고, 조각하기 좋은 대리석이 많이 생산된다는 것도 하나의 이유가 될 듯하다. 동아시아에는 이렇게 큰 석조건물이 없고, 있다 해도 거대한 원통형 석주를 쓰지는 않는다. 19세기 이후 세워진 경북대학교, 경희대학교 같은 대학에는 석주를 쓴 건물이 있지만, 그것은 서양 문화의 작은 모방일 뿐이다.

이삭 성당 내부에는 성당을 건축하기 위해 운하로 한 개에 100톤이 넘는 돌기둥을 옮기는 과정뿐 아니라 돌을 조각하고 세우는, 즉 설계와 시공 과정 전반이 상세히 기록되어 있다. 바깥의 돌기둥만큼 큰 것은 아니지만, 성당 내부에도 비취색 돌기둥이 있다. 바이칼호 연안에서 산출되는 라주라이트(lazurite)라는 청색 암석으로 만들었다. 보석이라기엔 너무 흔하고, 암석이라기엔 색깔이 너무나 아름답다.

성당의 돌기둥처럼 흔하면서도 우리와 다른 것을 하나 더 꼽으라면, 상트페테르부르크 데카브리스트 공원에 있는 예카테리나 2세의 말을 탄 동상을 들 수 있겠다. 실물처럼 생동감 넘치는 조각의 아름다움도 감탄스럽지만, 그보다는 말을 탄 황제의 동상을 유럽 어느 나라에서나 흔히 볼 수 있다는 보편성에 더 관심이 간다. 동양의 나라들도 적지 않은 전쟁을 했지만, 전장을 그린 그림이나 말 탄 왕의 동상을 보기란 쉽지 않다. 여름궁전에 있는 황제의 초상화도 그렇다. 루브르 박물관에 있는 나폴레옹의 부인 조제핀의 초상화도 예카테리나 여왕의 초상화도 하나같이 상의를 깊이 파 하얀 가슴의 클리비지가 드러나도록 선정적으로 표현하고 있다. 동양에는 왕비의 초상화를 그렇게 그린 그림이 없다. 문화평론 전공자들에게 물어보았지만 시원한 답을 얻지는 못했다. 분명한 것은 서양과 동양의 생활과 문화에서 온 차이라는 것이다.

비잔틴 제국의 후예 동방정교

동방정교, 일명 러시아 정교는 기독교의 한 파로서, 전 세계 기독교 분파 중 신도 수가 2번째(1억 5000만 명)로 많다. 동유럽 국가들에 널리 전파되어 있지만 종주국은 러시아이다. 정교(正教, Orthodox)는 기독교의 정통파라는 뜻이지만, 누가 정통인지는 하느님만이 아는 일이다. 자신이 정교, 정통교회라 주장하는 교회는 지역마다 있다. 아시리아 동방교회, 아르메니아 사도교회, 콥틱 알렉산드리아 정교회, 그리스 정교회, 에티오피아 정교회, 로마 가톨릭교회, 러시아 정교회, 인도 성토마스교회 모두 자기가 정통이라 주장한다. 저마다 이유가 있다. 어느 신학자는 지상의 교회가 모두 다른 형태를 띠게 된 것은 관할 지역이 다르고, 언어가 다르고, 문화가 다른 곳에서 각기 적응한 결과라고 말한 바 있다. 속되게 말하면 밥그릇이 다 다르기 때문이라는 것이다. 나는 그 주장에 동의한다.

기독교 종주국인 서로마 제국이 476년 게르만족의 침략을 받아 멸망한 뒤, 동로마 제국인 비잔틴 제국이 기독교의 대통을 이어갔다. 그런데 서로마 제국이 망했어도, 교회는 로마에 있었기 때문에 교황과 제후가 분립하기 시작했다. 동로마와 서로마 모두 자신들의 정통성을 주장했다. 서로 성경을 잘못 해석했다느니, 종교의식이 잘못됐다느니 주장했지만 논쟁의 본질은 그게 아니었다. 조선시대 여러 당파들이 표면적으로는 유교적 해석을 놓고 다투었지만, 실제로는 자기 당파의 세력을 키워 더 많은 토지를 차지하고 더 많은 인재를 등용하려 한 것과 마찬가지다. 동서 양 교회 모두 통합을 주장했지만, 결국 합의하지 못하고 갈라섰다.

당시 비잔틴 제국과 가까이 있던 러시아는 988년 기독교를 받아들였다. 러시아의 블라디미르 황제가 기독교를 국교로 정하고 전 국민에게 세례명을 내림으로써 러시아는 기독교 국가가 되었다. 비잔틴 제국도 1453년 신흥 이슬람 제국, 오스만의 침략을 받아 망하게 된다. 당시 국력이 강했던 러시아가 비잔틴 교회를 이어받아 동방교회의 종주국이 되었다. 현대에 국력이 강한 미국이 개신교의 종주국처럼 된 것과 마찬가지이다.

마르크스주의를 받아들여 혁명을 한 볼셰비키는 러시아 정교를 탄압했다. 어느 종교든 이웃과의 화목, 나눔의 정신, 사회정의, 세계평화를 근본이념으로 담고 있다. 모두 인간이 사회생활을 하는 데 꼭 필요한 신념들이며, 공산주의 이념과도 근본은 같다. 차이점이 있다면 공산주의는 갈등의 원인을 유물론으로 분석한다는 것뿐이다. 인간 사회의 계급투쟁이 왜 일어나는가? 많이 가진 자와 가지지 못한 자 간의 갈등 때문 아닌가? 그렇다면 재산을 공동 생산하고 공동 관리하면 갈등이 없어지고, 평화가 영구적으로 유지될 것이라고 생각하는 것이 공산주의다. 기독교 집안에서 태어난 레닌과 스탈린이 기독교 교리를 몰랐을 리 없다. 왜 공산주의와 기독교는 양립할 수 없었을까?

우선 기독교는 어떤 사람이 아무리 정의로운 행동을 하더라도, 기독교가 아닌 다른 종교를 믿는다면 정의롭지 않다고 생각하는 독선이 있다. 공산주의 국가도 마찬가지이다. 다른 이데올로기를 허용하지 않는다. 게다가 공산주의는 공산당 집회 외의 집회를 좋아하지 않는다. 사람이 많이 모이면 말이 많아지기 마련이고, 결국 쏟아지는 비판을 감당할 수 없게 된다. 그런데 교회는 사람들이 모이는 곳이다. 결국 인류의 행복과 평화를 달성하고자 하는 목적은 같았음에도 방법이 다르다는 이유로 기독교와 공산주의는 서로 박해했다. 공산주의 국가인 중국도 모든 종교를 묵인하고 있을 뿐, 파룬궁(法輪功)처럼 종교단체 집회의 규모가 커지면 불법화하고 탄압한다.

고르바초프는 1992년 종교와 언론의 자유를 허용했다. 이후 러시아 정교는 교세가 확대되어 가고 있다. 이제 러시아 슬라브인의 75%가 러시아 정교를 믿는다. 우리나라는 러시아와 처음 교류를 시작한 1903년에 러시아 정교회가 들어왔다. 서울 마포에 러시아 정교 교회가 있다.

읽을거리

러시아식 인사

우리는 사람을 처음 만나 인사할 때, "만나서 반갑습니다." 하며 상대방의 눈을 쳐다보고 미소 지으며 악수한다. 말과 함께 스킨십을 함으로써 느낌이 오가도록 한다. 악수할 때는 살며시 잡기도 하고, 좀 힘을 주어 잡기도 한다. 손을 편 채 아무 반응이 없는 사람도 있다. 악수할 때 느낌은 사람마다 다르다. 나는 손을 좀 힘주어 잡는 사람이 좋다. 정을 주는 것 같은 기분이 들기 때문이다. 그러나 최근에는 새끼손가락에 통풍이 와 힘주어 잡으면 아프다. 요새는 악수할 일이 많지 않아 다행이다.

양국의 정상이 만날 때는 의전실에서 어떻게 첫인사를 할지 세심히 배려하고, 상대국과 사전 협의하여 결정한다. 2011년 5월 26일 김정일과 후진타오가 만났을 때의 인사가 의외였다. 악수를 하고 끝내는 것이 아니라, 포옹하면서 오른쪽 뺨, 왼쪽 뺨, 다시 오른쪽 뺨을 번갈아 가며 댄

후에 악수했다. 그런 인사법은 동양에는 없었다. 예로부터 중국 사람들은 '읍한다'고 하여 공손히 머리를 숙이고 손을 모아 인사했고, 우리도 중국과 비슷했다. 포옹은 러시아의 전통 인사법이다. 하기야 악수를 하는 것보다 몸 전체를 접촉하는 포옹이 더 친밀감을 줄 수 있겠다. 반면 2013년 3월 시진핑이 러시아 푸틴을 만났을 때는 그냥 악수만 했다.

러시아의 전통인사는 포옹하면서 오른쪽 뺨과 왼쪽 뺨, 또 오른쪽 뺨을 맞대고 난 후에 악수하는 것이다. 포옹은 심장과 심장을 맞대는 것이다. 냉철한 머리와 따뜻한 가슴으로 환영한다는 의미이다. 상대에 대한 최고의 경의 표시다. 과거 공산권에 있던 나라들이 그렇게 인사하는 것은 사회주의 종주국인 러시아식 인사법을 따른 것이다. 김정일과 후진타오의 인사도 사회주의식 인사법이었다. 2018년 5월 김정은과 문재인 대통령이 만났을 때도 포옹 인사를 했다. 환경론으로 설명하면, 겨울이 길고 추운 러시아에서는 악수보다 서로 안아 주는 쪽이 조금이라도 더 따뜻해지니 친밀감을 느끼기 좋았을 것이다. 세 번 안아 주는 것은 러시아 정교의 삼위일체 양식을 따른 것이라고 한다. '3'은 어느 나라를 막론하고 길수(吉數)이다.

민족마다 인사법이 다르다. 그러나 어느 것이든 자신이 전의(戰意)가 없는 친구이며 상대를 환영한다는 뜻을 표하기 위함이니 가장 좋은 인사법이라는 것은 없다. 자기 문화에 맞추어 상대방이 기분 좋게, 어색하지 않게 인사하는 것이 중요하다. 최근 우리나라의 결혼식장에서는 신랑, 신부가 각자의 부모에게 인사할 때 신발을 신은 채로 무릎을 꿇는다. 처음에는 이것이 퍽 어색하고 격에 맞지 않아 보였지만, 지금은 그 또한 존경과 감사를 표하는 것으로 받아들인다.

선거철이 되면 후보자는 엄청나게 많은 사람과 인사를 해야 한다. 악수를 많이 하는 직업으로는 국회의원이 으뜸이지 싶다. 손이 아파 붕대를 감고서도 악수를 해야 표를 모을 수 있다. 정치인들은 유권자의 손을 잡아 보면 내 표인지 아닌지 알 수 있다고 한다. 100% 맞다고는 할 수 없겠지만, 사람의 감정이 손으로도 전달되는 만큼 대충은 느낄 수 있을 터이다. 나는 최고의 지식인인 교수들을 상대로 두 번이나 선거를 치러 보았다. 지식인은 위장을 잘하기로 유명하다. 말과 표정만으로는 나를 지지하는지 아닌지 판단하기 힘들다. 그런데도 악수를 해 보면 그 느낌을 알 수 있었다.

오늘날 세계적으로 통용되는 인사법인 악수는 마피아식 인사라고 한다. 손에 총을 들고 있지 않다는 표시로 악수한다는 것이다. 빈손은 평화라는 의미를 전달하는 형식이다. 호의로 인사할 때는 웃음과 다정한 표정이 가장 중요하다. 인사 한번 잘해서 출세한 사람도 있다. 노무현 대통령 시절 김장수 장관은 김정일을 만났을 때 꼿꼿하게 서서 거만하게 인사함으로써 소신 있는 장군이라는 별명을 얻었다. 그는 승승장구하여 박근혜 대통령 시절 안보실장과 주중대사를 지냈다. 반면 인사로 평판이 깎이기도 한다. 몇 해 전 세계 최고의 갑부 빌 게이츠는 박근혜 대통령을 만난 자리에서 왼쪽 손을 호주머니에 넣은 채 악수했다. 사람들은 그를 버르장머리 없다고 평했다. 우리나라의 예의로는 말도 안 되는 태도이기 때문이다. 속마음이야 어떻든 인사하는 자리에서만은 존경과 경의를 보여야 한다. 특히 남의 나라 대통령과 인사할 때는, 그 모습을 지켜보고 있을 그 나라 국민들을 위하는 마음이 담겨 있어야 한다고 생각한다. 다문화연합(IA)의 줄리아 가스파 베이츠 소장은 신문 인터뷰에서 "미국인들은 이제 (외국에서) 하면 안 되는 행동을 하지 않는 정도를 넘어서서, 왜 그렇게 해야 하는지를 이해할 필요가 있다."고 밝힌 바 있다.

[러시아의 이웃 나라들]

중앙아시아의 나라

캅카스 3국

백인의 나라

제2부
러시아의
이웃 나라들
Russia
러시아
Estonia
에스토니아
Latvia
라트비아
Belarus
벨라루스
Lithuania
리투아니아
Ukraine
우크라이나
Kazakhstan
카자흐스탄
Moldova
몰도바
Georgia
조지아
Armenia
아르메니아
Azerbaijan
아제르바이잔
Turkmenistan
투르크메니스탄
Uzbekistan
우즈베키스탄
Kyrgyzstan
키르기르스탄
Tadzhikistan
타지키스탄

중앙아시아의 나라

아시아 대륙은 위치에 따라 중앙아시아, 동아시아, 서아시아, 남아시아로 구분된다. 북아시아라는 말은 없다. 북아시아보다 시베리아가 더 친숙하다. 그러면 중앙아시아는 어디인가? 지역은 국경처럼 어디서 어디까지로 명확하게 구분할 수는 없지만 일반적으로 카자흐스탄, 우즈베키스탄, 키르기스스탄, 타지키스탄, 투르크메니스탄을 중앙아시아로 구분한다. '스탄'은 몽골어로 '땅'이란 뜻이다. 과거 몽골의 지배를 받은 까닭에 나라 이름에 그 잔재가 남아 있다. 아시아 대륙의 중앙에 있고 카스피해의 동쪽에서 중국까지 이르는 곳으로, 중국의 신장위구르자치구를 포함한다. 기후는 건조지역에 속한다. 중심에는 파미르고원, 톈산(天山)산맥 같은 높은 산이 있다. 강은 여러 개 있지만 바다에 이르는 강은 없다. 큰 강은 아무다리야(Amu Dar'ya)와 시르다리야(Syr Dar'ya)가 있고, 중앙아시아 여러 나라를 통과한다. 중앙아시아에서 사람이 사는 곳은 강 유역이다.

20세기까지 유목 생활을 하며 살아온 중앙아시아의 유목국가들은 20세기 초 러시아 혁명에 휘둘려 공산주의 국가로 편입되었다. 유목 공산주의 국가가 탄생한 것이다. 아이러니한 일이다. 그 후 70년간 공산주의 국가 즉 소련의 연방이 되었다. 소연방 시절에는 자연을 개조하여 생산을 증가시킨다는 명목으로 건조지역에 무차별적으로 운하를 만들고 관개 시설을 하여 목화와 밀을 재배했다.

중앙아시아의 최대 과제는 물을 관리하고, 공산주의 잔재에서 벗어나 보편적 민주주의를 실천하는 일이다. 스탈린은 1937년 동시베리아에 살던 우리 민족을 중앙아시아로 강제 이주시켰다. 한국이 잘살게 되자 그곳에 사는 동포들 사이에 고향 찾기 운동이 일어나고 있다. 한국어를 배우고 한국에 취업하고 싶어 하는 사람이 많아지고 있다. 중앙아시아는 한국의 기술과 자본이 필요한 곳이다.

중앙아시아의 대국 카자흐스탄

카자흐스탄은 소비에트의 일원이었다가 1991년 소련이 해체되면서 독립하였다. 국토 면적이 270만 km^2이다. 러시아, 캐나다, 미국, 중국, 브라질, 오스트레일리아, 인도, 아르헨티나 다음으로 세계에서 아홉 번째로 영토가 큰 나라이다. 또한 세계에서 가장 큰 내륙국이다. 접경하고 있는 나라는 러시아, 중국, 키르기스스탄,

우즈베키스탄, 투르크메니스탄이다. 중앙아시아에서 국토 면적이 가장 넓다. 바다와 면하지 못한 내륙국이다. 바다로 나가려면 육로로 중국을 통하거나 러시아를 통해야 한다. 동쪽의 중국 국경지대 산악지형을 제외하고는 완전한 평야지대이다. 인구는 1900만 명에 불과하다. 광대한 국토 전체가 사막, 반사막인 건조기후지역이다. 강수량이 적은 스텝지역이어서 물이 있는 곳에만 사람이 산다. 톈산산맥과 알타이산맥에서 흘러내리는 융설수가 유일한 수원이다. 융설수는 지상으로도 흐르고 지하로도 흐른다. 지하로 흐르는 수맥을 찾아 그 물을 이용해 농사도 짓고 가축도 기르며 살았다. 오랜 역사를 통해 인간은 이렇게 기후에 적응해 왔다.

중국과의 국경지대에 거대한 톈산산맥이 있고 동쪽, 몽골과의 국경지대에 비슷한 규모의 알타이산맥이 있다. 중국 쪽 국경지대에는 광대한 설산들이 보인다. 7439m의 포베다산, 6398m의 한텡그리산 등이 있다. 중국 쪽으로 타림강, 카자흐스탄 쪽으로 시르다리야강이 흐른다. 큰 강이지만 바다와 멀리 떨어져 있고, 사막을 지나면서 바다에 이르지 못하고 말라 버린다. 이런 강을 와디(wadi), 우리말로는 건천(乾川)이라고 한다. 와디는 건조지역에서, 평소에는 마른 골짜기이다가 큰비가 내리면 홍수를 일으키기도 한다. 건조지역에서는 강을 따라 도시가 발달한다. 바로 오아시스 도시이다. 중국에는 우루무치, 카자흐스탄에는 알마티, 키르기스스탄에는 비슈케크가 있다. 과거에 실크로드의 중간 기착지 역할을 했다. 중국 시안에서 출발한 대상(大商)들은 오아시스에 들어가

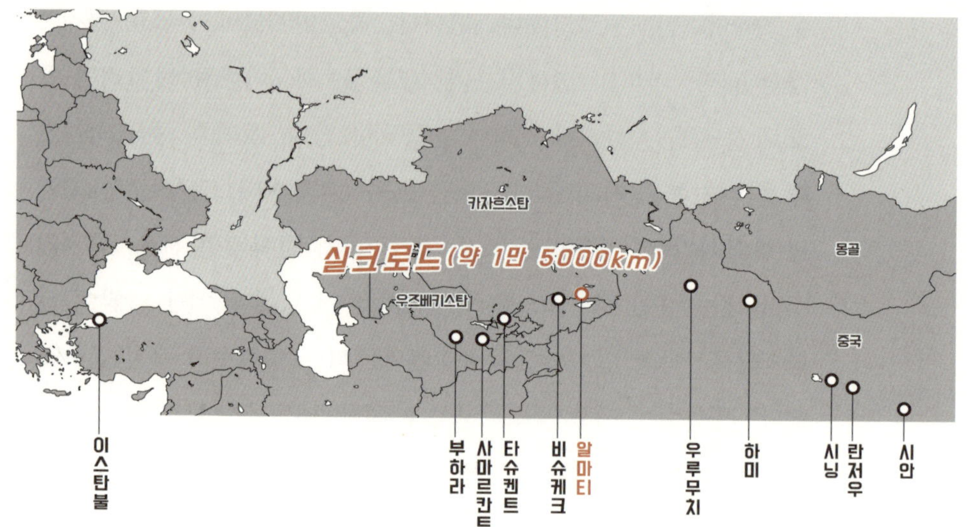

물과 식량을 얻고 상품을 거래하고 휴식을 취하기 위해 정박하였다. 상인들을 위한 서비스센터가 오늘의 도시를 만들었다. 실크로드는 여러 갈래의 길이 있다. 알마티를 거치는 실크로드는 중요한 간선이었다. 중국의 시안-란저우-시닝-하미-우루무치-알마티-비슈케크-타슈켄트-사마르칸트-부하라를 거쳐 이스탄불에 이르는 실크로드는 길이가 약 1만 5000km이다.

카자흐스탄의 알마티는 인구 200만 명의 큰 도시이다. 알마티에서 뒤로 바라다보이는 설산도 아름답지만, 설산의 중턱에 올라 알마티를 내려다보는 경치도 대단하다. 일망무제(一望無際)이다. 눈에 거슬리는 지형이 하나도 없는 평야이다. 지금은 수도가 알마티에서 북쪽의 누르술탄(원래 이름은 아스타나, 인구 110만 명)으로 옮겨 갔다. 수도가 너무 남쪽 국경지대에 치우쳐 있다는 이유에서였다. 그러

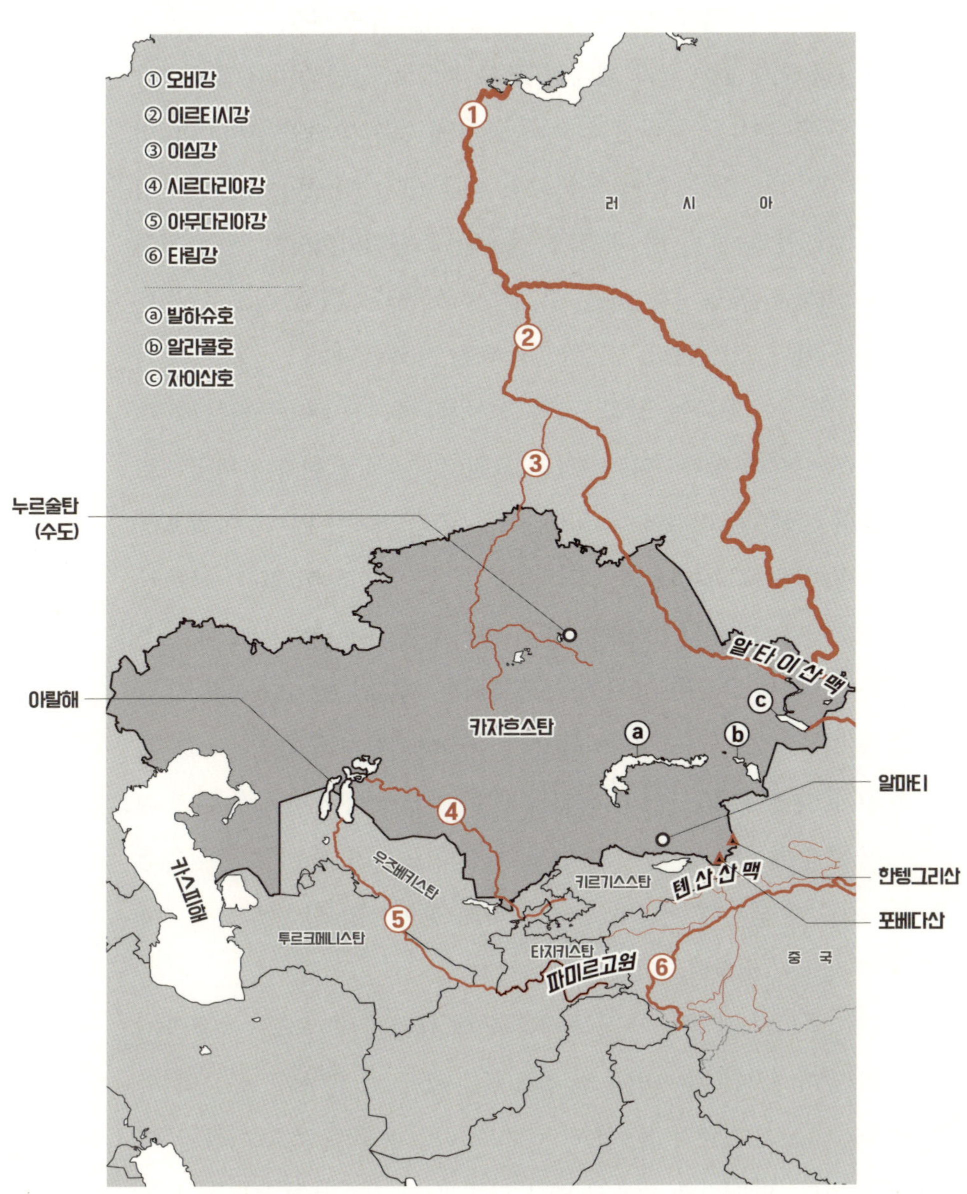
① 오비강
② 이르티시강
③ 이심강
④ 시르다리야강
⑤ 아무다리야강
⑥ 타림강
ⓐ 발하슈호
ⓑ 알라콜호
ⓒ 자이산호
러 시 아
누르술탄
(수도)
아랄해
카자흐스탄
알타이산맥
알마티
한텡그리산
포베다산
텐산산맥
카스피해
우즈베키스탄
투르크메니스탄
키르기스스탄
타지키스탄
파미르고원
중 국

나 알마티는 여전히 카자흐스탄의 중요한 경제·문화의 중심도시이다. 큰 도시 알마티가 형성된 것은 전적으로 텐산에서 흘러내린 융설수 덕분이다. 거대한 영토의 국가에 인구가 고작 1900만 명밖에 안 되는 것은 물이 부족하기 때문이다. 인구밀도가 한국의 1/100에 불과하다. 전 국토가 건조한 스텝지역이어서 특정 지역을 제외하고는 농사를 지을 수 없고, 오아시스를 중심으로 유목생활을 한다. 양, 염소, 말, 소, 낙타를 방목한다.

동남쪽의 하천과는 달리, 북쪽의 이심(Ishim)강과 이르티시(Irtysh)강은 오비강의 상류이다. 중앙의 고원지대에서 발원하여 북극해로 흐른다. 서쪽의 러시아 국경지대에는 우랄산맥이 있다. 아랄호(아랄해), 발하슈호, 알라콜호, 자이산호 등 큰 호수들이 있다. 모두가 구조호이다. 남쪽의 고산지대에서 흘러내리는 융설수가 모이는 곳이다. 사막을 흐르는 강이므로 상류에는 지류가 있어도 하류로 갈수록 지류가 없다. 시르다리야강과 아무다리야강이 흘러 들어가는 호수가 아랄해이다. 강의 중간에서 물을 끌어다가 농업용수로 써버려 호수에 이르는 물이 줄면서 호수의 크기가 1/10로 줄어들었다. 호수에 의지해 어업과 농업을 하며 살아가던 민족에게는 그야말로 재앙이 되었다. '아랄해의 비극'이다.

1920년까지 전 국민이 유목생활을 해 왔기에 아직도 유목문화가 짙게 남아 있다. 유목민들의 집으로는 몽골의 겔(Gel), 중국의 파오(包), 카자흐스탄의 유르트(Yurt)가 있다. 형태는 같고 이름만 다를 뿐이다. 막대기를 세우고 벽은 양털로 짠 천(felt)을 두르는 유목민 주택이다. 계절에 따라 이동하는 유목민들의 생활에 적합한 가옥 형태이다. 일상의 식사는 양고기와 쇠고기이며, 시골은 아직도 유목민의 식단을 그대로 유지하고 있다. 우유와 양유를 발효한 요거트, 마유 발효 제품, 발효 낙타 젖과 양고기를 주식으로 한다. 차를 많이 마시고 라이맥 빵과 토마토를 곁들여 먹는다. 대가족 중심의 생활을 한다. 말을 타는 놀이와 베르쿠치(독수리 사냥)가 전통적으로 대단히 인기 있다. 20세기에 자동차가 일반화되기 전까지 최고의 교통수단은 말이었다. 카자흐스탄에는 야생말이 있다. 말을 최초로 가축화한 민족이 카자흐족이다. 기원전 3000년경으로 추정된다.

아랄해의 비극

아랄해는 중앙아시아, 그중에서도 카자흐스탄과 우즈베키스탄 사이에 있는 염호(鹽湖)이다. 한때 전체 면적이 남한의 2/3 정도인 6만 8000km²였으며, 수심이 15m 정도인 얕은 호수였다. 그런 아랄해가 말라 가고 있다. 비슷한 재해가 세계 곳곳에서 일어나고 있다. 원인은 간단하다. 아랄해로 들어오는 강물을 상류에서 잘라 써 버림으로써 아랄해로 유입되는 물이 부족해졌기 때문이다. 1998년에는 2만 8678km²였던 호수 면적이 2004년에는 1만 7160km², 2008년에는 6800km² 크기로 줄어들었다. 2014년 NASA의 위성사진을 보면 아랄해의 동부 분지가 완전히 말라 있다. UNESCO는 '세계 재앙의 기록(Memory of the World Register)'으로 등록했다. 환경 비극 중 최악이다. 60년

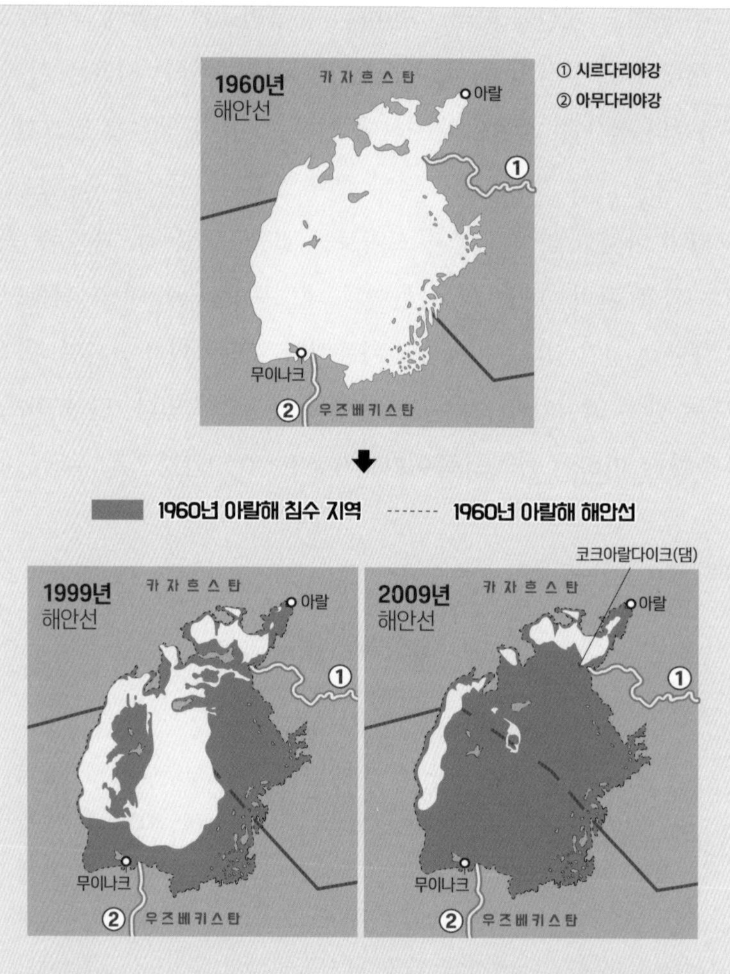

만에 아랄해는 사막으로 변해 버렸다. 면적이 1/10로 줄어든 것이다. 이는 엄청난 변화이다. 호수 면적이 줄어들었다는 사실 자체보다, 호수를 의지해 살아가던 생태계가 완전히 파괴되어 버렸다는 것이 더 큰 문제다. 그뿐만 아니다. 6만여 km^2의 호수가 사라짐으로 인해 일어나는 생태계의 변화는 상상을 초월

한다. 대재앙이 발생한 것이다.

호수 주변에 무성했던 숲은 사라지고, 숲속에 살던 동물들은 서식지를 잃고 사라져 버렸다. 호수는 바닥이 드러나고 소금 사막으로 변해 버렸다. 황사가 일어나고 있다. 소금이 섞인 모래바람이 불어 주변 500km까지 날아가 농토를 위협한다. 아랄해 주변은 소연방 시절 자연 개조 계획을 통한 면화 생산 지역으로 명성을 날리던 곳이다. 아무다리야강과 시르다리야강의 물을 퍼 올려 관개를 하여 주변 건조지역에서 면화와 쌀을 재배하였다. 고려인 콜호스(kolkhoz, 집단농장)인 김병화 콜호스는 1950년대부터 1970년대까지만 해도 생산량이 대단했다. 소련 정부가 7개년 계획으로 지정해 준 쌀과 면화 생산량을 4년 만에 조기에 초과 달성하는 성과를 거두었다. 지금은 사막화가 진행되어 쌀과 면화 생산량이 러시아의 평균 생산량에도 미치지 못하고 있다. 염호가 된 아랄해에서 날아오는 소금 먼지 때문이다.

아랄해 주변은 사람이 많이 살던 곳이다. 거대한 아랄해의 수량은 70%나 줄었고 염도는 3배나 높아졌으며, 주변 지역은 사막으로 변해 갔다. 고기잡이 배가 내륙에 덩그러니 남아 있고, 해안에 있던 도시는 호수에서 10km 떨어진 내륙에 있다. 도시지역은 농업지역으로, 농업지역은 목축지역으로, 목축지역은 유목지역으로, 유목지역은 불모지로 토지 이용을 바꾸지 않으면 안 되었다. 뒤늦게 아랄해의 재앙을 깨달은 카자흐스탄 정부와 우즈베키스탄 정부는 아랄해 살리기 운동에 나섰지만, 뾰족한 대책이 없다. 물 먹는 하마가 된 상류의 도시와 산업을 포기할 수 없기 때문이다. 실로 난감한 일이다.

산업화로 인해 자연에 대한 인간의 압력이 점점 높아지고 있다. 인간의 근력과 축력(畜力)으로는 물을 하루에 수 톤밖에 자아올리지 못하지만 전동 모터로는 하루에 수십만 톤까지 퍼 올릴 수 있다. 또 흐르는 강물을 댐으로 막아 대량 저수를 할 수도 있다. 산업이 발달할수록 물을 더 많이 쓰게 마련이다. 우리는 지금 중국에서 날아오는 황사로 고생하고 있다. 황사는 주로 중국의 내몽골지방에서 날아온다. 내몽골지방의 수만 개 호수가 말라 버렸기 때문이다. 그렇다면 내몽골지방의 그 많은 호수들은 왜 말라 버렸을까? 황하 물을 끌어다 쓰면서 황하가 제대로 흐르지 못하게 된 데서 그 원인을 찾을 수 있다. 황하가 1년 중 120여 일을 상류에서 하류까지 연속해서 흐르지 못하고 단수현상이 생겼다. 중국 당국은 건조지역에 사는 소수민족을 자극할까 봐 기후변화라는 거대 이론을 들어 상황을 설명한다. 실상은 그게 아니다. 기후변화가 아니라 한족이 인구가 희박한 유목지역으로 들어가 물을 끌어다 농사를 짓기 때문이다. 내몽골에 흩어져 있는 수많은 호수는 유목민이 기르는 한정된 수량의 가축들을 먹이는 데 전혀 문제가 없었다. 그러나 한족의 이주로 인해 호수의 물을 대량으로 써 버리고, 지하수를 퍼 올림으로써 호수는 말라 버리고, 지하수의 수위는 내려가 버렸다. 명백한 인재(人災)다. 내몽골의 수많은 호수는 하얀 소금이 표면에 깔리는 사막이 되어 버렸다. 소금바닥(salt pan)이 된 호수는 황사의 원인이 되고 있다.

똑같은 현상이 아랄해에 일어났다. 복원의 길은 물길을 트는 것이다. 톈산산맥과 파미르고원에서 내려오는 시르다리야강과 아무다리야강 물을 일정하게 내려보내야 한다. 그러기 위해서는 상류지역의 토지 이용을 제한해야 한다. 수량(水量)이 한정되어 있는 곳의 토지 이용은 제로섬 게임이다. 상류에서 물을 많이 쓰면 하류는 사막화되고, 하류에서 물을 제대로 쓰려면 상류의 개발을 제한해야 한다. 면화 재배를 포기해야 한다. 다른 하나의 대안은 카스피해에서 아랄해까지 419km를 물을 끌어오는 방안이다. 아랄해에 비하면 카스피해는 바다다. 카스피해는 아랄해를 살리기에 충분한 수량을 갖고 있다. 이때 물을 담수화시켜서 보내면 더 좋다. 카자흐스탄이 결심만 하면 가능한 일이다. 재앙이 더 확산되기 전에 결심을 해야 한다.

카자흐스탄의 석유

중앙아시아의 '스탄'으로 끝나는 이름의 나라들, 카자흐스탄, 키르기스스탄, 우즈베키스탄, 투르크메니스탄, 타지키스탄은 모두 소련의 구성원이었다. 그래서 형편이 비슷하다. 사람들이 만나서 나누는 첫인사가 "가축은 잘 있는가?"이다. 사람 안부보다 가축 안부가 앞선다. '스탄' 자 항렬의 나라들은 모두 가난하다. 모든 나라들이 13세기 몽골의 지배를 받았고, 사막지형에 건조기후이며, 유목생활을 했다. 유목민족답게 말[馬]에 관한 문화가 발달해 있다. 먹고사는 것이 비슷하고 같은 문화권에 속한다. '세계의 지붕'이라 불리는 파미르고원 주변에 분포한다. 동쪽은 중국 영토이다.

카자흐스탄은 카자흐족이 사는 땅이란 뜻이다. 총인구는 1900만 명에 불과한데 민족의 수가 130개나 되는 다민족 국가이다. 카자흐족이 63%, 러시아인이 23%, 타타르족이 3%, 독일인이 1%를 점하고 있다. 고려인 후손도 18만 명이나 거주한다. 한국말을 하는 고려인 자손들을 만나지는 못했지만, 지금 한국의 발전이 알려져 한국 상품과 한국어가 대단한 인기이다. 알마티대학에는 한국어과도 있다. 고려인 자손들은 취업이 잘된다는 이유로 한국말을 배우려고 한다. 카자흐스탄에 타타르족, 조선족, 독일인까지 거주하게 된 것은 스탈린의 소수민족 강제 이주 정책 때문이다. 민족이란 한 지역의 자연환경에 적응해 가면서 같은 언어와 습관과 문화를 공유하는 사회집단으로, 서식지를 이탈하면 민족의 정체성이 사라진다. 스탈린은 사회주의 통치를 쉽게 하기 위해 소수민족을 사람이 적고 땅이 넓은 내륙지역인 카자흐스탄으로 이주시켜 민족 정체성을 말살하는 정책을 폈다. 소수민족에겐 형벌이었다. 현재 카자흐스탄에는 다양한 민족이 살고 있기 때문에 문제도 많이 일어난다.

미국 여행사들은 새롭게 떠오르는 관광지로 동남아시아, 중앙아시아, 동유럽을 꼽았다. 물가가 싸고, 사람이 많이 다니지 않고, 고유한 민족문화가 있기 때문이다. 미국과 유럽에서 인기 있는 관광상품이 되고 있다. 한국인도 최근에 이곳으로 여행을 많이 다닌다. 설산, 스텝, 유목생활, 실크로드의 유적이 주요 관광 자원이다. 유목민족의 고유한 민속신앙, '텡그리즘(tengrism)'이 깊게 배어 있다. 텡그리즘은 샤머니즘, 애니미즘, 토테미즘 등의 특징이 나타나는 중앙아시아 고유의 종교를 뜻하는데, 외래종교인 이슬람교와 기독교가 전파되면서 그것과 접합하였다. 유목민족들은 모든 사물에 영(靈)이 있고 만물의 신과 소통하면 인간의 질병과 재앙을 막을 수 있다고 믿는다. 거친 자연환경에 맞서 유목생활을 하며 얻어진 신앙이다. 그들은 설산에도 강에도 늑대, 독수리에게도 영이 있다고 믿는다.

카자흐스탄에서 다량의 석유가 발견되었다. 카자흐스탄은 세계에서 아홉 번째로 영토가 큰 나라이다. 자원은 영토의 크기만큼 부존하기 마련이다. 자원이 균등하게 분포하는 것은 아니지만, 기술의 발전에 따라 자원의 개념도 함께 변해 왔다. 지금은 석유와 천연가스, 우라늄의 시대이다. 카자흐스탄의 우라늄 매장량은 세계

2위이고, 석유는 11위이다. 석유 발굴은 많은 해외 투자를 끌어들였다. '검은 황금'이라 불리는 석유가 있는 곳이라면 어디를 막론하고 찾아간다. 1993년 이래 400억 달러의 해외 투자가 석유와 천연가스 개발 산업에 들어왔다. 석유와 천연가스 생산이 GDP의 13%를 차지한다. 전체 160개 광구가 있다. 특히 최근 카스피해 연안에 다량의 석유가 매장된 것으로 확인되었다. 총 매장량은 61억 톤으로 추정된다. 카자흐스탄은 매일 150만 배럴의 석유를 생산하고, 석유 수출이 총 수출액의 56%를 차지한다. 주요 유정이 있는 곳은 카스피해 연안 아티라우(Atyrau), 내륙 동북쪽의 파블로다르(Pavlodar) 지역이다. 소련 시대에도 석유와 천연가스가 산출되었지만 파이프라인, LNG 수송선 같은 수송 수단이 없어 경제적 가치가 적었다. 최근에 유럽으로 나가는 송유관이 개설되어 석유와 천연가스의 가치가 높아졌다.

카자흐스탄은 석유를 판 돈으로 인프라에 많은 투자를 하고 있다. 한국석유공사도 카자흐스탄 석유광구, KNOC Caspean(구 Sumbe)과 카자흐스탄 Altius(2011)에 투자를 했다. 한국의 한 건설

사는 대형 아파트 건설을 수주했다. 한국은 세계 5위의 석유 수입국이자 9위의 소비국으로, 연평균 9억 배럴의 원유를 수입한다. 카자흐스탄은 넓은 영토에서 아직도 석유자원을 카스피해 연안에서 찾고 있다. 한국은 석유가 생산되지 않고, '석유' 하면 눈이 번쩍 뜨이는 나라이다. 울산 동남쪽 48km 지점의 대륙붕 6-1광구에서 가채매장량 LNG 80만 톤의 천연가스를 찾아냈다. 우리나라가 16일쯤 쓸 수 있는 양이다. 한국의 동남해안에는 방대한 퇴적층이 발달, 석유 보유가 가능한 지층이 있다. 세계 유수의 석유회사들이 탐사를 하고 있다. 언제쯤 대박이 터질지?

카자흐스탄의 초대 대통령 나자르바예프

누르술탄 나자르바예프는 카자흐스탄의 초대 대통령이다. 1990년부터 2019년까지 30년 가까이 권좌에 앉아 있었다. 국민 90%의 압도적인 지지를 받아 다섯 번이나 대통령에 당선된 그는 국민소득 500달러의 나라를 20년 만에 1만 3000달러의 나라로 만들었다. 우리나라 박정희 대통령이 생각난다. 대통령 재임 당시 행정부, 입법부, 사법부의 모든 권한을 실질적으로 다 거머쥐고 있었다. 카자흐스탄에도 야당은 있지만 선거에서 득표율이 10%도 되지 않았다. 이쯤 되면 민주주의 국가라 말할 수 없다.

그는 자수성가한 정치인이다. 1940년 알마티 근교에서 빈농의 아들로 태어나 카자흐스탄에서 교육을 받았다. 소련 시절 공산당에 입당한 후 충성을 다한 끝에 당 간부가 되었다. 처세술이 탁월

했던 그는 1989년 카자흐스탄 공산당의 2인자까지 승진하였다. 고르바초프 서기장이 소련의 부통령으로 추대했지만 사양하고, 카자흐스탄의 서기장이 되었다. 소련이 해체되자, 공산당의 잔여 세력을 동원하여 권력을 잡고 카자흐스탄의 초대 대통령이 되었다. 친소련파이다. 2008년에는 평생 대통령에 출마할 수 있도록 개헌을 했다. 나자르바예프는 2019년 29년간의 대통령 자리를 양위하고 안보실장으로 물러났다. 카자흐스탄의 안보실장은 대통령을 자문하는 자리지만, 국군통수권을 가지며 검찰과 비밀경찰을 지휘할 수 있다. 즉 실질적인 권한은 여전히 나자르바예프가 갖고 있는 셈이다. 나자르바예프는 안보실장을 평생 할 수 있는 법을 만들고 그 자리에 들어갔다. 그에게는 세 명의 딸이 있다. 다리가, 디나라, 알리야이다. 모두 카자흐스탄에서 10위 안에 들어가는 재력가이다. 큰딸 다리가는 기업가이자 정치가, 예술가이다. 둘째 딸 디나라는 카자흐스탄의 세 번째 가는 재벌이고, 세계 부자 순위 938위에 올랐다. 서방국가들은 나자르바예프가 독재를 하는 줄 알면서도 관심을 보이지 않는다. 카자흐스탄은 러시아와 중국 사이에 있는데, 중국과 러시아도 제대로 민주주의를 하지 못하고 있다. 그들은 카자흐스탄의 민주주의를 간섭할 형편이 못 된다.

국제투명성기구(Transparency International)는 2019년 국가청렴도 조사에서 카자흐스탄이 전 세계 146개국 중에서 122위를 차지했다고 발표했다. 미국인 기펜(Giffen)은 카자흐스탄의 한 정치인에게 7800만 달러의 뇌물을 준 혐의로 뉴욕 연방법원에 기소되어 유죄

판결을 받았다. 그는 미국 회사가 카자흐스탄에서 계속해서 유전을 개발하는 계약을 따내도록 하기 위해 뇌물을 제공했다고 한다. 카자흐스탄 유전 개발은 대통령의 결재를 거쳐야 한다. 그는 나자르바예프 대통령의 경제고문이었다. 카자흐스탄에서는 이중국적이 인정되지 않지만 그는 미국 여권과 카자흐스탄 외교관 여권을 갖고 있다. 권력의 비호를 받았다. 유럽의 언론들은 카자흐스탄 사회는 인권은 무시되고 부정부패가 만연해 있다고 비판했다. 나자르바예프 대통령은 재임 시절 부정부패와의 전쟁을 선포했다. 그러나 정작 자신과 가족이 부정과 부패에 연루되었다. 카자흐스탄에서 제일가는 부자는 나자르바예프와 그 가족이다. 서방언론은 그가 돈세탁, 뇌물, 살인 사건에까지 연루되어 있다고 보도했다. 부정부패의 척결은 결국 자신의 손발을 자르는 일이었다. 나자르바예프 안보실장이 각국의 비밀은행에 예치한 돈이 자그마치 10억 달러가 넘는다고 보도되고 있다.

2011년에 아티라우의 망기스타우(Mangystau)에서 폭동이 일어났다. 카스피해 연안이다. 독립기념일을 기하여 반독재 시위가 시작되었는데, 시위자 중 15명이 경찰의 총에 사살되고 100명이 부상을 당했다. 시위는 각 도시로 확산되었지만 결국 경찰에 의해 폭력으로 진압되었다. 많은 시위자들이 체포되어 고문받고 재판에 회부되었다. 2015년 제5대 대통령 선거에서 나자르바예프는 97.7% 득표율로 대통령에 당선되었다. 친정부 언론은 국민의 90% 이상이 나자르바예프를 지지한다고 보도했다. 30년 가까이 집권하면서도 어떻게 97.7%의 지지를 받을 수 있었는지, 어떻게 선거를 조작했는지 국민들은 잘 알고 있다. 나자르바예프는 막후에서 권력을 잡고, 2019년 형식적으로만 토카예프에게 대통령직을 넘기고 사임했다. 외교관이었던 토카예프는 대통령 취임 후 먼저 수도명을 아스타나(Astana)에서 누르술탄(Nur-Sultan)으로 바꾸었다. 누르술탄 나자르바예프의 이름을 딴 것이다. 수도인 누르술탄은 이심강의 상류에 있다. 완전한 신도시이다. 토카예프가 어떻게 실질적으로 정권을 장악할 것인지 두고 볼 일이다.

나자르바예프는 1940년 7월 6일, 가난한 농민의 아들로 태어났지만, 30년 가까이 카자흐스탄의 대통령 자리에 있었다. 물론 그의 목숨을 노리는 암살자도 있고 반역을 도모하는 자도 있다. 그는 삼엄한 경비를 받으면서 숨어 지내고 있다.

아시아 대륙 깊숙이 자리 잡고 있는 카자흐스탄은 소련 시절 핵무기를 실험하던 곳이다. 보편타당한 가치인 민주주의와 시장경제가 실현되지 못하고 있다. 아무리 경제개발을 한다고 해도 국민의 삶은 고달프기만 하다.

중앙아시아의 종주국 우즈베키스탄

우즈베키스탄은 중앙아시아의 중심 국가이다. '스탄' 자 항렬 국가들의 맏형뻘 되는 나라이다. 인구는 3300만 명이다. CIS 중 러시아 다음으로 인구가 많다. 큰 면적의 나라 카자흐스탄 인구에 비하면 2배에 가깝다. 카자흐스탄은 석유와 천연가스 발견으로

벼락부자가 된 나라지만, 우즈베키스탄은 오랜 역사를 통해 문화와 전통이 탄탄한 국가이다. 우즈베키스탄은 유목국가이기도 하지만, 일찍부터 농사를 지었다. 두 개의 큰 강이 우즈베키스탄을 흐른다. 아무다리야강과 시르다리야강이다. 우즈베키스탄을 흐르는 강은 어느 강도 바다에 이르지 못한다. 톈산산맥과 파미르고원에서 흘러내리는 하천이 여러 개 있지만 사막을 흐르면서 말라 버리고 마는 건천(wadi)이다. 다만 두 개의 큰 강은 아랄해(Aral Sea)로 유입된다. 아랄은 이름은 '해(海)'지만, 실은 내륙의 호수이다.

건조지역의 강물은 모든 생명체의 생존을 결정한다. 강물이 있으면 생명체가 살고 없으면 죽는다. 지난 100년간 기후 변화가 있었다고 하지만, 강수량의 변동은 미미하다. 우즈베키스탄은 중앙아시아에서 인구가 가장 많고, 유구한 역사를 가졌다. 우즈베키스탄에 오래된 도시와 역사적 유적이 많은 것도 건조지역을 흐르는 강이 있기 때문이다. 지난 100년 동안 자연의 변화는 미미했으나 산업은 유목→농업→공업으로 발전하였다. 즉 산업의 변화는 물 사용량의 변화를 의미한다. 소련 시절 면화를 재배하기 위해 사막에 관개를 시작하면서, 운하와 댐을 만들어 하류로 내려갈 상류의 물을 농업용 관개용수, 산업용수, 생활용수로 마구 써 버렸다. 그 결과 하류로 내려갈 물이 점점 줄어들었다. 뿐만 아니라 인구 증가와 대도시의 발달, 늘어난 문화생활은 더 많은 물 사용으로 직결되었다. 그 물을 먹고 살던 아랄해의 재앙은 그 때문에 일어났다.

카자흐스탄의 알마티, 키르기스스탄의 비슈케크는 실크로드의

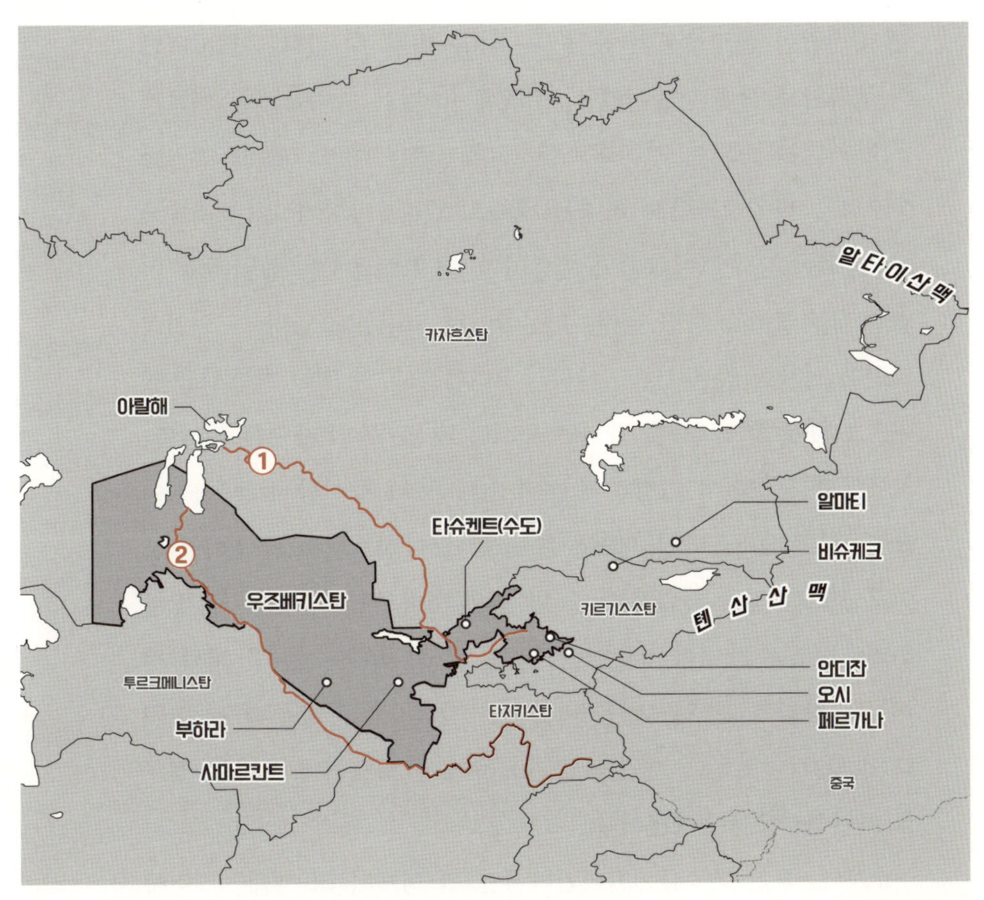

① 시르다리야강
② 아무다리야강

중간 도시들이다. 우즈베키스탄의 모든 도시들은 실크로드의 주요 거점들이었다. 우즈베키스탄의 동쪽에는 톈산산맥이 있다. 중국에서 톈산산맥의 설산을 넘어오면 바로 우즈베키스탄의 타슈켄트, 사마르칸트(인구 51만 명)와 부하라(인구 27만 명) 같은, 찬란한 역사를 꽃피웠던 실크로드의 중심 도시들을 만날 수 있다. 이들은 한때 제국의 중심 도시들이었다. 우즈베키스탄은 동쪽으로는 키르기스스탄, 북쪽으로는 카자흐스탄, 서쪽으로는 투르크메니스탄, 남쪽으로는 타지키스탄과 국경을 맞대고 있다. 바다가 없는 내륙국이다. 민족은 우즈베크족이 85%이다. 우즈베크족은 몽골족과 이란족의 혼혈이라 보면 된다. 러시아인과 고려인도 있다. 고려인이 그곳에 정착한 것은 1937년이다. 고려인은 17만 명이 거주하고 있다. 그 외에 실크로드를 다니던 동서양 대상(大商)의 자손들도 있다. 서양인과 동양인이 다양하게 섞여 있다 보니 동서양 퓨전 음식이 많다. 우즈베키스탄의 도시들은 모두 오아시스에서 발달하였다. 인구 250만 명의 타슈켄트, 26만 명의 사마르칸트, 23만 명의 부하라 같은 큰 도시들이 있다. 인구도 많고, 역사도 깊고, 국가 정체성도 강하고, 농업자원을 비롯하여 지하자원도 풍부하다. 그러나 잘살지는 못한다. 1인당 국민소득이 1300달러에 불과할 정도로 가난하다. 정치 때문이다.

수도인 타슈켄트에는 고려인이 4만 명 넘게 살고 있다. 그러나 우리말을 할 줄 아는 고려인은 극히 드물다. 타슈켄트 시장에 갔을 때 조선말을 잘하는 60대 할머니를 만났다. 어떻게 조선말을 잘하느냐고 물으니, 부모님이 조선 사람이고, 학교를 다니지는 않았지만 시장에서 일찍이 조선 사람을 상대로 반찬 가게를 하다 보니 조선말을 잊지 않았다고 했다. 한국의 위상이 점점 높아지고 있고, 한국 기업들이 진출하고 있으며, 한국에 대한 인식이 좋다. 한국에 노동자로 취업하려는 우즈베크인이 많다. 한국에 취업을 하려면 한국말을 배워야 한다. 한국어 시험에 합격하지 못하면 비자를 받을 수 없기 때문이다. 한국 문화와 한국어를 배우려는 열기가 높아 대학에서는 한국어학과가 인기이다. 전 국립국어원장이었던 이상규 교수는 재임 당시 우즈베키스탄 사람들에게 한국어를 가르치기 위해 '세종학당'을 세웠다. 세종학당에서 한국어를 배운 우즈베크인은 산업연수생으로 한국에 취업을 많이 했다. 우즈베크인들은 한국인과 국제결혼도 많이 한다. 우즈베키스탄의 부모들은 딸이 먼 곳, 한국으로 시집가는 것에 대하여 동남아시아인에 비해 문화적 거부감이 적다고 한다. 오래전부터 조상들이 로마나 당나라로 시집을 갔던 경험이 있어 어디를 가든 잘 살면 된다는 관념이 우즈베크인에게 박혀 있다.

카자흐스탄의 알마티와 마찬가지로 톈산산맥의 끝자락에 자리잡고 있는 타슈켄트는 물과 나무를 쉽게 얻을 수 있어 사람이 살기 좋다. 도시에는 큰 시장, 바자르가 있다. 대도시 시장에서는 배추, 무, 고추, 양파, 가지, 양배추, 토마토, 사과, 포도 같은 낯익은 채소와 과일을 쉽게 찾아볼 수 있다. 김치도 있다. 음식은 양고기와 함께 빵이나 볶음밥을 즐겨 먹고, 차와 요구르트를 많이 마신다. 어디에서 온 여행객이든 간에 음식에 대한 거부감이 별로 없다.

안디잔의 학살

부모가 자식을 학대하면, 아무리 부모–자식 간의 일이라고 해도 문명국가에서는 의무적으로 경찰에 신고하게 되어 있다. 왜 그럴까. 부모만큼 제 자식에 대해 애정과 관심이 있는 사람은 없지만, 아무리 부모와 자식 관계라도 자식은 부모의 소유물이 아니라 인권을 존중받아야 할 인간이기 때문이다. 인간은 누구도 훼손할 수 없는 천부의 권리를 갖고 태어난다는 것이 현대 인권의 정의이다. 따라서 아이는 성인이 될 때까지 그 사회의 보호를 받을 권리가 있다.

때로 한 나라의 지도자는 정권을 유지하기 위해 반대파를 고문하고 투옥하고 살해한다. 국제사회에서 남의 나라 내정에는 간섭하지 않는 것이 원칙이다. 그러나 때로 미국은 중국과 북한의 인권에 대해 참견한다. 군부 독재 시절 미국은 한국 정부의 인권 문제에도 간섭했다. 그렇게 할 당위성이 있는가? 물론 국가도 하나의 독립적인 기구지만, 인간이라면 누구나 어느 나라에 살든 인간으로서 존엄성을 가지고 자유롭게 살 권리가 있다. 국제인권규약은 인류의 보편적 가치를 훼손하면 누구든지 어느 나라든지 간섭할 수 있음을 명문화한 국제 조약이다. 법적 구속력을 가진 인권 관련 국제법이다. 국제법은 국내법에 우선한다. 가난하여 먹고살 것이 없으면 이웃 나라들이 성금을 내어 도와주고, 지도자가 국민을 박해하면 내정간섭이 되더라도 이웃 나라가 그 문제를 언급하는 것이 국제관례이다.

우즈베키스탄의 초대 대통령 카리모프는 독재자였다. 정권을 잡은 계기가 카자흐스탄의 나자르바예프 전 대통령과 비슷하다. 소련 시절 공산당에 입당하여 출세를 하고, 1991년 소련이 해체되자 그 경력으로 권력을 잡아 대통령이 되었다. 2016년 사망할 때까지 대통령 자리에 있었다. 우즈베키스탄은 중앙아시아의 종주국이지만, 독재를 하는 나라였기에 국제사회에서 평판이 좋지 않았다. 카리모프는 대통령 재임 시 13개국만 대사를 교환하였고 자신도 해외순방을 거의 하지 않았다. 두 번이나 암살당할 위기를 모면하였다. 회교원리주의자의 소행으로 단정하고 종교를 탄압하였다. 모든 종교를 등록하도록 하고, 언론을 검열하고, 집회를 금지하였다. 2007년 1월 9일 대통령 선거에서 91.9%의 득표율로 3선 대통령이 되었다. 미국 백악관은 "우즈베키스탄 대통령 선거는 자유선거도 아니고, 공정하지도 않고, 투표자에게 선택권이 없는 선거"라고 논평했다. 독재자인 카리모프는 반정부인사인 아바조프를 손톱을 뽑는 등 온갖 고문을 자행한 끝에 끓는 물에 삶아 죽였다고 인권감시단체(Human Rights Watch)가 발표했다. 그럼에도 상하이협력기구(러시아, 중국, 카자흐스탄, 우크라이나, 키르기스스탄, 투르크메니스탄)와 CIS 국가들은 그를 긍정적으로 평가했다. 상하이협력기구나 CIS 국가들의 인권 상황 역시 우즈베키스탄과 크게 다르지 않기 때문이다.

톈산산맥의 산록에 있는 안디잔(Andizhan)은 유서 깊은 실크로드의 거점이다. 아무다리야강의 지류인 세이(say)강 유역에 있다. 수도 타슈켄트에서 동쪽으로 475km, 키르기스스탄의 역사도시 오시(Osh)에서 서쪽으로 45km에 있으며, 키르기스스탄 접경지역이다. 우즈베키스탄에서 가장 비옥한 페르가나 계곡에 자리하고 있다. 인구 40만 명의 큰 도시이다. 바부르는 중앙아시아를 통일하고 북인도를 점령하여 대제국을 세운 무굴 제국의 태조이다. 안디잔은 무굴 제국의 중심 도시로 번성하였다. 안디잔에는 유명한 바부르 도서관이 있다.

민주국가에서는 집회의 자유와 시위의 자유를 인정한다. 헌법에 그렇게 규정되어 있다. 반면 독재국가에서는 헌법에 명시된 인권을 무시한다. 2005년 안디잔에서 정부 정책에 반대하는 시위가 일어났다. 5월 13일, 날씨 좋은 날 지식인과 학생들이 정부의 부패에 대한 항의로 평화적인 시위를 벌였다. 안디잔의 경찰은 시위군중의 퇴로를 막고 막다른 길로 유인한 뒤 전원 총으로 사살했다. 정부 비판언론이 통제되어 무슨 일이 어떻게 돌아가는지 알지 못한 채 '카더라 통신'만 난무했다. 정부는 희생자가 187명이라고 발표했지만, 서방언론은 500명이라고 주장했다. '안디잔 학살(Andijan unrest)' 사건이다. 시신을 확인할 기회도 주지 않고 집단으로 매장해 버렸다. 지금까지도 정보가 공개되지 않고 있다.

26년간 무소불위의 권력을 휘두르던 독재자 카리모프는 2016년 심장마비로 사망했다. 화무는 십일홍, 달도 차면 기우는 법이다. 카리모프의 미망인은 당시 총리로 있던 미르지요예프(Mirsiyoyev)를 장례위원장으로 임명했다. 그것은 곧 권력의 후계자를 지명하는 일이었다. 차기 권력자로 지명된 미르지요예프는 선거에서 88.6%의 지지를 받아 대통령에 당선되었다. 그는 민주화, 자유와 개방을 기치로 정치 영역을 넓혀 가고 있다. 서방언론은 그의 정치력을 높이 평가한다. 그는 노벨평화상 후보에 오르기도 했다. 두고 볼 일이다.

키르기스스탄

키르기스스탄은 중앙아시아에서 타지키스탄 다음으로 작은 나라(인구 630만 명, 면적 19만 9000km²)이다. 산악국이며 중국, 카자흐스탄, 우즈베키스탄, 타지키스탄과 접경하고 있다. 인접국은 가정에 비유하면 이웃과 같고, 개인에게는 친구와 같다. 비슷한 환경에 놓여 있는 스위스는 프랑스, 독일, 이탈리아와 인접해 있다. 스위스는 좋은 이웃을 둔 반면, 키르기스스탄은 이웃이 좀 그렇다. 중국과는 톈산산맥 산록을, 타지키스탄과는 파미르고원 산록을 사이에 두고 접경하고 있다. 높은 산이 주위에 있다. 고산에서 내려오는 눈 녹은 물이 풍부한데, 이는 다른 중앙아시아 국가들과 큰 차이점이다.

키르기스스탄은 유목국가의 전통을 갖고 있다. 실크로드의 길목이어서 여러 민족이 혼혈되어 있다. 민족은 언어로 구분되는데, 키르기스어를 쓰는 민족이 73%이고 우즈베크어를 쓰는 민족이 15%, 러시아어를 쓰는 민족이 6% 정도이다. 소련 시절에는 러시아어를 공용어로 사용했으나, 독립 후에는 키르기스어를 장려하고 있다. 대통령 후보에게 키르기스어 능력 테스트를 할 정도이다. 지금은 키르기스어와 러시아어가 공용어로 쓰인다.

건조지역이지만 물이 풍부해 농산물이 잘 자란다. 내륙국이어서 중공업이 발달하기 어려운 여건이라 하더라도, 천혜의 자연 자원을 잘 이용하고, 정치를 잘하면 행복하게 살 수 있을 듯하다. 국민과 정치가들은 구소련의 체제에서 벗어난 후, 서양처럼 시장경제와 민주주의를 하고 싶어 한다. 그들은 인권을 존중받으며 자유롭고 풍요롭게 사는 것을 보았기 때문이다. 그러나 중앙아시아 국가 중 시장경제와 민주주의를 제대로 실천하는 나라는 없다. 아직도 시련을 겪고 있다. 소련은 공산당 일당이 독재를 하면서, 생산과 소비를 배분하는 계획경제를 실시했다. 키르기스스탄은 시장경제 도입을 시도했다. 갑작스럽게 제도가 변하면 혼란이 초래되기 마련이다. 누가 생산을 하고, 누가 자원을 갖느냐를 두고 혼란이 빚어졌다.

사회주의 국가에서 사업을 하려면, 시장경제의 원리를 아는 것보다 누구를 아느냐가 더 중요하다는 말을 한다. 사업 허가는 물론이고, 자원을 얻는 데도 권력을 잡고 있는 사람의 영향력이 절대적이다. 언론이 통제되어 있어서 다수의 국민은 '카더라 통신'만 믿고 있다. 방송과 신문은 권력과 유착되어 있다. 계획경제가 붕괴된 후 돈이 될 만한 생산설비와 자원은 모조리 구 공산당 간부가 차지했다. 그래서 시장경제가 공정하게 이루어지지 않는다.

후진 국가는 정치인들이 패거리를 만들고 그 패거리들에게 부정하게 이권을 나누어 주는 형태로 정치가 이루어진다. 그러므로 공정한 선거를 기대할 수 없다. 키르기스스탄은 작은 내륙국이지만, 그래도 중앙아시아에서는 민주주의의 시행착오를 가장 많이 경험한 나라이다. 부정선거로 당선된 대통령을 튤립혁명(2005)으로 몰아내고, 야당이 집권하기도 했다. 정치가 발전하는 만큼 시장경제도 발전한다. 키르기스스탄은 중앙아시아에서는 외국인이 들어가서 기업을 운영하기 가장 좋은 국가로 정평이 나 있다. 미국, 유럽

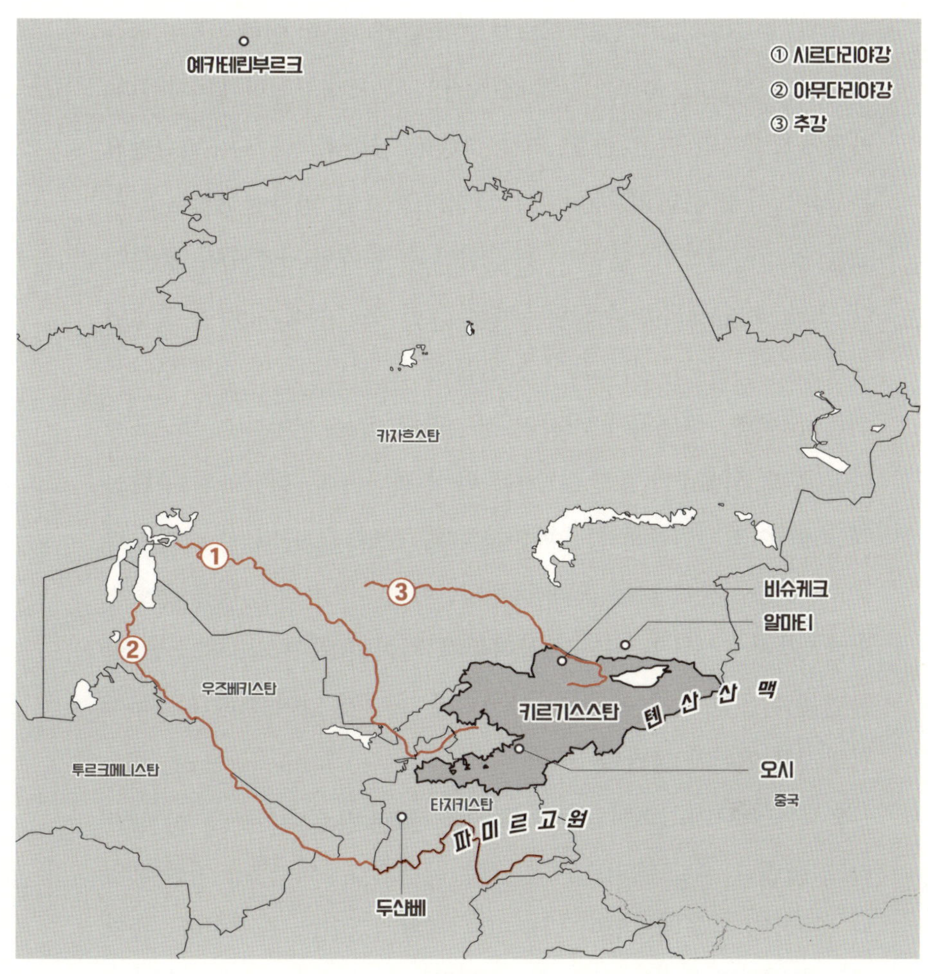

과 연계를 맺고 싶지만, 중앙아시아의 한복판에 놓여 있는 지정학적 위치 때문에 러시아와 중국의 눈치를 보아야 한다.

키르기스스탄에는 큰 도시가 두 개 있다. 북쪽에는 수도 비슈케크(Bishkek, 인구 100만 명), 남쪽에는 오시(Osh, 인구 30만 명)가 있다. 두

곳 모두 오래된 도시이고, 실크로드의 중간 거점이었다. 북쪽 비슈케크에는 키르기스인이, 남쪽 오시에는 우즈베크인이 많이 산다. 키르기스스탄의 인구는 두 도시 주변에 집중되어 있다. 비슈케크는 정치·경제·문화의 중심이다. 고려인도 1만 명가량 살고 있다. 해발 800m 고도에 있으며, 톈산산맥과 가까워 융설수가 풍부하다. 또한 비슈케크는 시르다리야강 상류 추(Chu)강 유역에 발달한 도시로, 강 유역이 비옥하여 농산물이 잘 자란다. 연간 강수량은 450mm이다. 주변국에 비하면 강수량이 많은 편이다. 철도는 간선을 통해 시베리아 횡단철도(TSR)와 연결되는데, 러시아의 우랄산맥 동쪽 예카테린부르크(Ekaterinburg)와 만난다. 유럽 시장에 나가는 데 수송시간이 너무 오래 걸린다. 마나스(Manas) 국제공항이 있지만, 카자흐스탄의 대도시 알마티가 가까이 있어 카자흐스탄 항공편을 이용한다. 높은 산과 아름다운 호수가 있어 소련 시절부터 관광지로 인기가 많았다.

오시는 키르기스스탄 제2의 도시로, 남쪽의 수도(Capital of South)라고 불린다. 우즈베키스탄의 남쪽 국경으로부터 5km 지점에 있다. 주민도 우즈베크인이 다수이고 키르기스인은 소수이다. 중앙아시아 도시들은 바자(시장)가 유명하지만, 오시의 시장은 2000년 전부터 있었던 실크로드의 시장이다. 실크로드의 유적, 석탑(Stone tower)은 실제로는 석탑이 아니라 산(Sulayman Mountain, 963m)이다. 페르가나(Fergana) 평야에서 우뚝 솟은 산이 마치 석탑처럼 보였던 모양이다. 세계문화유산으로 등재되어 있다.

키르기스스탄에 관한 에피소드

교도소 안에서는 감옥에 얼마나 오래 있었느냐에 따라 죄수의 서열이 정해진다. 장기수일수록 감방 안에서 좋은 자리를 차지하고, 변기통 근처는 신참 자리이다. 국회 내의 서열도 비슷하다. 다선의원의 서열이 제일 높다. 다선의원이 상임위원장, 원내대표, 국회의장 자리를 차지한다. 선수(選數)가 능력보다 앞선다. 국회에는 국가간 친선협회라는 것이 있다. 한미의원친선협회나 중국, 일본, EU 등의 친선협회장 자리는 다선의원이 선점한다. 신참이고, 비례대표로 당선된 나 같은 국회의원은 항상 말석이다. 국회의원이 되고 가장 좋았던 것은 공무 해외 출장 갈 때였다. 항공기 1등석에, 해외공관에서 VIP 대접을 받기 때문이었다. 나는 이름도 생소한, 인구 630만 명의 작은 나라 키르기스스탄의 친선협회장이 되었다.

소련의 붕괴로 독립국이 된 키르기스스탄은 민주주의를 경험해 본 적이 없는 나라였다. 민주주의는 경찰력으로 나라를 다스리는 전체주의와는 달리 국민의 투표로 지도자를 뽑는데, 처음에는 많은 시행착오를 겪을 수밖에 없다. 처음부터 교과서대로 공정한 선거를 통해 지도자가 뽑히는 일은 없다. 키르기스스탄도 예외는 아니었다. 2005년에 민주주의를 위한 튤립혁명이 일어났다. 혁명의 주역이었던 아탐바예프(A. Atambayev)가 야당 의원으로서 총리가 되었다. 그때 나는 한-키르기스 친선협회장으로 키르기스스탄을 방문했다. 그곳에서 나는 따뜻한 환대를 받았고, 내각의 장관들과 이야기를 나누었다. 그들은 잘사는 나라 한국과 관계를 돈독히 하고 싶어 했다. 한국 대사관도 없고, 주(駐)우즈베키스탄 한국 대사가 주키르기스스탄 한국 대사를 겸하고 있었다. 키르기스스탄 정부는 한국에 노동자를 보내고, 키르기스스탄항공을 한국에 취항하고 싶어 했으며, 한국 영사를 대사급으로 승격해 주길 원했다.

1년이 지난 후, 주한 키르기스스탄 영사관에서 연락이 왔다. 아탐바예프가 서울에 오는데 나를 만나고 싶어 한다고 했다. 작은 후진국가의 전직 총리를 맞이할 적절한 의전이 없었다. 친선협회장인 나는 실질적인 호스트가 되었다. 국무총리가 차를 내주어, 국내 굴지의 자동차 회사와 전자 회사를 구경시키고 판문점을 방문했다. 그가 서울에서 지내는 사흘 동안 저녁 식사를 대접하고 술자리를 함께했다. 술자리에서 그는 유목민들은 뜻이 맞는 사람끼리 의형제를 맺어 피를 나눈 친형제처럼 지낸다고 말했다. 우리도 그 자리에서 의형제를 맺자고 하여, 나이가 많은 내가 형이 되고 나보다 16살 아래인 아탐바예프가 동생이 되기로 했다. 아탐바예프는 슬라브계(백인)가 아니라 전형적인 타타르계(몽골인)여서 피부색이 우리와 비슷했다.

나는 키르기스스탄항공의 취항을 주선했다. 당시 국무총리와 건설교통부장관은 긍정적인 반응을 보였다. 그러나 총리와 장관이 'OK' 했음에도 실무자급에서 'NO'라고 했다. 키르기스스탄항공 소속 비행기가 러시아제 항공기이고, 준(準)테러국가인 이란에서 항공기 정비를 받았기 때문에, 국제민간항공기구(ICAO)의 안전 규정에 어긋난다는 이유에서였다. 그 일은 성사가 안 되었다. 그러나 키르기스스탄 노동자 취업 문제는 키르기스스탄 노동자가 한국어 능력 시험에 합격하면 한국에 취업할 수 있다고 노동부로부터 답변을 받았다. 이에 키르기스스탄의 수도 비슈케크에 한국어 교육을 위해 '세종학당'을 세우고 한국어 연수를 시작했다. 또 내가 권하기도 했지만, 키르기스스탄 관련 외교 업무가 늘어나면서 2008년에 대사급으로 승진 발령했다. 힘없는 내가 애로사항을 해결해 준 셈이다.

국회의원 임기를 마치고 대구로 내려왔다. 2011년 어느 날 키르기스스탄의 관광부장관 내정자가 대구에 와서 나를 찾는다는 연락을 받았다. 그와 저녁 식사를 함께 했다. 그는 아탐바예프(대통령 재임기간 2011~2017)가 63%의 득표율로 대통령에 당선되었는데, 대통령 취임식에 나를 초대한다며 초청장을 내밀었다. 취임식에 참석하려니 난감했다. 비슈케크에서 열리는 대통령 취임식에 참석하기 위해 출장을 가려면 1등석을 타야 하고, 수행비서도 동행해야 하며, 현지에서 탈 자동차도 있어야 하기에 적지 않은 비용이 들어갈 터였다. 고민하다가, 정중히 사양하고 꽃과 축하 메시지만 보냈다.

키르기스스탄은 중앙아시아 국가 중에서는 가장 민주적인 정부가 들어섰다. 아탐바예프는 선정을 베풀어 국민들로부터 인기가 높았다. 2017년에 임기가 끝나고 나서도 국민들의 지지가 대단했다. 그런데 2019년 8월 2일, 특공대가 아탐바예프 자택을 습격했다. 이 과정에서 군인 36명이 부상을 입고 1명이 사망했다. 아탐바예프가 국가 전복 음모 혐의로 체포되었다는 소식을 외신을 통해 전해 들었다. 진실은 알 수 없지만 아탐바예프와 현 대통령 간의 권력 투쟁으로 짐작된다. 후진 국가의 경우 선거를 통한 권력 이양이 결코 쉽지 않다. 키르기스스탄과 관련한 나의 에피소드이다.

가난한 나라 타지키스탄

한 민족이 어떤 이유로 지금 그곳에 정착하게 되었는지, 민족이 땅을 선택하는 것은 우연인 듯하다. 조선족이 한반도에 자리 잡은 것, 일본족이 지진 섬에 살게 된 것도 마찬가지다. 키르기스족이 톈산 아래 자리 잡고, 타지키스족이 파미르고원의 자락에 보금자리를 틀고 나라를 이루어 살게 된 것 역시 아무리 생각해도 우연일 수밖에 없다. 타지키스탄은 파미르고원에 있는 나라이다. 국토의 상당 부분이 평균 4000m 이상의 높은 산악지역인 데다, 바다에서 멀리 떨어진 내륙국이다. 고립된 산악국이라도 정치를 잘하고 부존자원을 잘 활용하면 강대국은 되지 못할지언정 국민들의 행복지수가 높은 나라는 될 수 있다. 그러나 세계 어디에도 그런 나라는 없다. 오지의 국가는 왕이 있거나 왕과 다를 바 없는 통치자가 있을 뿐이다. 정치와 경제는 이웃 나라와 교류를 하며 발전한다. 타지키스탄은 오지여서 교류가 일어나지 않았다.

중앙아시아에서 가장 작은 나라인 타지키스탄은 면적이 14만 km^2(남한의 1.4배), 인구는 9백만 명이다. 1인당 국민소득은 807달러, 구매력으로 본 1인당 소득은 3354달러(2018년 기준)이다. 1인당 국민소득이 1000달러 이하면 세계에서 최빈국 그룹으로 분류된다. 인구의 20%가 1달러 25센트로 하루를 살아가고 있다. 타지키스탄은 외국에 일하러 나간 해외 근로자가 가족에게 보내는 송금액이 국내총생산(GDP)의 40%를 차지하는 나라이다. 인구 대비 세계 최고 수준이다. 주요 수출품은 알루미늄(55%)과 면화(13%), 말린 살구(8.1%)이다. 참고로 북한의 경우 1인당 국민총생산(GNP)은 1000달러, 구매력 소득은 1800달러이다. 타지키스탄은 구소련에서 독립한 나라 중에서 가장 가난한 나라이다. 수도 두샨베(Dushanbe)는 인구 80만 명의 도시로, 오아시스 도시이고 실크로드의 거점이었다.

안조브(Anzob) 터널이 2006년에 완공되었다. 수도 두샨베와 타지키스탄 제2의 도시 후잔트(Khujand) 사이에는 도로가 있지만, 겨울에는 5개월간 눈사태로 막힌다. 안조브 터널은 두 도시를 연결하는 터널인데, '죽음의 터널'이란 별명이 있을 정도로 공사 중에 많은 희생자가 발생하였다. 후잔트는 시르다리야강 상류에 있다. 역시 실크로드의 거점이고 역사적인 도시이다. 안조브 터널이 생기기 전에는 부득이 이웃 나라 우즈베키스탄의 수도 타슈켄트를 거쳐 우회해야만 했다. 타지키스탄이 아무다리야강 상류에 댐을 건설함에 따라, 물 이용 때문에 두 나라 사이가 나빠지자 우즈베키스탄은 육로를 차단했다. 타지키스탄은 반신불수가 된 채 5개월을 보내야 했다. 산악국인데 외교를 잘못한 탓이다. 이웃에 있는 이란 정부가 3000만 달러를 원조해 준 덕분에 안조브 터널을 건설할 수 있었다. 이란과 가장 사이가 좋은 나라이다. 타지키스탄은 페르시아 제국이었던 '사마나이드' 왕국이었다. 그래서 국민들이 페르시아어(이란어)를 쓴다. 아랍국가들 중에서 유일하게 페르시아어를 쓰는 이란의 형제국이다. 또 미국도 아프가니스탄의 전략적 위치 때문에 타지키스탄과 아프가니스탄 간에 교량을 건설했다. 지금은 타지키스탄에서 아프가니스탄과 이란을 통해 페르시아만으로 나갈 수 있는 자동차 길이 열렸다.

타지키스탄 동부는 아무다리야강과 시르다리야강 상류에 있다. 수량이 많고 급류이며 수자원이 풍부하다. 바키쉬강, 아무다리야강의 상류에 있는 로군(Rogun) 댐을 막아 발전을 하고 있다. 로군 댐은 세계에서 가장 높은 댐으로, 높이가 334m이다. 남는 전력을 아프가니스탄과 파키스탄에 수출하고 있다. 수자원을 이용하여 알루미늄을 생산해 수출한다. 그러나 로군 댐 때문에 이웃의 우즈베키스탄과 갈등을 빚고 있다. 타지키스탄이 상류에서 물을 잘라 써버림으로써 하류에 있는 우즈베키스탄의 목화밭은 관개를 할 수 없고, 아랄해에 문제가 생기고 있다며 우즈베키스탄에서 항의하고 있다. 우즈베키스탄의 새 대통령은 타지키스탄과 화해를 하고 길을 열었다.

소련으로부터 독립하고 난 직후 타지키스탄에서는 러시아 지지자들과 이란 지지자들 간에 5년간 내전이 계속되었다. 러시아 편인 정부군과, 이란과 아프가니스탄의 후원을 받는 회교도 반군 간의 전쟁이었다. 10만 명이 내전으로 죽고 120만 명이 피난민으로 전락했다. 1997년 UN과 주변국 러시아, 이란, 카자흐스탄의 중재로 겨우 내전이 종식되었다. 평화를 위해 전쟁을 한다지만, 전쟁을 해서 평화를 얻은 나라는 없다.

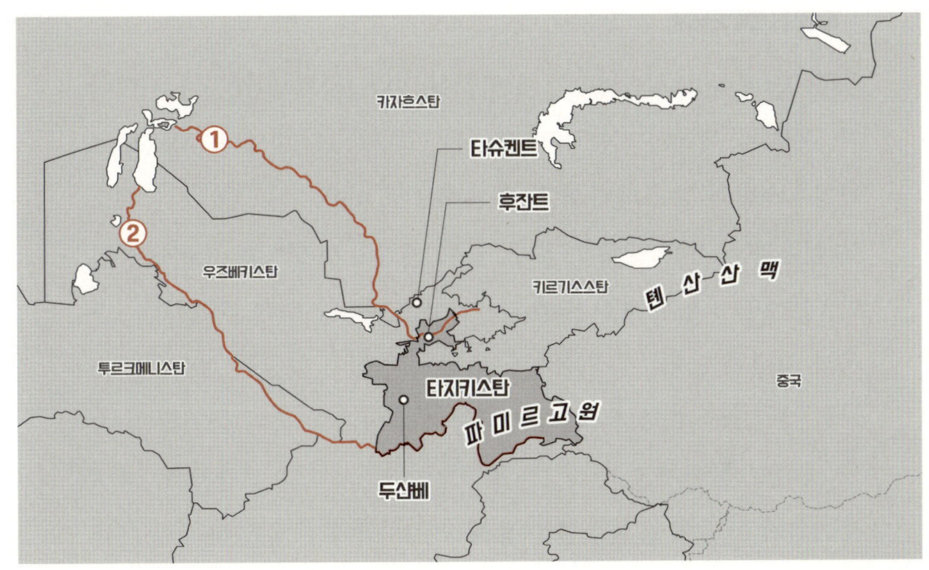

① 시르다리야강
② 아무다리야강

에모말리 라흐몬 대통령은 독립 이후 1992년부터 지금까지 장기 집권하고 있다. 중앙아시아의 다른 나라와 마찬가지로 독재를 하고 있다. 지도자를 선거로 뽑는 정치체제가 공화정이다. 민주주의의 기본은 공정한 선거이다. 독재를 좋아하는 국민은 없기에 권력을 잡으려면 부정선거를 해야 한다. 유럽의 정치평론가들은 "타지키스탄의 선거는 민주주의의 기준에 맞지 않다."라고 한다. 제1야당과 이슬람 당은 선거를 보이콧했다. 민주주의를 실현하는 것이 쉽지 않다.

투르크메니스탄

투르크메니스탄은 카스피해 연안에 있다. 국토의 70%가 사막이다. 동쪽에 '세계의 지붕'이라 불리는 파미르고원이 있다. 북쪽으로 카자흐스탄과 우즈베키스탄, 동남쪽으로 아프가니스탄, 서남쪽으로 이란과 국경을 맞대고 있다. 국토 면적이 48만 8000km²로, 한반도의 2배가 넘는 큰 나라이다. 인구는 600만 명에 불과하다. 한국과 교류가 없어, 우리에게는 잘 알려져 있지 않았다. 1991년 소련의 붕괴로 독립했다. 해괴한 대통령이 독재를 하여 국민들은 숨을 죽이고 살아가고 있다. 유목국가이다. 서부의 고산지대, 파미르고원의 풍부한 융설수를 이용해 건조지역에 관개를 하여 농사를 짓는다. 카스피해를 통해 볼가-돈 운하를 거쳐서 대양선으로 흑해, 지중해로 나갈 수 있다.

투르크메니스탄 국토의 대부분을 차지하고 있는 사막은 카라쿰(Karakum) 사막으로, 면적은 35만 km²이다. 세계의 사막 중에서 가장 건조하다. 물론 아무리 사막이라 하더라도 가끔은 비가 온다. 수년에 한 번 큰비가 내려 홍수가 나는 경우도 있다. 연평균 강수량이 100mm도 채 안 된다. 그러나 스탈린 시절, 아무다리야강에서 흘러내리는 강물의 유로를 변경하고, 지하수를 파는 운하 공사를 해 화물선이 다닐 정도이다. 운하는 총연장 1375km이다. 세계에서 가장 긴 운하로 알려져 있다. 운하를 이용해서 대대적으로 면화를 재배했다. 카라쿰 운하는 수도 아슈하바트(Ashkhabad, 인구 100만 명)까지 물을 공급하고 있다. 투르크메니스탄이 50만 km²의 큰

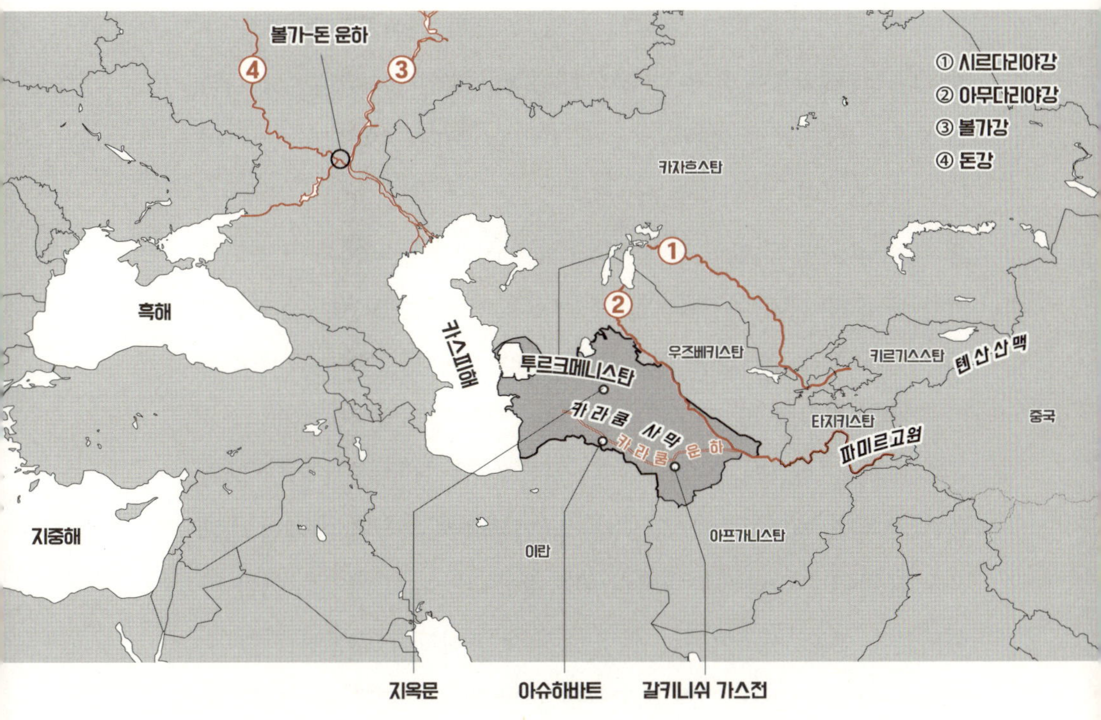

면적에 인구가 600만 명에 불과한 것은 물이 부족해 농사를 지을 수 없고, 유목생활을 했기 때문이다.

투르크메니스탄은 천연가스 매장량이 세계 네 번째인 나라이다. 동남쪽의 갈키니쉬(Galkynysh) 가스전은 세계에서 두 번째로 큰 천연가스전이다. 러시아의 가스회사에서 독점 개발하고 있다. 최근에는 중국도 가스관을 건설하여 가스를 수입하고 있다. 이젠 중국이 최대 수입국이 되었다. 그리고 투르크메니스탄-아프가니스탄-파키스탄-인도를 연결하는 TAP 가스관 건설도 추진 중이다. 투르크메니스탄의 경제를 떠받치고 있는 것은 천연가스와 면화 수출이다. 자원외교를 하던 이명박 대통령 시절인 2009년, 우리나라 건설사도 개발에 참여했다. 투르크메니스탄의 더웨즈(Derweze)에는 '지옥문'이라 불리는 명물이 있다. 1974년 천연가스 채취 중 직경 70m나 되는 지반이 함몰되면서 큰 구덩이가 생겼고 거기에 불이 붙어 50년 가까이 계속 불타고 있다. 아제르바이잔의 '야나 닥(Yanar Dag: 불의 산)'과 같은 현상이다. 사막 가운데 있으며, 관광객들이 밤에 자동차를 타고 구경하러 간다.

투르크메니스탄의 초대 대통령, 니야조프는 세계에서 가장 괴팍한 독재자로 악명이 높았다. 그는 국민들에게 자신을 신처럼 숭배하도록 하였다. 1992년 대통령 선거에서 99.5%의 지지를 받아 당선되었다. 2002년 6월에는 헌법을 고쳐 종신토록 대통령을 할 수 있도록 하였다. 내국인은 해외여행을 금지하는 한편 외국인도 들어오지 못하게 빗장을 걸어 잠갔다. 수도 아슈하바트에 엄청나게 투자를 하여 깨끗하고 아름다운 도시로 만들었다. 대통령의 커다란 초상화가 도시 곳곳에 붙어 있고 황금으로 도금한 거대한 동상도 있다. 북한의 김일성 황금 동상을 연상케 한다. 대통령 자신이 『투르하나』라는 경전을 만들어 학교에서 교육하도록 하고, 심지어는 운전면허시험에 『투르하나』 문제가 출제되기도 했다. 그러나 신과 같은 독재자 니야조프는 오래 살지는 못했다. 2006년 66세의 나이에 심장마비로 세상을 떠났다.

당시 총리였던 베르디무함메도프가 이듬해 선거를 통해 대통령에 당선되었다. 서방언론은 "자유로운 선거도 공정한 선거도 아니다."라고 논평하였다. 현 대통령인 베르디무함메도프는 전임자와 마찬가지로 독재를 하고 있다. 독재는, 국민은 아프게 하지만 독재자는 참 편한 정치를 한다. 집권당은 2007년 12월 국회의원 선거에서 125석 중 124석을 차지했다. 베르디무함메도프(Berdimuhamedow)는 2012년 2월 대통령 선거에서 97%의 지지를 받아 재선되었다.

수도 아슈하바트 거리에는 사람이 다니지 않는다. 다녀온 사람의 여행기를 보면 유령도시 같은 인상을 받았다고 한다. 거리에 사람이 다니지 않는 것은 검문이 심하기 때문이다. 비밀경찰이 수시로 신분증을 검사하는 등 불안을 조성하고 있다. 인종차별이 심해 투르크멘인이 아니면 대학에 입학할 수 없고 소수민족인 발록(Baloch)의 언어와 문화를 가르치는 것을 불법화하고 있다. 민주화 정도가 세계 최악으로 평가된다. 세계에서 가장 감시가 심한 10개국 중 하나이다. 대통령을 비판하는 글이나 방송은 상상도 할 수 없다. 국내정치는 이웃 나라의 영향을 많이 받는다. 유럽의 한복판에서는 독재정치를 하고 싶어도 할 수가 없다. 그러나 중앙아시아의 정치 환경에서는 민주정치를 하고 싶어도 할 수가 없다. 정치와 경제 발전이 늦어지는 이유다.

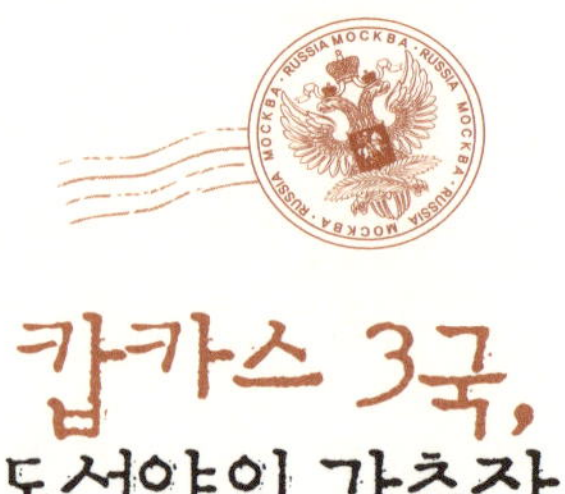

캅카스 3국,
동서양의 각축장

캅카스산맥(코카서스산맥) 주변에는 세 개의 작은 나라가 있다. 아제르바이잔, 아르메니아, 조지아이다. 세 나라는 매우 비슷한 환경에 놓여 있다. 북쪽에는 강대국 러시아가, 남쪽에는 터키와 이란이 자리 잡고 있다. 국력이 상대가 안 되는 큰 나라들이다. 서쪽은 흑해, 동쪽은 카스피해에 면해 있다. 유럽과 아시아의 동서 경계는 러시아의 중앙을 남북으로 달리는 우랄산맥으로, 동쪽이 아시아이고 서쪽이 유럽이다. 남북의 경계는 캅카스산맥으로, 남쪽이 아시아이고 북쪽이 유럽이다. 세 나라는 유럽과 아시아의 경계에 있다. 3국을 다 합쳐도 한반도 면적보다 작고, 인구는 남한 인구보다 적다. 기후가 좋고 땅이 비옥하여 사람이 살기 좋다. 사람이 살기 좋다는 것은 관광지로서 경치가 좋고 기후가 여행하기에 좋다는 말이 아니다. 농사짓기 좋고 물산이 풍부하여 옛날부터 사람이 많이 살았다는 말이다. 즉 인간의 의식주를 자체적으로 해결하기 쉬운 곳을 살기 좋은 곳이라고 말한다.

역사적으로 캅카스 3국 주변에는 큰 제국들이 있었다. 셀주크튀르크, 페르시아 제국, 비잔틴 제국, 몽골 제국, 무굴 제국, 오스만 제국, 러시아 제국, 소련이다. 캅카스 3국은 그들의 침략과 지배를 받았다. 사랑이 지나간 자리에는 회한과 여운이 남고, 전쟁이 지나간 자리에는 혼혈과 문화가 남는다. 캅카스 3국은 다양한 인종이 섞여 있는 인종 전시장 같다. 왜 이 산악지역에 다양한 인종이 살게 되었을까. 하얀 피부의 백인이 있는가 하면 우리와 피부색이 비슷한 타타르인도 있다. 그래도 서양 쪽에 더 가깝다. 피부색도 그렇고 먹는 음식도 그렇다. 종교도 마찬가지다. 아시아의 대표 종교인 불교와 힌두교가 아니라 기독교와 이슬람교를 믿는 사람이 다수이다. 캅카스 3국은 로마와 이스탄불의 길목이었다. 실크로드를 다닌 사람들은 동양인들일까 서양인들일까. 남아 있는 인종으로 보아 서양인이 더 많이 중국으로 다녀갔던 것 같다. 마르코 폴로의 『동방견문록』과 이븐 바투타의 『바투타 여행기』 등 서양인이 쓴 여행기는 많아도, 동양인이 쓴 여행기는 혜초의 『왕오천축국전』이 유일하다. 서양견문록을 쓰거나 로마 기행문을 쓴 사람은 없다. 기독교 문화와 이슬람 문화, 사회주의 문화가 거쳐 갔다. 거슬러 올라가면 오랜 역사가 있다. 10세기부터 500년간 기독교 문화, 15세기부터 500년간 이슬람 문화, 20세기 100년간 러시아 문화와 사회주의 문화가 지배했다. 조지아는 독립국가연합(CIS)으로 남아 있다가, 2008년 탈퇴했다. 이제 독립국으로 고유한 언어와 문자를 쓴다.

캅카스산맥과 이란의 엘부르즈산맥은 지질 구조상 아라비아 판과 유라시아 판의 충돌로 생긴 구조지형이다. 지진대가 활성화되어 있고, 활화산이 있다. 유럽의 최고봉 엘브루스산(5642m)은 유럽의 상징적인 산 알프스의 몽블랑(4810m)보다 더 높다. 조지아에는 카즈베크산(5047m) 등 높은 산들이 있다. 높은 산은 날씨를 변화시킨다. 동쪽에는 카스피해가 있다. 카스피해와 흑해는 둘 다 구조호지만 인간의 이용 면에서 차이가 크다. 카스피해 연안의 나라들은 유목국가이고 인구가 희박하다. 흑해 연안은 비옥한 농업지역이고 인구가 많고 큰 도시들이 발달해 있다. 크기는 비슷하지만 문화는 전혀 다르다. 최근 석유 때문에 카스피해의 중요성이 커졌다. 흑해는 중세 때부터 중요한 바다였다. 흑해를 제패하는 나라는 러시아, 터키와 중앙아시아를 지배할 수 있었다. 이슬람교와 기독교의 각축도 바로 흑해의 제해권 때문이었고, 러시아와 터키의 싸움도 흑해 해상권의 장악 때문이었다.

코카시안(Caucasian)은 유럽인, 즉 백인을 가리키는 말이다. 백인은 원래 캅카스 지역, 즉 캅카스산맥 지역에 살던 인종이다. 이들의 일부는 서쪽으로 이동하여 현재의 유럽 인종이 되었고, 또 다른 일부는 동쪽으로 이동하여 현재의 인도, 파키스탄, 이란 인종이 되었다. 우리와는 족보가 다르다.

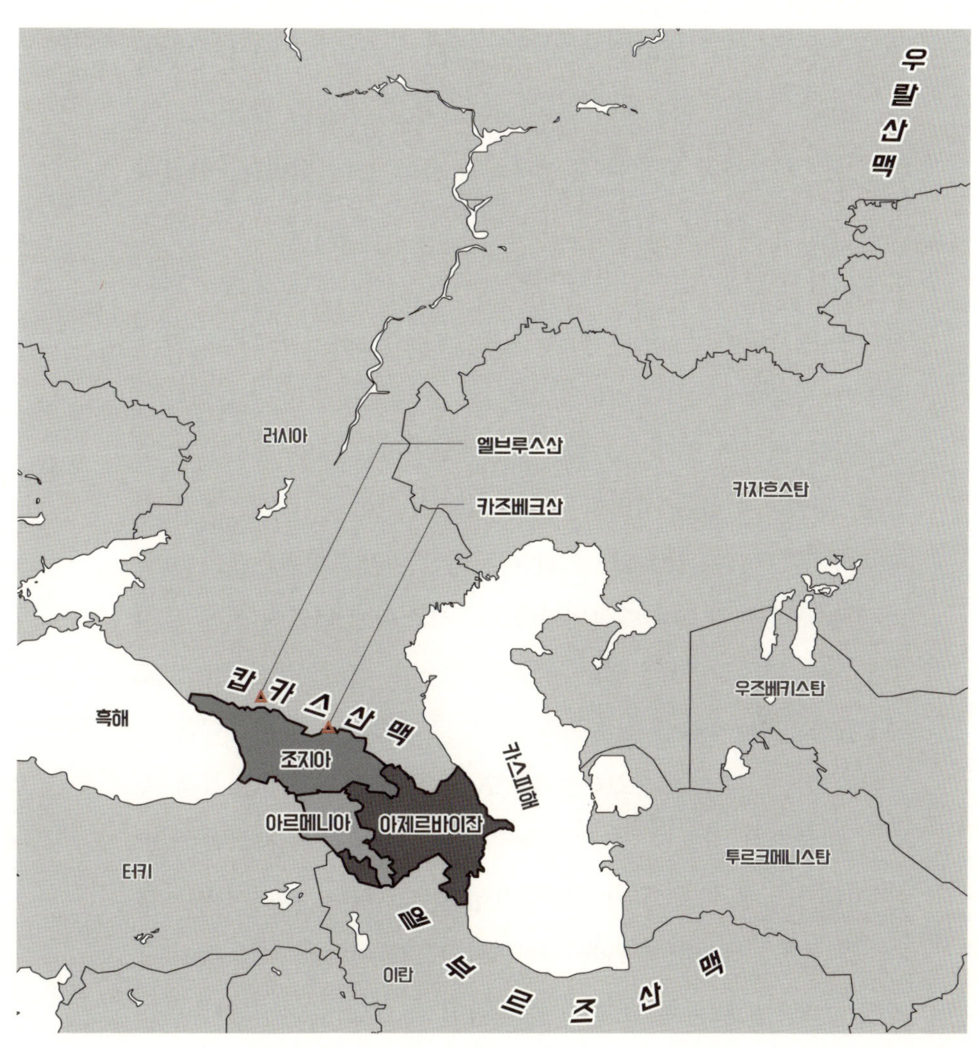
우랄산맥
러시아
엘브루스산
카즈베크산
카자흐스탄
우즈베키스탄
캅카스산맥
흑해
조지아
카스피해
아르메니아
아제르바이잔
투르크메니스탄
터키
엘브루즈산맥
이란

불의 고향 아제르바이잔

나라 이름이 '불[火]'인 국가가 있다. 아제르바이잔이 그곳이다. '아제르'는 '불'이란 뜻이다. 중학교 때 배화교(拜火教)가 있다고 배웠다. 그때만 해도 아득히 먼 곳의 이야기였다. 현장을 직접 다녀왔다. 지층에서 새어 나오는 천연가스에 불이 붙어 있었다. 화산의 경우 지하의 용암이 분출하면서 불이 나는 것과는 다르다. 한때는 수 km까지 넓은 지역에 걸쳐 있었다고 하는데, 오랜 세월이 흐른 지금은 약 50m 구간의 지하에서 불꽃이 솟아오르고 있다. 야나닥(Yanar Dag: 불의 산)이다. 아제르바이잔, 아프셰론(Apsheron)반도의 조그마한 언덕에 있다. 단순한 자연현상이지만 매우 신비로워 보인다. 평범하지 않은 자연현상에 의미를 부여하고 그것을 보기 위해 많은 관광객이 찾는다. 석회암 지대인 아제르바이잔에는 다량의 석유와 천연가스가 매장되어 있다. 카스피해 연안에 석유 도시 바쿠(Baku, 인구 220만 명)가 있다. 지금도 다량의 석유를 생산하고 있고 매장량도 많다. 석유를 최초로 상업적으로 개발한 곳이 바쿠이다.

배화교는 일명 조로아스터교라고도 한다. 배화교도들은 불을 숭배의 대상으로 삼는다. 조로아스터교는 아제르바이잔의 바쿠 또는 이란의 남부 파르스 지방에서 발생했다고 한다. 정확하지는 않다. 관광객을 유치하기 위해 아제르바이잔과 이란은 서로 자기 나라가 조로아스터교의 발생지, 성지라고 주장한다. 조로아스터는 예언자로, 기원전 1000년경 출생한 것으로 추정된다. 그가 포교를 시작한 곳이 당시 이란의 영토였던 지금의 아제르바이잔이다. 조로

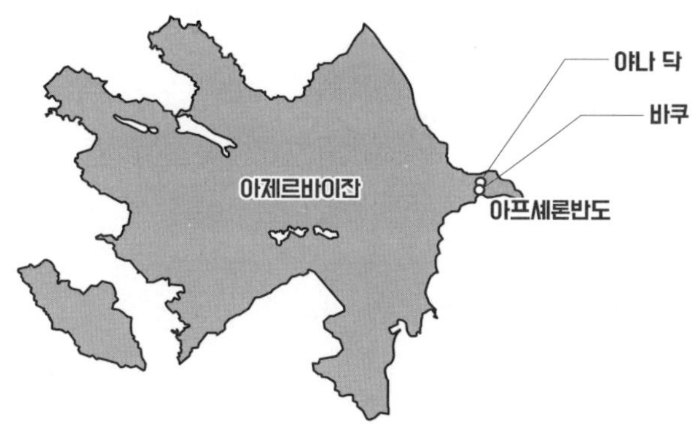

야나 닥
바쿠
아제르바이잔
아프세론반도

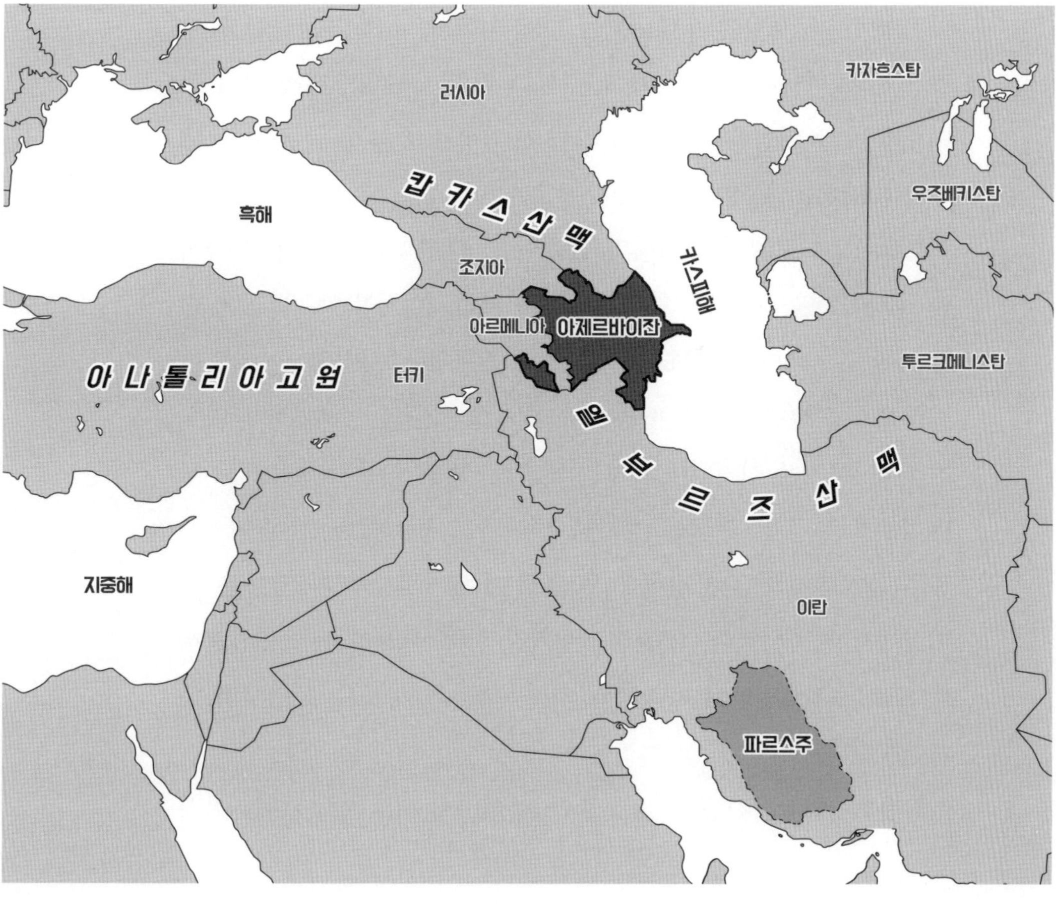
카자흐스탄
러시아
칸 카 스 산 맥
우즈베키스탄
흑해
조지아
카스피해
아르메니아
아제르바이잔
투르크메니스탄
아 나 톨 리 아 고 원
터키
엘 부 르 즈 산 맥
지중해
이란
파르스주

아스터는 불을 보고 득도를 했다. 인류가 유목생활에서 비로소 정착적 농경생활을 시작하던 때이다. 유목생활의 종교의식은 샤먼이다. 만물에 신이 깃들어 있고, 신으로부터 자기 구원을 받는 개인의 기복신앙이었다. 그러나 농경생활이 일반화되고 인구가 증가하면서 인간은 보편적인 가치에 기준한 신앙을 바랐다. 유목생활에 비하여 농경생활은 안정을 추구했다. 사람들이 다신을 믿으면 모두 제각각이어서 통치하기 힘든데, 유일신을 믿게 하면 왕이 통치하기 편하다. 정착적 농경생활을 하게 되면서 더 많은 인간을 다스리기 위해 하나의 가치가 필요했다. 그리하여 만인에게 만인의 신이 아니라 유일신을 숭배하게 하는 논리적인 종교가 탄생했다. 인구가 증가하고 문명이 발달했다는 말이다.

조로아스터교는 철기시대의 종교이다. 히타이트 제국은 선사시대 제국이지만, 최초로 철기를 사용한 제국이다. 철기의 보급은 더 많은 농업 생산을 가져왔고, 그 결과 인구가 증가하였다. 조로아스터교가 탄생한 시대적 배경이다. 대체로 기원전 15세기부터 기원전 5세기까지를 철기시대로 보는데, 철로 만든 신무기 사용으로 히타이트족은 주변 부족을 정벌하고 제국을 건설했다. 기술혁신이 가져다준 역사적인 사건이다. 기원전 10세기경 철기의 사용은 이 지방에서 시작되었다. 기원전 5세기경 중국이 철기를 사용하면서 춘추전국시대를 연 것과 마찬가지다. 철기의 사용은 문명사적 대사건이었다.

캅카스 지역은 사람이 살기 좋은 곳이어서 서로 탐을 내면 전쟁을 피할 수가 없다. 전쟁은 사람을 죽이고 문명을 파괴하지만, 한편으로는 문명을 전파하기도 한다. 캅카스 지역은 터키의 아나톨리아고원의 북쪽 끝이다. 터키에서 일어난 전쟁은 한 번도 빠짐없이 모두 캅카스 지역을 덮쳤다. 사산왕조 때 조로아스터교는 전성시대를 맞이했다. 하지만 4세기경 비잔틴 제국의 침입으로 기독교가 전파되었고, 7세기경 이슬람이 득세하고 이 지역을 이슬람교가 지배하면서 조로아스터교는 동쪽, 즉 이란과 인도의 동안(東岸)으로 밀려났다. 현재 조로아스터교가 발생한 지역에는 신자가 거의 없고, 인도 뭄바이에 10만 명가량의 신자가 있다. 조로아스터교의 경전 『아베스타(Avesta)』는 동정녀에게서 출생, 기적을 베푸는 사나이, 수난을 당하는 구세주, 박해, 부활을 담고 있다. 이는 뒷날 유대교, 기독교, 이슬람교에 그대로 전수되었다. 뿐만 아니라 인도의 힌두교, 불교에도 영향을 미쳤다고 한다. 세계종교에 가장 큰 영향을 미친 최초의 종교였다. 그러나 조로아스터교 자체의 영향력은 미미하다. 조로아스터교의 경전에는 선의 신 아후라 마즈다(Ahura Mazda)와 악의 신 앙그라 마이뉴(Angra Mainyu)가 등장한다. 선의 신과 악의 신은 쌍둥이다. 선택은 인간의 자유의지이다. 선의 신을 택하면 구원을 받고 영생하지만 악의 신을 택하면 멸망한다. 조로아스터를 독일어로 표현하면 '자라투스트라'이다. 19세기 독일의 철학자 니체는 『자라투스트라는 이렇게 말했다』(1883)에서 자라투스트라를 초인(超人)으로 등장시켰다. 초인은 최고의 도덕을 가진 인간이다. 자유의지를 가진 인간을 실존으로 보았다. 조로아스터교는 현존하는 지배 종교의 기반이 되었고, 실존철학에 영향을 주었다. 그 위대한 종교는 지구상에 조금 남아 있다.

무용(無用)의 전쟁 나고르노-카라바흐

아제르바이잔과 아르메니아는 이웃 나라지만 남한과 북한처럼 국교가 단절되어 있고, 서로 간에 출입국을 할 수 없다. 따라서 여행객들은 아제르바이잔에서 아르메니아로 들어가려면 조지아를 거쳐야 한다. 캅카스 3국 중에서 아제르바이잔은 카스피해에 면해 있는데, 아제르바이잔의 서북쪽에는 조지아, 서쪽에는 아르메니아가 있다. 왜 양국은 원수지간이 되었을까? 나고르노-카라바흐(Nagorno-Karabakh) 땅 때문이다.

나고르노-카라바흐는 아제르바이잔 영토 내에 있는 아르메니아 민족이 사는 자치지역이다. 주민의 90%가 아르메니아인이다. 평균 고도 1000m 이상의 산악지역으로, 면적은 4만 4000km², 인구는 11만 5000명이다. 사람이 살기 좋은 곳이고 오랫동안 아르메니아인이 살아온 땅이다. 나고르노는 '높은 지역', 카라바흐는 '검은 정원'이란 뜻이다. 아르메니아 국경과는 불과 3km 떨어져 있다. 아제르바이잔 영토 내에 있으면서도 종교(기독교), 언어(아르메니아어), 화폐 모두 이웃 나라인 아르메니아 것을 사용한다. 마치 중국 내 연변조선족자치주 같은 곳이다. 아르메니아의 엑스클레이브(Exclave, 역외영토)이고, 아제르바이잔의 엔클레이브(Enclave, 역내영토)이다.

1991년 소련이 해체되면서 아제르바이잔도 아르메니아도 독립

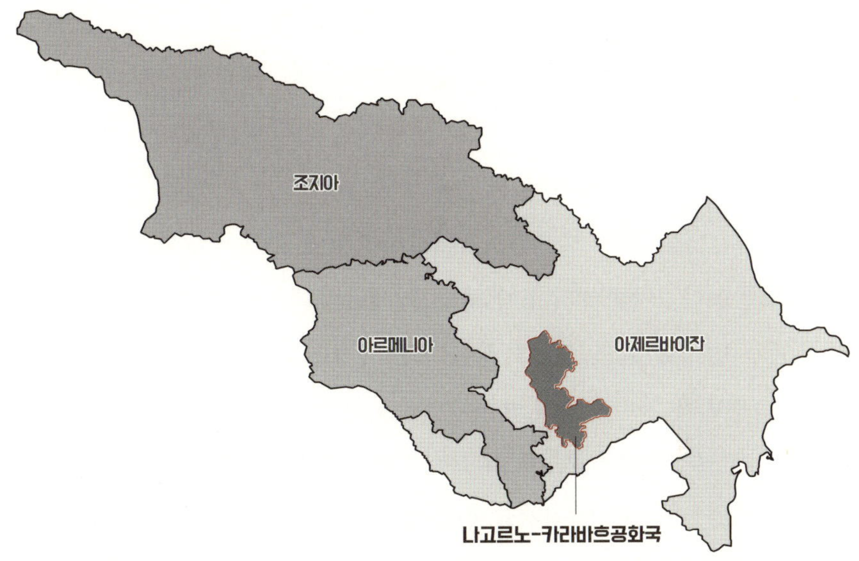

을 했다. 그때 나고르노-카라바흐 자치지역도 독립을 원했다. 아제르바이잔은 허용하지 않았고, 주민들을 강제로 이주시키고 박해했다. 나고르노-카라바흐 자치지역은 아르메니아와 함께 아제르바이잔을 상대로 전쟁을 일으켰다. 1993년부터 1994년까지 두 민족 간에 벌어진 전쟁이다. 그 후 휴전이 되었고, 아제르바이잔 영토 내에 나고르노-카라바흐공화국, 즉 NKR(Nagrono-Karabakh Republic)이라고 하는 자치독립국이 존재하게 되었다. UN이 인정하는 독립국은 아니지만 스스로 그렇게 부르고 있고, 인접 국가인 아제르바이잔, 아르메니아, 조지아, 터키는 독립국으로 인정하고 있다. 자치공화국이므로 대통령도 있고 국회도 있으며 군대도 있다. 그 때문에 아제르바이잔과 아르메니아는 원수지간이 되어 국교를 단절했다. 지금까지 그러한 상태가 계속되고 있다.

소련 시절에는 지금의 NKR을 NKAO(Nagorono-Karabakh Autonomous Oblast), 즉 나고르노-카라바흐 자치주로 설정해 두었다. NK(나고르노-카라바흐) 지역이 특수한 환경에 놓이게 된 것은 강대국 러시아와 터키가 전쟁을 치른 후 조약을 체결하면서 현재의 국경이 설정되었기 때문이다. 아르메니아 영토를 아제르바이잔에게 떼어 준 데서 문제가 발생했다. 일제 때 청나라와 국경협상을 하면서 한반도의 간도, 연변을 청나라에게 떼어 준 것과 같다.

연변조선족자치주(延边朝鲜族自治州)는 면적 4만 3000km^2, 인구 229만 명이다. 중국의 길림성에 있는데, 한반도와 접해 있다. 연변자치주의 경우도 NKR과 매우 비슷하다. 북한과 523km가량 국경을 면하고 있고, 사람들은 조선족 복장을 하고 조선말을 쓴다. 상당 부분 조선족의 문화가 그대로 남아 있다. 간도, 지금의 연변에는 일찍부터 조선족이 농사를 짓고 살았다. 일제 강점기에 일본의 핍박을 피해 간도로 간 사람들이다. 당시에는 청나라와 조선의 국경이 불분명했다. 1909년 청과 일본은 한반도를 두고 국경 조약을 맺어 두만강과 압록강을 경계로 정했다. 중국 내에서는 소수민족들이 자치주를 넘어서 독립국으로 나아가려고 노력하고 있다. 서장(티베트)자치구와 신장위구르자치구가 그러하다. 중국 정부는 허용하지 않고 있다. 그러나 연변조선족자치주는 전혀 그런 기미가 없다. 분쟁이 일어나면 한반도가 조용할 리가 없다.

NKR의 갈등을 보면서 어떻게 하면 갈등을 해소하고 평화로운 이웃으로 살아갈 수 있을까 고민이 된다. 남의 일이 아니다. 우리와 북한의 관계도 마찬가지이고, 개성공단 같은 맥락의 사례라고 생각한다. 유럽의 각국은 문화와 언어, 종교가 서로 다르고 수없이 전쟁을 치렀던 나라들이지만 민족과 국가를 그대로 보존한 채 EU로 통일되어 있다. 유럽을 여행해 보면 마치 하나의 나라 같다는 생각이 든다. 28개 회원국이 모두 인적·물적 자원과 화폐를 공통으로 쓰고 서로 소통하고 있다. 전쟁에 이를 만한 갈등은 없다. 자국의 영토·국경보다 교류가 먼저다. 그렇다고 국경을 포기하라는 말은 아니다. 있는 국경을 그대로 두고 사람과 자원이 오가면 갈등은 저절로 해소된다. 21세기의 화두는 소통이다. 세계평화를 가져오는 것은 규정과 조약이 아니라 교류와 소통이다. 전쟁으로는 아무것도 얻을 수 없다.

노아의 방주 아르메니아

인간은 왜 전쟁을 하는가? "식량은 산술급수로 증가하는데 인구는 기하급수로 증가한다.", "생물의 개체 번식은 무한하고, 자원은 유한하다. 따라서 개체 간에는 생존을 위해 경쟁이 불가피하다." 전자는 맬서스 인구론의 명제이고 후자는 다윈 진화론의 적자생존 이론이다. 인간은 자신의 DNA를 번식시키기 위해 유한한 자원을 두고 경쟁을 하지 않을 수 없다. 생존의 최후 수단이 전쟁이다. 강자는 살아남고 약자는 도태되어 죽거나 자원이 더 부족한 곳으로 내몰린다. 캅카스산맥에 위치한 조지아, 아르메니아, 아제르바이잔 민족이 그러한 경우이다. 자기 민족의 생존을 위해 다른 민족을 침략했다.

아르메니아의 가이드 이름은 다이애나로, 비운의 영국 황태자비와 이름이 같았다. 그녀는 한국말을 잘했다. 2년간 한국에서 어학연수를 했다고 한다. 키가 작고 귀여운 아가씨였다. 내가 눈여겨 본 것은 그녀의 애국심이었다. 그녀는 뜨거운 애국자였다. 아르메니아의 수도 예레반(Yerevan) 근교에 있는 대학살(Genocide) 기념관을 찾았을 때이다. 기념관 안에서 그녀는 가이드답지 않게, 무릎을 꿇고 기도를 하면서 눈물을 흘렸다. 터키와 아제르바이잔에 대한 원한 때문이다. 객관적인 입장에서 설명을 들어야 할 여행자를 당황하게 했다. 과거, 터키가 아르메니아인을 학살하는 사건이 있었다. 1915년 제1차 세계대전 당시 오스만 제국, 독일 동맹국과, 러시아 제국과 프랑스, 영국 간에 전쟁이 벌어졌다. 아르메니아는 러시아의 영향하에 있었다. 마치 일제치하 조선인 학도병이 전쟁에 강제 동원되어 미군과 싸워야 했던 것과 같다. 아르메니아인은 전쟁에서 러시아군에 동원되었다. 터키는 아르메니아가 러시아를 지원했다는 이유로, 아나톨리아고원에 살고 있던 아르메니아 주민을 120만 명이나 학살했다. 그리고 1000만 명을 다른 나라로 추방했다. 터키에 의한 아르메니아인 대학살 사건이다. 아르메니아는 터키에 사과를 요구하고 있지만 터키는 그 사실을 부인하고, 일부 인정하면서도 전쟁 중에 일어난 불가피한 일이었다며 오리발을 내민다. 터키와 아르메니아는 국교가 단절되어 있다. 사이가 좋지 않고

아르메니아
예레반

러시아
카자흐스탄
캅 카 스 산 맥
흑해
우즈베키스탄
아라라트산
조지아
카스피해
아르메니아
아제르바이잔
투르크메니스탄
아 나 톨 리 아 고 원
터키
엘 브 르 즈 산 맥
지중해

원한이 깊다.

수도 예레반(인구 100만 명)의 근교에 코비랍 교회가 있다. 교회에서 바라보는 아라라트(Ararat)산(해발 5137m)은 경치가 빼어났다. 아르메니아 코비랍에서는 60km 떨어져 있다. 주변이 고도가 낮은 평야지대여서, 높이 솟아 있는 만년설 덮인 아라라트산이 선명하게 보였다. 터키 쪽에서도 아르메니아 쪽에서도 산의 모양을 전체적으로 조망할 수 있다. 아라라트산은 창세기에 나오는 명산이다. 성경의 기록에 따르면, 지구를 휩쓸어 버리는 대홍수가 있었다. 하나님이 노아에게 방주를 만들게 하여 노아의 가족만 살아남았고, 지구촌을 새롭게 조성했다. 지구과학으로는 설명하기 어려운 이야기지만, 일부 기독교 신자는 노아의 방주 유물이 있다고 믿는다. 아르메니아 국가문양에도 화폐에도 아라라트산이 새겨져 있다. 아르메니아인들은 아라라트산을 신성시한다. 그러나 그 산은 아르메니아 영토에 있는 것이 아니라, 터키 영토에 있다. 창세기 신화에는 유대인, 기독교인, 이슬람교도가 사는 지역 가운데 아라라트산이 가장 높고 아름답고 경외스러운 산으로 그려져 있다. 마치 힌두교도와 불교도들이 신성시하는 티베트의 수미산(카일라스, 6638m)과 같다. 아르메니아는 기독교 국가이고 터키는 이슬람 국가이다.

가이드 다이애나는 애국심이 강해서 아르메니아 사람들이 좋아할 듯하다. 애국심이 강하다는 것은 다른 민족에 배타적이란 말이고, 인접한 아제르바이잔과 터키를 적대시한다는 뜻이다. 아르메니아는 작은 내륙국이어서 이웃 나라를 통하지 않고서는 흑해와 카스피해로 나갈 수 없다. 다이애나를 보면서, 터키와 아제르바이잔에 그녀와 같은 애국자가 많으면 큰일 나겠다는 생각이 들었다. 다른 나라와 국경을 맞대고 사는 나라의 경우 애국자가 많으면 하루도 편할 날이 없을 터이다. 자기 것만 챙기는 이기주의자와 친구가 되기 힘든 것과 마찬가지다. 마음을 열어야 친구가 된다. 독도 문제도 마찬가지다. 우리가 독도를 한국 땅이라 주장할수록 일본도 자기네 땅이라 주장할 것이다. 내가 보기에 아무리 독도에 성채를 쌓아도 현재 이상으로 독도가 우리 땅이 될 것 같지는 않다. 한일 간에 갈등만 높아진다. 좋을 게 없다. 독도가 한국 땅이라고 주장하는 일본인이 있고, 일본 땅이라고 주장하는 한국인이 있다 치자. 독도의 외교 문제가 해결되는 것은 아니지만, 일본과 한국의 갈등은 낮아지고 적개심은 줄어들 것이다. 버나드 쇼가 말했다. "지구상에서 애국심만 내려놓으면 세계평화는 당장에 실현된다." 이웃과 잘 지내고 소통하려면 애국심이 최선이 아니지 싶다. 우리도 애국심 때문에 한국사를 필수과목으로 정한다고 한다. 일본도 선택과목인 일본사를 대학입시에 필수과목으로 넣고 중국도 그렇게 한다면, 동아시아의 진정한 평화는 없다. 세계사 속에서 한국사를 바라보는 시각이 필요하다.

포도의 고향 조지아

아제르바이잔에서 시그나기(Sighnaghi)로 들어갔다. 조지아의 땅이다. 시그나기는 인구 2100명, 해발 800m의 조그만 산성 도시다. 조지아의 수도 트빌리시(Tbilisi, 인구 117만 명)에서는 110km 떨어진 곳에 있다. 여기서 1박을 하게 되었다. 실크로드의 중간 기착지로 번성했고, 양탄자와 포도주가 유명했던 곳이다. 가이드는 내내 조지아의 포도주에 대해 이야기했다. 저녁식사와 함께 포도주를 한잔하고 싶었다. 호텔에서 포도주를 시키면 밥값보다 더 비싼 경우가 많다. 나만 한잔 시켜 마시려니, 부인이 "동행한 30여 명의 여행자들이 모두 박물관 회원인데, 어떻게 당신만 마실 수 있소?" 했다. 술은 기호식품이고 권하면서 즐기는 음식인 줄 알지만, 서양 같으면 혼자 시켜 마셔도 문제가 없다. 그러나 우리 문화는 유대를 중시하므로 입장이 거북했다. 동행자들에게도 포도주를 한잔씩 올리라고 했다. 홈 메이드 와인은 대단히 맛이 좋았다. 여러 동행자들에게 고맙다는 인사를 듣기는 했지만 와인값이 꽤나 신경 쓰였다. 식사 후 계산을 하기 위해 웨이터에게 와인값을 물었더니 미화 23달러라고 했다. 나 혼자 마신 것만 계산한 모양이었다. 저녁에 마신 와인 전체가 얼마냐고 다시 물었다. 웨이터는 계산기를 두드리더니 역시나 23달러라고 했다. 말도 안 되는 값이다. 나는 적어도 300달러는 나오리라 예상했다. 동행자가 30여 명이었기 때문이다.

조지아는 포도주로 유명하다. 집을 지을 때 포도주를 담글 2톤 용량의 대형 항아리를 지하에 묻고 그 위에 집을 짓는다고 한다. 집집마다 가양주(家釀酒)를 담근다. 꼭 우리나라의 막걸리 같다. 우리나라 막걸리보다 담그기가 더 쉽다. 잘 익은 포도를 으깨서 항아리에 담아 두면 2개월이면 술이 된다. 설탕이나 누룩을 넣지 않는

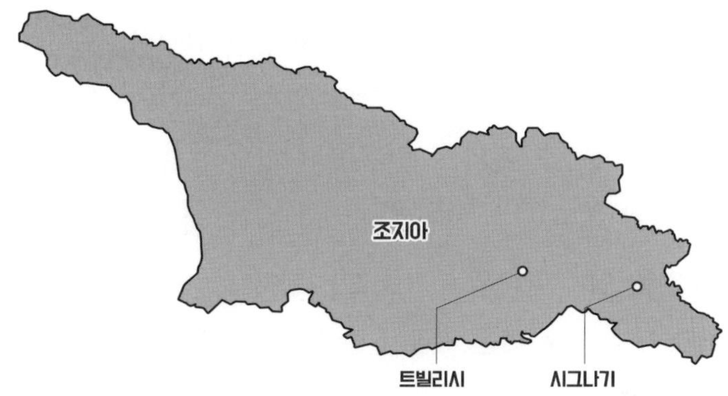

다. 포도의 하얀 분이 효모 역할을 하기 때문이다. 아주 쉽다. 우리나라 막걸리보다 값이 싸다. 우리나라 호텔 식당에서 와인을 한잔하면 값이 만만치 않다. 사실 와인은 비쌀 이유가 없는 술이다. 포도는 다른 과일에 비해 재배하기도 쉽고, 수확량도 많고, 술 만들기도 쉽기 때문이다. 포도는 전 세계 어디서나 재배된다. 우리나라만 유독 와인이 서민의 술이 아니라 귀족의 술로 대접받고 있어 값이 터무니없이 비싸다.

포도의 원산지는 캅카스의 조지아로 알려져 있다. 세계 인구 증가에 가장 큰 기여를 한 것은 의학의 발달이 아니라 농산물의 전파다. 기원전 3000년경부터 포도를 재배했다. 포도는 실크로드의 통로였던 조지아에서 이탈리아와 중국으로 전파되었다. 조지아를 다녀간 민족은 포도 씨를 자기 나라로 가져갔을 터이다. 조지아의 작은 도시 시그나기는 실크로드의 중간 기착지이다. 중국으로 가는 상인이나 로마로 돌아가는 상인들이 쉬는 역촌이었다. 지금도 그 유적이 많이 남아 있다. 포도처럼 번식이 잘되는 과수도 없다. 새가 포도를 먹고 씨를 배설하면 그곳에 포도가 자란다. 상인들이 가져간 씨앗으로도, 가지를 꺾어 심는 꺾꽂이로도 잘 자란다. 포도 맛이 가장 좋은 곳은 지중해성 기후 지역, 즉 여름에는 고온 건조하고 겨울에는 비가 오고 따뜻한 지역이다. 비가 많이 오는 열대 지방이나 너무 추운 곳은 재배가 안 된다. 중국 시안에서 로마까지 실크로드에는 톈산 남로든 북로든 어디서나 포도를 재배한다. 도시 시그나기 발아래에는 넓은 평야가 펼쳐진다. 조지아는 국토 면적이 6만 9000km²로 남한의 70% 정도지만, 인구는 450만 명으로 한국 인구의 1/10이 채 안 된다. 산성 도시 아래에는 넓은 알라자니(Alazani) 평야가 있다. 조지아는 산악 국가로 알려져 있지만, 우리나라의 모든 평야를 다 합쳐도 알라자니 평야만큼 크지 않다. 화산재로 된 비옥한 토양이다. 조지아는 기후와 토양의 축복을 받은 나라여서 정치만 안정되면 당장이라도 잘살 수 있다. 밀과 포도를 재배해 유럽으로 수출하고 있다. 포도는 과실의 제왕이다. 생산량으로 보나 그 가공품(와인, 잼, 주스, 젤리, 레진, 식초, 포도 씨 기름 등)의 국제 거래량으로 보나 포도를 따를 과일은 없다. 과실 중에서 인간에게 가장 많은 영향을 준 과일이 포도다.

포도는 조지아에서 전 세계로 퍼져 나갔다. 서양으로 전파된 포도는 그들의 식민지를 통해 남미, 남아프리카, 오세아니아주로 전파되었다. 유럽에서 포도주로 유명한 나라는 프랑스, 스페인, 이탈리아, 독일이고, 지중해성 기후를 가진 미국의 캘리포니아, 남미의 칠레, 오스트레일리아의 동남해안, 남아프리카연방의 남해안에서도 포도를 많이 재배한다. 포도주는 최고의 술이다. 맥주, 위스키, 보드카 등 술의 종류가 다양하지만 국제 무역에서 포도주만큼 거래량이 많고, 대중에 깊이 파고든 술은 없는 듯하다. 우리나라의 경우 영천과 영동이 포도 주산지이다. 우리는 생산량의 80%를 생과로 먹는 반면 외국의 경우 생산량의 80%를 포도주를 담근다.

백인의 나라

러시아와 서유럽 사이에 있는, 소연방에 속했던 나라들로는 우크라이나, 몰도바, 벨라루스, 에스토니아, 라트비아, 리투아니아가 있다. 유럽 국가들이다. 과거에 같은 소련권이었지만 중앙아시아와는 지리적 환경이 다르다. 중앙아시아는 건조지역이고, 유목국가이고, 회교의 전통을 갖고 있고, 백인종과 황인종 간의 혼혈족이다. 반면 러시아의 서쪽 국가들은 완전한 백인이고, 기독교를 믿고, 농경민족이고, 유럽의 봉건 제후국이었다. 그 서쪽의 서쪽은 공산주의를 경험하지 아니한 자본주의 복지국가들이다.

완전한 평야지역이고 스텝지역으로, 비옥한 토양을 갖고 있다. 소련 해체 후 빠르게 서구화의 길로 가고 있다. EU에 가입하고, 바르샤바조약기구(WTO: Warsaw Treaty Organization)를 탈퇴한 후 북대서양조약기구(NATO: North Atlantic Treaty Organization)에 가입하여 러시아를 향해 총구를 겨누고 있다. 성공한 나라도 있고, 발목을 잡힌 나라도 있다. 겁이 나서 서구와의 관계를 기피하는 나라도 있다. 아직도 러시아는 인구, 자원, 군사력에서 대국이다. 이들 나라는 70년간 공산권의 일원으로 있으면서, 러시아 말을 쓰고 친러시아 인사들이 많다. 빠르게 서구화되고, 보편적 민주주의와 시장경제로의 길을 가고 있다.

유럽의 곡창 우크라이나

인구 4700만 명, 한국과 비슷하다. 면적은 60만 km^{2}로, 유럽에서 러시아 다음으로 큰 나라이다. 우크라이나는 구소련 중에서 러시아 다음으로 중요한 나라였다. 북쪽으로는 벨라루스, 서쪽으로는 폴란드, 슬로바키아, 헝가리, 루마니아, 몰도바, 동쪽으로는 러시아, 남쪽으로는 흑해와 면하고 있다. 흑토지대(chernozem belt)로, 세계에서 토양이 가장 비옥한 곳 중 하나이다. 부식토의 깊이가 1.5m나 된다. 땅 자체가 퇴비라 해도 과언이 아니다. 매년 밀 수출액이 9억 달러이다. 미국의 프레리, 중국의 만주, 아르헨티나의 팜파스, 우크라이나의 흑토지대는 모두 스텝지역이다. 농지로 만들기 전에는 사람 키 높이만큼이나 풀이 무성하게 자랐다. 수만 년 동안 풀이 자랐다가 죽고, 켜켜이 쌓이고 썩어 부식토가 된 땅이다. 우크라이나를 한때 '유럽의 밀 버킷(Wheat Bucket of Europe)'이라고 불렀는데, 그 이름에 걸맞게 밀 생산량의 1/3을 수출한다. 해바라기밭, 감자밭, 밀밭이 끊임없이 펼쳐져 있다. 완전한 평야이고, 기계 농업을 한다. 여기에서 생산되는 밀은 전 유럽인을 먹여 살리고도 남을 정도의 양이다. 그러나 공산주의 시절 정치 제도의 잘못으로 수십 만 명이 굶어 죽는 사태까지 발생하였다.

이웃에 큰 나라들이 있어 항상 큰 전쟁을 겪어야 했다. 슬라브족의 중심 국가이다. 구소련의 나라들 중에서 서쪽에 여러 나라가 있다. 또한 러시아평원의 중심지에 우크라이나, 벨라루스, 몰도바가 있고, 발트해 연안에 발트 3국이 있다. 몽골과 폴란드의 지배를 받았다. 러시아의 침략을 받아 합병되었고, 독일의 침략을 받기도 했다. 1922년에 소련으로 편입되었다가 1991년 소련이 해체되면서 독립하였다. 소련의 해체로 독립국이 된 지 30년이 다 되었지만 여전히 러시아와 갈등이 심하다. 우크라이나는 서유럽으로 가고 싶어 하고, 러시아는 우크라이나를 자기 편에 붙잡아 두고 싶어 한다. 자원이 풍부할 뿐만 아니라 토양이 비옥한 평야지대이다. 인구와 자원으로 보면 부자가 되어 있어야 할 나라인데, 아직 헤매고 있다. 정치 탓이다.

우크라이나의 중앙을 흐르는 드네프르강(2145km)은 넓은 평야를 만들면서 북쪽에서 남쪽으로 흘러 흑해로 들어간다. 강을 중심으로 동우크라이나와 서우크라이나로 나뉜다. 동서의 면적은 비슷하나 지형도 다르고 문화도 다르다. 동쪽은 러시아와 접경하고 있다. 구소련의 공산당 시절에는 실질적으로 러시아가 우크라이나를 지배하고 있었기에 많은 러시아인들이 우크라이나에 들어와 살기 좋

핀란드만
노르웨이
스웨덴
에스토니아
리가만
북해
라트비아
발트해
러시아
리투아니아
벨라루스
드네프르강
폴란드
독일
체코
우크라이나
슬로바키아
오스트리아
몰도바
스위스
헝가리
슬로베니아
루마니아
크로아티아
이탈리아
보스니아
헤르체고비나
세르비아
흑해
아드리아해
불가리아
티레니아해
그리스
에게해
터키
이오니아해
지중해

은 땅을 차지했다. 러시아인이 1000만 명으로, 우크라이나 인구의 21%를 차지한다. 백인의 비율이 절대적으로 높다. 동우크라이나에 사는 러시아인들은 엘리트 계층으로, 교육수준이 높고 화이트칼라이다. 그러나 서유럽에 가까운 강 서쪽은 형편이 다르다. 우크라이나인이 절대 다수이고, 농업이 주산업이다. 우크라이나 국기는 위쪽은 푸른색, 아래쪽은 노란색인데, 푸른색은 하늘, 노란색은 황금빛 밀밭을 상징한다. 정치는 아직도 구소련과의 관계 속에 놓여 있다. 1991년 소련이 해체되고, 독립 후 우크라이나어를 공식 언어로 정했지만, 러시아어가 일상적으로 쓰이고 있다. 독립은 했지만, 실질적으로 정치·경제·문화 면에서 러시아의 그늘을 벗어나지 못하고 있다.

독립을 한 우크라이나는 의회민주주의와 대통령제를 겸하고 있다. 우크라이나인들은 공산주의 사회에 염증을 느껴, 교류를 통해 문호를 개방하고 서구사회처럼 되기를 희망하고 있다. 서구사회는 지구상에서 가장 잘살고, 민주주의를 하고 인권이 보장되는 나라이다. 그런데 서방과 직접 교류하기에는 우크라이나의 지정학적 위치가 만만치 않다. 독일, 프랑스와의 사이에는 폴란드, 체코, 헝가리, 루마니아가 있다. 바다로 접근하려 해도 흑해는 대륙 한가운데 있는 호수 같은 바다이다. 미국이 직접 간섭할 수 있는 지역은 미 항공모함이 접근할 수 있는 곳이라야 한다. 러시아가 국제법을 어기고 크리미아반도를 합병하여 우크라이나가 군사적 도움을 요청하는데도 미국은 제재 운운하면서 엄포만 놓았지, 군사 개입을 하지 못했다. 우크라이나가 지정학적으로 미국의 항공모함이 쉽게 접근할 수 없는 곳이기 때문이다.

한편 우크라이나에 살고 있는 러시아인들은 우크라이나가 너무 서방 쪽으로 기울어지는 것을 염려하고 있다. 바로 곁에 막강한 영향력을 가진 러시아가 있기 때문이다. 입장이 난처하다. 체르노빌 원자로 폭발 사고가 발생한 후 우크라이나는 원전을 완전히 폐쇄했다. 그리하여 석유와 천연가스를 러시아로부터 전량 수입해야 한다. 우크라이나 의회가 친서방 쪽으로 기울자, 러시아가 에너지 공급을 중단하는 사태가 벌어졌고, 반러시아 감정이 폭발하여 내전상태로 나아갔다. 이때다 싶었던 러시아는 크리미아반도에 살고 있는 자국민을 보호한다는 명분으로 흑해의 크리미아반도를 점령하고 합병해 버렸다. 정치를 잘하려면 러시아와 외교를 잘해야 했다. 우크라이나는 잠재력이 큰 나라지만 아직 가난에서 벗어나지 못하고 있다. 1인당 구매력 소득이 1만 달러가 채 안 된다.

판도라의 상자, 체르노빌 원자력발전소

1986년 체르노빌 원자력발전소에서 1200km 떨어진 스웨덴의 원자력발전소 엔지니어가 건물에 들어가기 위해 체크 포인트를 통과하는 순간, 신발에 평소의 6배나 되는 방사능이 피폭되었다는 경고음이 울렸다. 아직 원자로 건물에 들어가기도 전이었다. 그는 어떻게 된 영문인지 몰라 센서 고장이라 생각하고 다른 체크 포인트로 들어갔다. 역시나 경고음이 울렸다. 어디선가 핵실험을 한 것이라 생각한 그는 상부에 보고를 했다. 바람의 방향으로 보아 소련 쪽이 의심스러웠다. 소련은 사건 발생 3일 만에 원자로 폭발 사고를 서방세계에 알렸다. 증거가 있으니 속일 수 없는 일이었다.

1986년 4월 26일 밤 1시 24분, 우크라이나 체르노빌에서 원자로가 폭발했다. 소련 정부는 원자력을 무한한 청정에너지라고 자랑했다. 사고만 없으면 청정에너지가 맞다. 우크라이나 수도, 인구 300만의 키예프(Kiev)에서 북쪽으로 130km 지점, 드네프르(Dnepr) 강변에 체르노빌 핵발전소가 있었다. 우크라이나를 비롯하여 벨라루스와 러시아에 전력을 공급하는 핵발전소였다. 체르노빌에는 총 4기의 원자로가 있었는데, 제1호기 폭발은 역사상 최악의 사고였다. 국제원자력기구(IAEA: International Atomic Energy Agency)는 재해 최고등급인 7등급을 부여했다. 후쿠시마 원전 사고도 같은 급이다. 사고가 난 경위를 보니, 기술자 잘못도 있고 원자로 설계 시 안전을 충분히 고려하지 못한 잘못도 있었다. 러시아의 것은 우리나라의 경수로와는 다른 흑연로(黑煙爐)이다. 폭발 사고 후 어떻게 할 줄을 몰랐다. 이해가 되지 않는다. 화산이 폭발하고 지진이 일어났다면 엄청난 자연의 힘 앞에서 인간이 어떻게 할 수 없는 경우도 있다. 그러나 아무리 원자로가 무섭고 거대한 것이라 하더라도 인간의 머리로 만든 것이다. 사고가 나면 어떻게 대처해야 하는지 시나리오 정도는 있어야 했다. 인간이 만든 것은 무엇이든 세월이 가면 고장 날 수 있고 망가질 수 있고, 또 붕괴될 수밖에 없다.

소련은 처음에 대형 사고를 비밀에 부쳤다. 냉전시대였기에, 소

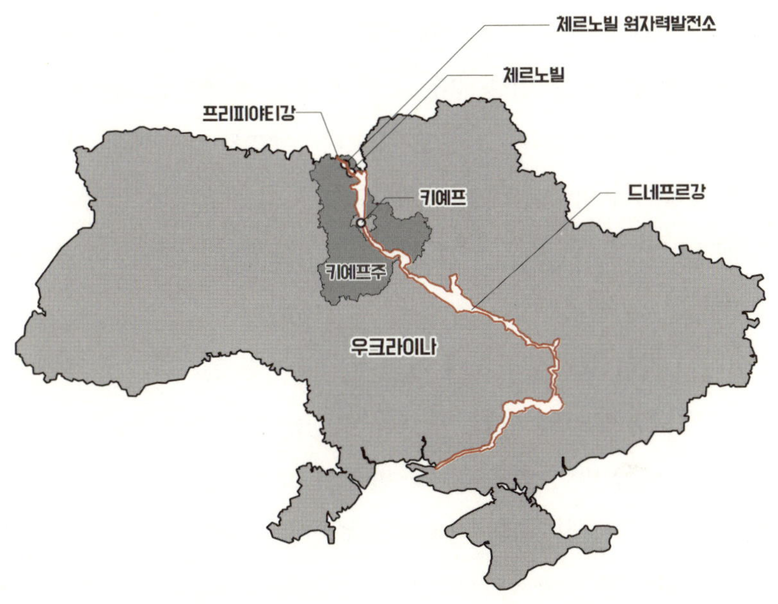

련의 원자력 기술에 결함이 있다는 사실을 서방세계에 알리고 싶지 않았을 터이다. 핵분열로 나오는 방사능은 생물체의 체내로 침투하여 세포를 파괴하고 유전자를 변형시킨다. 토양이 오염되면 토양에서 자라는 농작물이 오염되고, 그것을 먹는 인간과 가축도 피폭된다. 체르노빌에서는 태아의 유전자가 변형되어 귀가 여섯 개인 아이, 다리가 없는 아이, 눈이 없는 아이가 태어났다. 당시 갑상선암으로 갑상선을 수술 받은 환자가 많아 '체르노빌 목걸이'란 말이 유행했다. 소련은 체르노빌 현장 주변 30km의 주민을 소개(疏開)시켰다. 20만 명이 이주를 해야 했다. 오염된 공기는 유럽을 거쳐 날아가 미국과 한국의 대기 중에서도 확인되었다. 한번 오염된 방사능은 없어지지 않는다. 희석될 뿐이다. 대기 중의 방사능은 비와 함께 땅으로 떨어지고, 토양에 오염된 방사능은 반감기가 될 때까지 거의 영구적으로 방출된다. 소련 정부는 비행기로 모래를 수송하여 오염된 장소를 묻고 물로 씻었다. 그러자 이번에는 그 물로 인해 강물이 오염되어, 드네프르강의 물고기에 유전자 변형이 일어나 몸길이가 4m나 되는 메기가 발견되기도 했다. 대재앙이 발생한 것이다.

인간의 지적 호기심 때문에 자연에 감추어진 판도라의 상자를 열었다. 수력발전, 화력발전, 풍력발전은 눈으로 볼 수 있으니 이해가 된다. 댐을 막아 인공폭포를 만들어 그 힘으로 터빈을 돌려 발전을 하고, 기름을 태워 수증기로 터빈을 돌려 발전을 하며, 바람으로 풍차를 돌려 발전을 한다. 그러나 우라늄 1kg으로 석탄 3000톤의 에너지를 생산한다고 하니 한참이나 설명을 들어도 쉽게 이해가 되지 않는다. 건설비가 많이 들기는 해도 원자로 한 기로 100만 kW의 전기를 생산할 수 있다 하니 실로 엄청난 문명의 이기이다. 한때 동양 최대의 수풍수력발전소도 전기 생산량이 70만 kW에 불과했다. 핵 발전 비용은 값싼 수력전기의 1/2에 지나지 않고, 어디에나 발전소를 건설할 수 있으니, 원자력은 정말 신의 에너지임에는 틀림없다. 그러나 판도라의 상자 안에는 좋은 것만 있는 것이 아니고 인류를 멸망시킬지도 모를 무서운 재앙이 함께 숨어 있다.

체르노빌 원자력발전소는 드네프르강의 지류 프리피야티(Prypiat) 강변에 건설되었다. 지금은 사람이 모두 떠나 유령도시가 된 프리피야티는 우크라이나 수도 키예프주에 속해 있고 우크라이나 최북단의 벨라루스와 접경하고 있다. 프리피야티는 체르노빌 원자력발전소를 지원하기 위해 건설된 인구 4만 9000명의 도시였다. 체르노빌 원자로가 폭발한 다음 날 도시 전체가 폐쇄되고 사람이 살지 않는 유령도시가 되었다. 반경 30km, 면적 2600km²가 인간이 접근할 수 없는 지역으로 지정되어 있다. 제주도 면적(1848km²)보다 크다. 지금까지 소련의 체르노빌 원자로, 미국의 스리마일아일랜드 원자로, 일본의 후쿠시마 원자로가 폭발하는 사고가 있었다. 원자력발전은 안전을 최우선으로 하지만 사고는 언제라도 일어날 수 있다. 울리히 벡(Ulrich Beck)은 현대 문명에서 일어나는 재해는 한 개인의 실수가 아니라 구조적 문제 때문이라고 지적했다. 우리는 핵발전의 양면, 즉 문명의 이기(利器)와 재앙을 함께 생각해 보아야 한다.

러시아 땅이 된 크리미아반도

어떤 지역이 사람이 살기 좋은 곳인지 판단하려면 하루 이틀 여행하는 것만으로는 불가능하다. 여행 당일 그곳 날씨가 좋다고 해서 일 년 내내 날씨가 좋다는 뜻은 아니기 때문이다. 한대지방이나 사막이라 하더라도 기가 막히게 날씨가 좋은 날이 있게 마련이다. 살기 좋은 곳인지를 판단하려면 그곳에 자라는 식생을 보아야 한다. 다년생인 나무는 하루 이틀의 날씨가 아닌 한 달 두 달, 일 년이 년의 평균 날씨를 반영한다. 그리고 나무의 크기는 토양을 대변한다. 일찍이 기후학자 쾨펜(Köppen)은 식물의 분포를 보고 기후지역을 구분하였다. 어떤 나무가 자랄 수 있는지 없는지가 곧 기후지역의 한계를 결정한다. 야자가 자라는 곳은 덥고 자작나무가 자라는 곳은 춥다. 감귤류(citrus)가 자라는 흑해 연안은 어디나 사람이 살기 좋다.

흑해는 육지로 둘러싸인 내해이다. 돈강, 드네프르강, 드네스트르강, 다뉴브강이 흑해로 흘러 들어온다. 염분은 2.8%로, 3.5%인 지중해보다 낮다. 따라서 흑해에 사는 물고기는 지중해에 사는 물고기와 다르다. 동서로 1200km, 남북으로 610km에 달하는 흑해는 마치 거대한 호수 같다. 상층류는 지중해로 흘러 들어가지만, 반대로 밀도가 높은 해수는 하층류가 되어 지중해에서 흑해로 역류한다. 수심이 가장 깊은 곳은 2212m이다.

흑해의 서쪽에는 불가리아, 루마니아, 우크라이나가 있고 동쪽에는 조지아가 있다. 남쪽은 터키에 면하고 있다. 흑해 연안의 이름난 도시로는 바르나(불가리아), 콘스탄차(루마니아), 오데사(우크라이나), 케르치(우크라이나), 얄타(러시아), 로스토프(러시아), 노보로시스크(러시아), 소치(러시아), 수후미(조지아), 바투미(조지아), 리제(터키), 트라브존(터키), 기레순(터키), 오르두(터키), 삼순(터키), 시노프(터키), 종굴다크(터키), 이스탄불(터키)이 있다. 이들 도시는 모두 본래의 기능 외에 휴양지의 기능을 따로 갖고 있다. 자연이 아름다울 뿐 아니라 다양한 민족과 종교, 문화가 혼재된 점도 매력적이다. 이스탄불 소피아 성당의 프레스코 벽화처럼 동양과 서양, 기독교 문화와 이슬람 문화가 중첩되어 있다. 관광의 명소다.

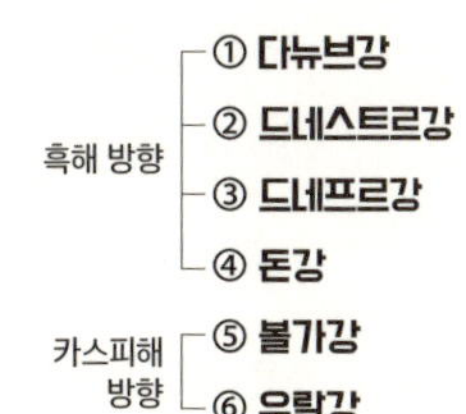

노르웨이
스웨덴
핀란드만
에스토니아
리가만
라트비아
발트해
리투아니아
러시아
벨라루스
폴란드
독일
체코
우크라이나
슬로바키아
오스트리아
스위스
헝가리
몰도바
루마니아
슬로베니아
크로아티아
이탈리아
보스니아 헤르체고비나
세르비아
아조프해
크리미아반도
흑해
불가리아
아드리아해
티레니아해
그리스
에게해
이오니아해
지중해
터키
조지아
카스피해
흑해 방향
① 다뉴브강
② 드네스트르강
③ 드네프르강
④ 돈강
카스피해 방향
⑤ 볼가강
⑥ 우랄강

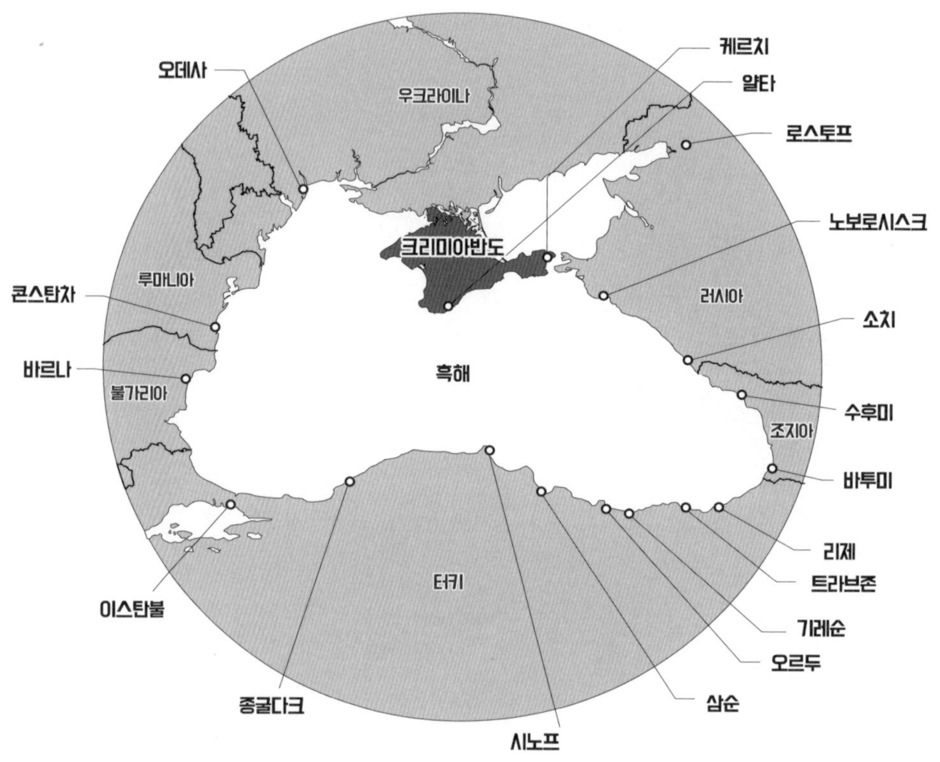

동쪽으로 500km 떨어진 곳에는 비슷한 크기의 함수호(鹹水湖), 카스피해가 있다. 평균수심이 170m인데, 해마다 수심이 낮아지고 있다. 흘러 들어오는 강물을 관개용수나 공업용수로 끌어다 써 버리기 때문이다. 유입하는 하천은 볼가강, 우랄강, 젬강이다. 바깥으로 나가는 출구가 없다. 유일하게 흑해와 운하를 통해 선박으로 바다로 나갈 수 있다. 흑해에 비해 활용도는 한참 떨어지지만, 석유와 천연가스가 많이 매장되어 있다.

크리미아반도는 우크라이나에서 흑해로 내민, 면적 2만 2000km^{2}의 반도이다. 목걸이에 달랑달랑 달려 있는 진주같이 생긴 지형 때문에 '흑해의 진주'라고 불린다. 아열대 기후여서 오렌지가 풍성하게 열리고 올리브, 야자, 포도가 잘 자란다. 우크라이나에서 가장 따뜻한 지방이고 휴양지이다. 러시아 문학작품에서 크리미아반도는 추위의 땅으로 상징되는 러시아와 대별되어 따뜻한 '샹그릴라', 낭만의 땅으로 자주 등장한다. 지금도 흑해 연안은 러시아인과 우크라이나인에게 가장 살기 좋은 곳으로 여겨져, 많은 별장(다차Dacha)이 있다.

그러나 미인은 박복하다 했던가. 한반도가 그랬듯, 반도(Peninsular)라는 지형적 특성 때문에 크리미아반도에는 전쟁이 끊이지 않았다. 반도는 육지로 가는 교량이고 바다로 가는 부두이다. 크리미아반도에 진출하는 것은 곧 흑해를 지배하는 것이고, 흑해를 지배하는 것은 드네프르강, 다뉴브강, 볼가강 등 대하천 이용권을 갖는 것이며, 이는 내륙의 동맥을 장악하는 것이다. 예로부터 동유럽과 서남아시아의 지배권은 흑해의 제해권을 누가 갖느냐에 따라 결정되었다. 크리미아반도가 지정학적으로 중요한 이유다.

흑해 연안의 전쟁은 한 번도 빠짐없이 크리미아반도를 덮쳤다. 아니 크리미아반도 때문에 전쟁이 일어났다고 해도 과언이 아니다. 크리미아반도는 고트족(250년), 훈족(376년), 불가르(4~8세기), 카자흐(8세기), 키예프 러시아(10~11세기), 비잔틴 제국(11세기), 몽골(13세기), 제노아(13세기), 베니스(13세기), 오스만터키(16세기), 러시아 제국(18세기),

소비에트(1920년)에 의해 점령당했다. 러시아 혁명의 내전 기간 동안 백군과 적군의 최대 격전지 또한 크리미아반도였다. 제2차 세계대전 때는 독일에 점령당했고, 소련 시절 크리미아 리퍼블릭(크리미아공화국)을 거쳐 우크라이나에 합병되었다.

러시아는 20세기 전반까지 200년 동안, 끊임없이 따뜻한 남쪽, 흑해 연안으로 진출하고자 했다. 남쪽에는 오스만 제국이 자리 잡고 있었다. 당시 우크라이나는 러시아와 터키의 중간 완충지대였다. 러시아는 우크라이나와 코사크를 정복하고 흑해에 도착했다. 지중해로 진출하기 위해서였다. 러시아가 남쪽 바다로 진출하는 것을 저지해 온 오스만터키였지만, 당시 해양세력의 대국이었던 영국과 프랑스도 러시아의 해양 진출을 방해했다. 러시아는 병든 대국 오스만터키 안에 거주하는 러시아 정교를 믿는 러시아인을 보호한다는 명분으로 전쟁을 걸었다. 크리미아 전쟁(1853~1856)이다. 오스만 제국을 도와 프랑스, 영국이 연합 작전을 펼쳤다. 북쪽의 러시아 제국·불가리아, 남쪽의 오스만·프랑스·영국·사르디니아(이탈리아) 왕국 간의 전쟁이었다. 3년 동안이나 전쟁이 계속되었다. 전쟁은 연합군의 승리로 끝났지만, 양쪽 모두에게 소모전이었다. 전장(戰場)은 크리미아반도에 국한되지 않고 다뉴브강, 흑해 연안, 아조프해, 캅카스, 발트해, 백해, 오호츠크해까지 확대되었다. 크리미아 전쟁으로 터키군 17만 5000명, 프랑스군 10만 명, 영국군 2만 3000명, 사르디니아군 2000명 등 도합 30만 명과, 러시아군 45만 명이 사망하였다. 실로 크리미아 전쟁은 그 규모로 보면 또 하나의 세계대전이었다. 한국전쟁이 일어나기 100년 전 일이다.

크리미아 전쟁까지는 비행기와 탱크가 등장하지는 않았지만, 점점 현대전의 모습을 갖추어 가고 있었다. 개량된 머스킷(musket) 소총이 등장하여 강력한 살상 무기가 되었고, 개량된 대포가 성벽을 무력화시켰고, 전쟁에 철도가 이용되었다. 무선으로 전황을 실시간으로 왕에게 보고할 수 있었고, 사진으로 전쟁의 상황을 볼 수 있게 되었다. 나이팅게일은 크리미아 전쟁에서 영국 성공회 수녀 30여 명의 도움을 받아 영국군 부상병을 간호해, 현대 간호학을 정립하였다. 전쟁은 외과의학에도 큰 기여를 했다. 전후(戰後)에는 당시 힘의 균형을 이루고 있던 열강인 러시아, 프랑스, 영국, 오스트리아, 오스만 간의 균형이 깨지고 강력한 독일 제국이 등장하였다. 오스만은 더욱더 쇠약해지고, 러시아는 농노 해방을 둘러싸고 사회적 갈등이 높아져 가는 한편, 전비를 마련하기 위해 알래스카를 미국에 팔아야 했다. 소련은 제2차 세계대전의 승전국이 됨으로써 비로소 크리미아반도를 차지할 수 있었지만, 연방이 해체됨에 따라 크리미아반도를 우크라이나에 돌려주어야만 했다.

크리미아반도를 향한 러시아의 야욕이 다시 표면화된 것은 2014년 우크라이나 사태 때이다. 우크라이나 사태는 민족문제가 기저에 깔려 있다. 우크라이나계 주민은 러시아의 영향에서 벗어나 서유럽과의 관계를 개선하고 싶어 했다. 한편 러시아계 우크라이나인은 러시아와의 관계를 유지하고 싶어 했다. 사건의 발단인 전(前) 우크라이나 대통령 빅토르 야누코비치는 러시아계 인사였다. 의회가 우크라이나와 EU 간의 관계 개선을 의결했고, 이를 대통령이 거부하자, 수도 키예프에서 시위가 시작되었다. 시위는 곧 전국으로 확산되어 친러시아와 친서방 주민 간에 갈등이 일어나 내전 상태로 접어들었다. 빅토르 야누코비치는 러시아로 달아났다. 유럽은 이 결말을 환영했다.

그런데 우크라이나 남쪽, 흑해 쪽으로 고개를 내민 크리미아반도는 본토와 사정이 좀 달랐다. 인구 비율로 따지면 크리미아반도는 러시아인이 58%, 우크라이나인이 24%, 타타르인이 12%로 주민의 절반 이상이 러시아인이다. 여기에는 역사적 배경이 있다. 제2차 세계대전이 끝난 뒤 스탈린은 간신히 독일 점령에서 벗어난 크리미아인들을 간첩 혐의를 씌워 대대적으로 숙청하고 강제 이주시켰다. 당시 크리미아반도 주민 대부분을 차지했던 타타르계 민족이 이때 카자흐스탄으로 강제 이주당했다. 프리모르스키에 살던 조선인들이 중앙아시아로 강제 이주당한 것과 같은 맥락이다. 타타르인을 쫓아내고 좋은 땅에 러시아인이 대거 들어왔다. 크리미아반도에서 러시아계가 다수가 된 이유다. 우크라이나 사태가 터지자 푸틴은 전략적 요충지인 크리미아반도로 군대를 보냈다. 크리미아에 살고 있는 러시아인을 보호한다는 명목이었지만, 속내는 따로 있었다. 크리미아반도는 그전까지 소련 땅이었고, 우크라이나 영토라고는 하지만 주민 다수가 러시아인이다. 푸틴은 주민투표를 종용했고 크리미아반도를 '크리미아 리퍼블릭'으로 독립시켜 러시아 연방에 편입시켰다.

러시아는 침략국으로 지탄을 받았지만, 이 사태의 원인을 따진다면 우크라이나의 외교 정책 실패를 들 수 있을 것이다. 러시아를 떠나더라도 천천히 떠났어야 했다. 갑작스런 친서방 정책이 러시아의 성미를 건드렸다. 우크라이나에 살고 있는 러시아인의 폭동으로 이어졌다. 결국 크리미아반도는 우크라이나에서 떨어져 나와 러시아 손에 들어갔다. 서방세계는 러시아 푸틴의 부당한 행위에 대해 비난했지만, 마땅히 제재할 방안이 없었다. 러시아로부터 가스를 공급받는 독일은 러시아에 큰소리 칠 수 있는 입장이 아니었다. 미국 또한 러시아의 중심부에서 일어나는 부당행위에 대해 무력시위를 할 수 없었다. 크리미아반도는 그렇게 러시아 영토가 되고 말았다.

소치

소치는 흑해 동안, 캅카스산맥의 남쪽 산록에 자리 잡고 있다. 인구 33만 명의 아름다운 도시로 러시아 최대, 최고의 휴양지다. 소치는 따뜻한 곳이지만, 겨울에는 동북쪽 캅카스산맥에 많은 눈이 내린다. 겨울 평균기온은 11도, 여름은 24도이다. 소치에는 비잔티움 시대의 성당이 아직 남아 있다.

캅카스산맥은 지구상에서 가장 다양한 언어와 문화가 공존하는 곳이다. 북쪽 산록에는 러시아의 분쟁지역인 체첸이 있다. 러시아가 가장 머리 아파하는 지역이다. 캅카스는 인종과 문화가 복잡한 지역이다. 그곳은 과거 셀주크, 몽골, 오스만, 페르시아, 러시아가 지배했다. 50개가 넘는 민족, 즉 조지아인, 체

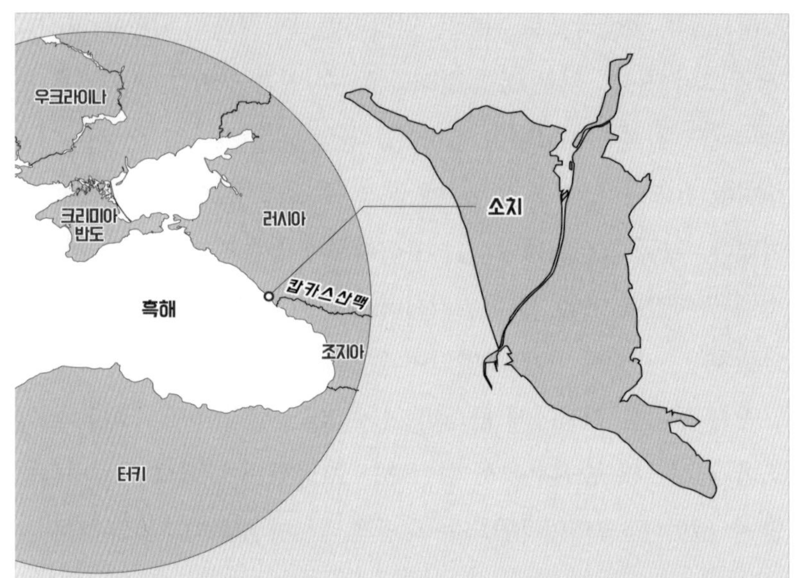

첸인, 아르메니아인. 아제르바이잔인이 살고 있다. 캅카스 서편에는 동방정교, 오리엔탈 정교, 기독교가 지배적이고, 동편은 무슬림의 시아파, 수니파가 있고, 조로아스터교(Zoroastriansim)의 발상지이기도 하다. 살기 좋은 곳이어서 다양한 민족이 들어와 살았고, 그 결과 다양한 종교와 문화가 공존하고 있다.

2014년에 동계올림픽을 이곳에서 개최했다. 그러나 소치 올림픽은 국가 이기주의와 국력 과시의 장이었다. 올림픽 경기는 "국가 간의 경기가 아니라 개인이나 팀 간의 경기"이며, 올림픽 정신은 "인류의 조화로운 발전과 평화"라는 올림픽 헌장의 뜻이 무색하게, 우리 돈으로 50조 원에 육박하는 거액을 들여 국력을 과시했고, 러시아가 1등을 차지했다. 심지어 러시아는 올림픽 성화의 열기가 채 식기도 전에, 소치의 맞은편이자 우크라이나의 영토인 크리미아반도에 10만 명의 군대를 동원하여 밀고 들어갔다. 러시아인을 보호한다는 명목이었지만, 올림픽 정신과는 정반대되는 명백한 도발 행위였다. 씁쓸할 따름이다.

얄타와 오데사

얄타(Yalta)는 크리미아반도의 보석이요, 화룡점정(畵龍點睛)이다. 옛 황제의 별장, 얄타의 리바디아(Livadia) 호텔에서 열린 '얄타 회담'은 한반도의 운명을 결정지었다. 추축국 가운데 이탈리아가 항복하고 독일과 일본이 패색이 짙어지자 루스벨트, 처칠, 스탈린은 제2차 세계대전 이후 전리품을 어떻게 나누어 가지느냐를 두고 1945년 2월 4일 회담을 했다. 하필이면 한반도가 도마에 올랐고, 그들은 면적 22만 km^2의 작은 땅을 반으로 나누어 가졌다. 한반도 북위 38도선의 분단이 한민족에 가져온 불행이 어떤 것인지는 여기서 굳이 언급하지 않겠다.

회담은 분위기가 중요하다고들 한다. 그래서인지 중요 회담은 늘 기후가 따뜻하고 경치가 좋은 곳에서 치러진다. 환경이 좋아야 쉽게 합의를 이룰 수 있기 때문이다. APEC이 열렸던 부산 동백섬도 경치가 기가 막히게 좋은 곳이다. 얄타는 러시아 문학을 꽃피운 톨스토이와 체호프의 별장이 있던 곳이다. 체호프는 결핵에 걸렸을 때 따뜻한 도시 얄타에 있는 자신의 별장에서 『개를 데리고 다니는 여인(The Lady with the Dog)』(1903)을 썼다. 업무에 지친 모스크바의 한 은행가가 얄타에 휴가를 온다. 아름다운 흑해의 바다를 바라보고 있을 때 개를 데리고 해변을 걷는 젊은 여자를 만난다. 아무리 경치와 날씨가 아름답다 하더라도 그것을 승화하려면 역시 사랑 이야기가 있어야 한다. 이 소설은 19세기 말을 배경으로 한 사랑 이야기이다. 1960년대에는 영화로도 만들어져 인기를 끌었다. 20세기에 얄타는 소비에트에 소속되어 소비에트 고급관료들의 휴양지로 이용되었다. 스탈린은 마산트라 궁전을 별장으로 썼다.

얄타 맞은편에 위치한 오데사는 우크라이나에서 가장 큰 항구도시로, 인구가 100만 명이 넘는다. 오데사는 흑해 북쪽 연안에서 가장 큰 항구도시이며, 소련 통치하의 항구도시 중에서도 가장 규모가 컸던 곳이다. 러시아와 오스만터키의 전쟁으로 터키 땅이 되었다가 다시 러시아 땅이 되었다. 1941년에는 독일군이 점령했고, 독일 패전 후 다시 소련의 영토가 되었다가 소련이 해체되면서 우크라이나 땅이 되었다.

1905년 흑해 함대에 속해 있던 포템킨 전함에서 폭동이 일어났다. 러시아 발트 함대가 쓰시마 해전에서 일본에게 참패를 당함으로써 러시아 해군의 사기가 땅에 떨어졌다. 식량이 부족해지자 지휘관은 수병들에게 썩은 고기와 빵을 식사로 제공하였다. 마튜센코의 주도하에 반란을 일으킨 수병들은 장교를 사살하고 전함에 붉은 깃발을 올렸다. 이때 반란군이 전함을 몰고 향한 곳이 오데사였다. 반란군은 연안도시 오데사의 주민과 합세하여 시위를 벌였다. 오데사 계단, 일명 '포템킨 계단'에 이르자 러시아 황제의 군대가 시위 군중에게 발포하였다. 이 시위가 곧 1905년 '피의 일요일', 러시아 혁명의 전초전이었다. 포템킨 전함 반란 사건은 훗날 무성영화로 제작되었다. 브뤼셀 박람회에서 상영되었는데, 너무 감동적이었기에 나치는 공산주의 선전물로 간주하고 나치당원의 관람을 금지했다. 지금도 오데사에는 해군기지가 있다. 크리미아반

도가 러시아에 합병됨에 따라 우크라이나에서 오데사의 중요성은 더 커졌다.

동물들은 과거를 기억한다. 둥지를 약탈당한 곳에는 다시 둥지를 틀지 않고, 포식자에게 당할 뻔했던 곳은 피해 다닌다. 그러나 인간은 많은 사람의 피가 흐른 전적지라도 먹을 것이 있으면 또 찾아 나선다. 해마다 많은 관광객이 오데사를 찾는다. 피로 물든 계단과 바다는 옛날 그대로다. 많은 이야기가 땅 위에 새겨져 있다. 오데사를 찾는 이들은 그 이야기를 듣고 싶어 한다.

크리미아반도가 러시아로 편입된 후 오데사는 우크라이나에서 가장 중요한 항구도시가 되었다. 오데사는 드네스트르(Dnestr)강

하구에서 31km 떨어진, 오데사만이 내려다보이는 작은 언덕 위에 자리 잡고 있다. 배후지는 드네프르강, 다뉴브강 하구이다. 평균 고도가 50m여서 흑해가 내려다보인다. 오데사도 얄타와 마찬가지로 제정 러시아 때 귀족들의 휴양지로 개발되었던 도시라 경치가 아름답고 도로가 잘 정비되어 있다. 주민의 70%가 우크라이나인이고 29%가 러시아인이다.

서식지를 빼앗긴 몰도바

몰도바는 흑해 연안에 있는 나라이다. 1991년 소비에트가 해체되면서 독립하였다. 루마니아와 우크라이나가 주변을 둘러싸고 있는 작은 나라이다. 작은 나라라고 해서 다 못사는 것은 아니다. 같은 소비에트 치하에 있었지만 발트 해안의 작은 세 나라는 잘산다. 몰도바는 해안 쪽을 우크라이나가 가로막고 있어서 흑해로의 접근이 쉽지 않다. 동쪽은 드네스트르강이 남북으로 관류하여 남쪽 우크라이나를 거쳐 흑해로 들어간다. 서쪽은 루마니아의 국경을 따라 남북으로 프루트(Prut)강이 흐른다. 남쪽 프루트 강변에 있는 기우기울치(Giurgiulsti, 인구 2000명)에서 프루트강과 다뉴브강이 만나고, 다뉴브강은 흑해로 흘러 들어간다. 물류는 양 강의 하운을 통해 바다로 나간다. 몰도바는 몰도바강에서 이름을 땄다. 몰도바강은 루마니아에 있는 작은 하천이며, 1359년 몰도바공국 때 얻은 이름이다.

유럽이 다 그렇지만, 몰도바도 제국의 지배를 받기 전에는 작은

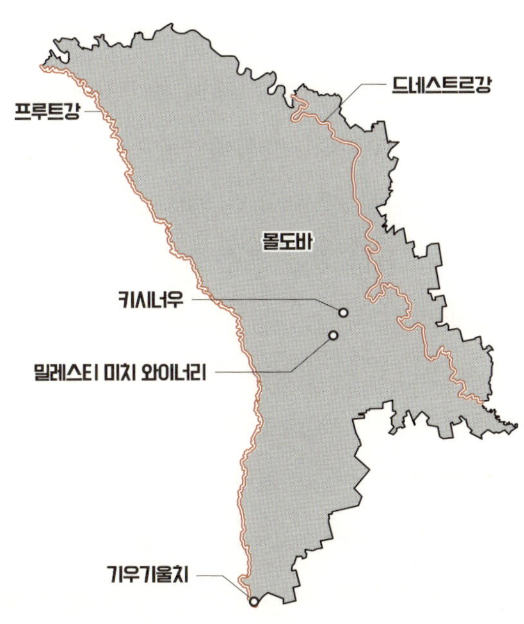

프루트강
드네스트르강
몰도바
키시너우
밀레스티 미치 와이너리
기우기울치

러시아
우크라이나
몰도바
루마니아
합류
크리미아반도
흑해
불가리아
① 다뉴브강
② 프루트강
③ 드네스트르강
④ 드네프르강

공국(Duchy)이었다. 공국은 그 위에 교황이나 왕이 있는 봉건영주국이다. 흑해 연안의 국가들은 기후도 좋고 평야지대이고, 토양이 비옥해서 농산물 생산이 잘된다. 산업혁명 이전까지만 하더라도 가장 살기 좋은 곳은 농산물 생산이 풍부한 곳이었다. 오늘날 대도시가 된 홍콩이나 지브롤터 같은 곳은 좋은 땅도 아니었고, 농업시대 황제들이 탐내는 땅도 아니었다. 그러다가 산업혁명 후 교통이 좋은 곳이 가치 있는 땅이 되었다. 몰도바는 러시아 혁명으로 소비에트에 편입되고, 제2차 세계대전 때는 독일에 점령당했다. 러시아 혁명 후 몰다비아공화국으로 독립했다가 소비에트에 합병되고, 소비에트가 해체되면서 독립하고 CIS에 가입하였다.

몰도바도 우리나라처럼 아픈 역사가 있다. 1940년에 조선족을 연해주에서 중앙아시아로 강제 이주시켰듯이 몰도바에서도 베사라비아(Bessarabia)와 부코비나(Bukovina)에 사는 로만인(집시) 주민 3만 명을 카자흐스탄으로 강제 이주시켰다. 그 밖에도 그 지역에서 20만 명의 지방민이 강제 노동 캠프에 동원되어 5만 7000명이 귀향하지 못했다. 스탈린의 폭정의 흔적이 곳곳에 남아 있다. 강제 이주와 강제 노동으로 희생된 몰도바인을 기리기 위해 수도 키시너우(Chişinău, 인구 53만 명) 철도역에 기념비가 세워져 있다.

생물은 환경에 적응하며 살아간다. 그래서 서식지를 옮기는 것을 매우 싫어한다. 모든 생물의 경우 서식지를 옮기는 세대는 죽을 고생을 한다. 잘 자라던 식물을 다른 곳에 옮겨 심으면 땅이 아무리 비옥해도 비실비실한다. 맹수를 잡아서 동물원에 가두어 두면 아무리 잘 먹여도 맹수가 되지 못한다. 달라진 환경에 적응할 일이 한두 가지가 아니다. 스탈린이 소수민족을 강제 이주시킨 것도 그런 이유에서다. 주거지를 옮기면 저항을 못 한다. 살아도 산 게 아니다. 새로운 환경에 적응하며 목숨을 보존해야 하기 때문에 적응하는 수밖에 없다. 그래서 사람들은 제 삶의 터전을 지키기 위해 결사 항전한다. 강제 이주는 스탈린이 다민족을 통치하는 방법이었다. 그는 정말 악질적인 통치자였다.

'역사는 비약이 없다'는 말이 있다. 공산당 일당독재하에 있던 나라가 갑자기 다당제 민주국가로 제도를 바꾸었다고 해서 곧바로 민주주의가 실현되는 것은 아니다. 몰도바는 소련으로부터 독립은 했지만 온갖 부정선거로 관료의 부패가 만연하고 정치는 어지러웠다. 이안 소르(Ilan Shor) 사건만 봐도 그렇다. 억만장자 소르는 몰도바의 권력자로, 이스라엘에서 출생한 몰도바 시민이다. 그는 몰다비아 은행의 돈을 빼내 역외 은행에서 돈세탁을 하여, 영국과 홍콩은행으로 이체했다. 명백한 범법 행위이다. 자체 조사위원회의 조사 결과 그는 가택연금을 당했다. 그러나 2015년 지방선거로 오르헤이(Orhei, 인구 2만 명) 시장에 출마해 당선됐고 2019년까지 오르헤이 시장을 지냈다. 민주주의로 가는 길이 요원해 보인다.

몰도바는 작은 나라이다. 인구는 300만 명이고, 국토 면적은 3만 3000km²로 남한의 1/3 정도이다. 인구의 절반이 농촌에 살고 있다. 주산업은 농업이며, 해바라기 씨, 견과류, 포도주, 섬유 제품을 주로 생산한다. 몰도바의 농산물은 남유럽으로 수출된다.

특히 와인이 유명하다. 세계 최대 규모를 자랑하는 밀레스티 미치(Milestii mici) 동굴은 와인의 질을 높이기 위해 국가에서 운영하는 대규모 와인 창고이다. 수도 키시너우 근처에 있는 거대한 석회암 동굴을 창고로 쓰고 있다. 연중 12~14도의 온도와 85~95%의 습도를 유지해 와인을 저장하는 데 최적의 조건이다. 총 200km 길이의 동굴 중 55km를 와인 창고로 사용하고 있다. 세계 최대 와인 저장고로 기네스북에 등재되었다. 와인 200만 병이 저장되어 있다. 그중 70%가 레드 와인, 20%가 화이트 와인, 10%가 디저트 와인이다. 최고급 와인은 한 병에 480유로(62만 원)였다. 자연, 역사, 와인이 관광거리이다. 경제는 어렵다. 외환은 해외 근로자로 나가 있는 몰도바인의 송금(Remittence)에 크게 의존하고 있다.

국가사업으로 미인대회를 여는 벨라루스

벨라루스는 국토 면적이 21만 km²로 한반도와 비슷하지만, 인구는 950만 명밖에 안 되는 작은 나라이다. 산이 없다. 최고 높은 산이라고 해 봤자 높이가 346m에 불과하다. 토양은 비옥하다. 아직도 국토의 40%가 원시림으로 남아 있다. 빙하가 물러간 자리여서 늪지와 호수가 많다. 78%가 산지로 되어 있는 우리나라와는 비교가 안 된다. 주변의 러시아, 우크라이나, 폴란드, 리투아니아, 라트비아와 접경하고 있다. 바다와 접하지 못하는 내륙국이다. 그러나 드네프르(Dnepr)강을 따라 우크라이나를 거쳐 흑해로 나갈 수도 있고 네만(Neman)강을 따라 리투아니아를 거쳐 발트해로 나갈

수도 있다. 네만강과 드네프르강은 운하로 이어져 있어, 발트해에서 흑해까지 연결된다. 철도 교통의 중심지이다. 모스크바와 바르샤바의 중간지점에 위치하여 철도 교통이 편리하다.

소연방에서 해방된 지 30년이 지났는데도 소련의 그늘이 짙게 남아 있다. 도시의 주요 건물은 아직도 소비에트의 것들이 많았다. 학교처럼 콘크리트로 우악스럽게 지어 놓은 대중음식점, 사람이 없는 공원의 거대한 화장실 건물과 불결한 위생 상태가 사회주의 시대의 실상을 말해 주고 있었다. 평야가 넓고 비옥한 데다 자원도 많지만, 정치를 잘못해서 못사는 나라 중 하나이다. 정치를 잘하려면 선거가 공정하게 치러지고 민의에 따라 정권이 바뀌는 민주주의 체제를 따라야 한다.

알렉산드르 루카셴코는 벨라루스의 현 대통령이다. 벨라루스가 독립을 선언한 1991년에 독립운동을 했고, 1994년 초대 대통령에 당선되었다. 5선 대통령으로, 독재를 하고 있다. 야당 후보의 득표율은 3%에 불과한 반면 현직 대통령은 88%의 득표율로 당선되었다고 발표했다. 정부는 공정한 선거 결과라고 하지만, 그 말을 믿는 국민은 없는 듯하다. 유럽의 마지막 남은 독재국가로 평가된다. 미국의 정치평론기구 프리덤하우스는 벨라루스가 유럽에서 민주주의 지수가 가장 낮고, 자유가 없고 탄압받는 국가(Not Free, Repressed)라고 지적하고 있다. 전(前) 미 국무장관 라이스는 세계에 남아 있는 여섯 개의 독재국가(벨라루스, 쿠바, 이란, 버마, 북한, 짐바브웨) 중 하나라고 지칭했다. 벨라루스에는 정치범만 따로 수용하는 열한 개의 형무소가 있다. 권력 있는 공무원과 경찰의 부정부패가 만연한 나라이다.

2001년으로 기억된다. 민스크대학의 초청을 받아 벨라루스에 간 일이 있다. 폴란드의 바르샤바에서 비행기를 타고 들어갔다. 민스크 공항은 작았다. 승객들은 나를 제외하고는 모두 공항을 빠져나갔다. 직원이 내 여권을 자세히 들여다보더니 가짜라고 했다. 직원은 여권을 가지고 사무실로 들어가더니 2시간이 넘도록 나오지 않았다. 영어를 알아들으면서도 응답을 하지 않고, 손짓 발짓을 해도 통하지 않았다. 배낭여행자라면 몰라도 대학 초청으로 방문한 사람의 관용여권을 가지고 가짜 같다고 하니 기가 막힐 노릇이었다. 스마트폰이 없을 때였다. 요즈음 같으면 당장 대사관에 연락을 취했겠지만, 어쩔 도리가 없어 처분만 기다리고 있었다. 하는 수 없이 견장에 '파리'가 여러 개 올라가 있는 거만해 보이는 직원을 손짓으로 불렀다. 그리고 10달러짜리 지폐 다섯 장을 찔러주었다. 그는 스스럼없이 돈을 챙기더니 내 여권을 가지고 나왔다. '진작 그럴 것이지' 하는 표정이었다. 관용여권만 아니었더라면, 두 시간을 기다리지 않고 진작에 그리 했을 텐데……. 관용여권 때문에 그 고생을 했다. 벨라루스 국립대학교의 초청으로 들어가는 손님을 가짜 여권 운운하며 공항에서 2시간이나 잡아 두고 돈을 요구하는 정부이니, 부패지수를 더 말해 무엇 하겠는가. 여행을 할 때 그 나라 정치에 관심을 갖는 것은 금물이다. 그러나 그 나라의 정치 상황에 관심을 갖지 않고, 민주주의 상황을 모르고 가면 낭패를 당할 수 있다.

벨라루스를 백러시아라고 부른다. 백러시아라는 이름의 유래는 여러 가지 설이 있다. 그곳에 사는 사람들이 흰옷을 입었다는 설, 리투아니아의 지배를 받을 때 블랙 루스에 대하여 화이트 루스라는 말을 썼다는 설도 있다. 중세시대부터 쓰던 말이다. 벨라루스는 미인이 많기로 유명하다. 미인이 얼마나 많으면 '김태희가 밭매는 나라'라는 우스갯소리가 다 있을까. 해마다 열리는 벨라루스 미인대회는 50여 개국에서 생방송되고, 우승상금은 이 가난한 나라에서 무려 100만 달러에 달한다. 대통령이 참석한다. 미인대회를 마치 국가적인 행사로 내세우는 듯하다. 미의 기준이 다르기는 해도 백인 미녀가 많은 것 같다. 벨라루스에서 미인대회가 열릴 때면 「선데이 스포츠」, 「선데이 서울」 같은 우리나라 주간지들이 취재 경쟁을 벌일 정도였다. 세상에서 가장 예쁜 사람을 뽑는 것은 흥미있는 일이지만, 여성의 몸을 비교 등급화하고 상품화하는 것은 비인간적인 행위이다. 나라가 가난하니 여성의 몸까지 상품화하고 있다.

에스토니아

에스토니아는 발트 3국 중에서 가장 작은 나라이다. 면적이 4만 5000km²로, 남한의 절반밖에 되지 않는다. 1500개의 섬이 연안에 흩어져 있다. 육지에는 1300개의 크고 작은 호수가 있다. 빙하지형이다. 늪지가 많고 산은 없고, 48%가 산림지역이며, 침엽수림이다. 북쪽 해안선은 석회암 절벽으로 형성되어 있다. 강우량은 700mm 정도이고 7, 8월에 비가 많이 내린다. 여름은 섭씨 18도를 넘는 경우가 드물 정도로 시원하다. 민족 구성을 보면, 에스토니아인이 64%, 러시아인이 30%를 차지하고 있다. 적은 수지만 벨라루스인도 있다. 인구는 132만 명이다. 동쪽은 러시아, 남쪽은 라트비아와 면하고 있고, 바다 건너 핀란드와 마주하고 있다. 주

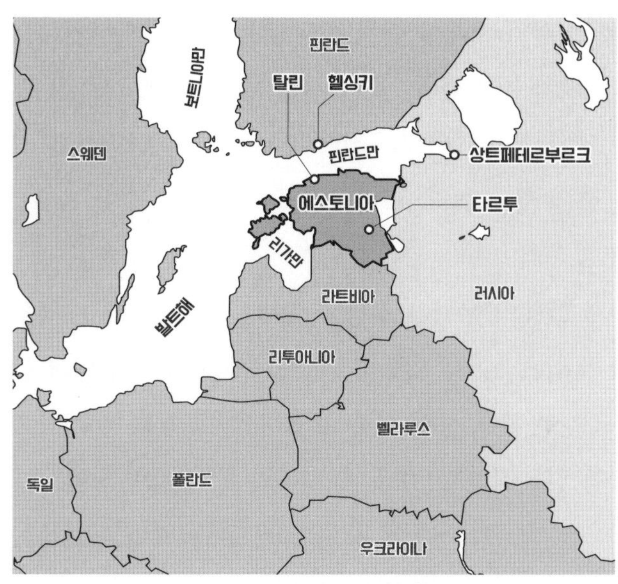

변의 큰 나라 독일, 폴란드, 스웨덴의 영향을 많이 받는다.

수도는 탈린(Tallinn)으로 인구는 40만 명이며, 내륙에는 인구 10만 명의 도시 타르투(Tartu)가 있다. 요즈음은 국가 경영을 기업에 비유하곤 한다. 작은 나라는 자체의 자원은 적지만 기동성이 있고 큰 나라에 비해 적응력이 빠르다는 장점이 있다. 국민 전체의 단합도 쉽고, 좋은 지도자를 만나면 단시간에 고속 성장을 할 수 있다. 작은 규모의 장점이다. 현재 소득으로 보면 아직 EU의 평균 60%에 지나지 않지만, 민주주의와 시장경제에 빠르게 적응해 가고 있다.

에스토니아는 소련의 점령으로 박해를 받은 나라이다. 제2차 세계대전과 소련의 지배를 거치는 동안 강제 이주와 학대로 인해 전 인구의 25%가 감소했다. 소련 시절 계획경제로 인하여 극도로 피폐해지고 관료는 부패했다. 식량이 부족했고, 생필품을 사기 위해서는 긴 줄을 서야 했고, 해마다 기근이 반복되었다. 고르바초프는 페레스트로이카(개혁)와 글라스노스트(개방)를 단행했다. 소비에트연방이 통제 불능의 무정부 상태가 되자, 그 틈을 타 15개의 국가들이 각각 독립을 할 수 있었다. 불가사의한 사건이 일어난 셈이다. 발트 3국은 바다에 접한 덕을 보았다. 내륙국과 달리 발트 3국은 친서방 정책을 취하고 있다. 러시아와 접한 내륙국인 우크라이나와 조지아는 친서방 정책을 쓰다가 러시아에게 뒤통수를 얻어맞았다. 아직도 러시아의 영향력이 막강하다.

에스토니아는 EU의 회원국이 되었고, NATO에도 가입하고, 분쟁지역에 평화유지군을 보내고 있다. 서방의 강대국인 미국, 독일, 프랑스, 영국의 환심을 사려 노력하고 있다. 또 셍겐 조약(Schengen Treaty)에 가입하여 서유럽과 자유롭게 통행한다. 셍겐 조약을 악용하는 사례가 있다. 러시아인들이 에스토니아를 통해 서유럽으로 가기 위해 밀입국하는 경우가 늘고 있는 것이다. 여행자는 항상 여권과 의료보험증을 가지고 다녀야 한다고 한국 대사관은 고지하고 있다.

한편 유럽에서 IT 인프라가 가장 발달한 나라가 바로 에스토니아이다. 세계적으로 유명한 무료 국제전화 프로그램인 '스카이프(Skype)'를 에스토니아인이 개발했다. 국회의원 선거와 대통령 선거를 할 때 세계 최초로 인터넷 투표를 실시했다. 투·개표에 부정의 시비가 없었다. 우리도 인터넷 투·개표를 논의하고 있다. 에스토니아는 핀란드와 밀접한 관계가 있다. 에스토니아인의 조상은 핀란드의 핀족과 같은 혈통이다. 언어 체계가 특히 그렇다. 에스토니아어는 알타이 어족으로, 한국어와 계통이 같다. 유럽에서 같은 어족에 속하는 민족은 에스토니안, 핀란드의 핀족, 헝가리의 마자르족이다.

관광이 주 수입원이다. 우리나라에서도 단체관광이나 배낭여행으로 발트 3국을 여행하는 여행객이 많아졌다. 에스토니아의 수도 탈린(인구 50만 명)과 라트비아의 수도 리가는 중세 시대에 이름 있는 도시였다. 14세기 독일의 함부르크, 뤼베크와 함께 한자동맹 도시로서, 무역이 성했다. 아직도 중세의 문화유적이 남아 있다. 탈린의 구시가지에 중세 도시를 복원하여 관광객을 유치하고 있다. 탈린의 구시가지에서는 주민들도 중세 복장을 하고 다니고, 중세의 도시문화, 중세의 길을 경험할 수 있다. 스칸디나비아 지역의 값비싼 여행 경비에 비하면, 발트 3국은 그 반값으로 여행할 수 있다고 홍보한다. 숙박비와 식비가 저렴하기 때문이다. 에스토니아산 사쿠(Saku) 맥주의 맛도 일품이다. 탈린은 핀란드의 헬싱키에서 80km, 배로 한 시간 반 정도 걸린다. 상트페테르부르크에서는 320km 떨어져 있다. 기차와 비행기, 배를 타고 들어온다. 헬싱키를 찾는 여행자들은 발트 3국을 쉽게 여행한다. 독일과 폴란드 바르샤바에서도 기차와 버스를 이용해 관광객이 온다. 물가가 싼 데다 발트 3국 중에서 가장 자유롭고 안전하다.

라트비아

약소국의 운명은 대체로 비슷비슷하다. 러일전쟁 당시 미국이 일본 편을 들어 차관을 주고 무기를 팔아 일본이 승리하는 데 도움을 주었다. 가쓰라-태프트 협약(Katsura-Taft Agreement)은 러일전쟁 직후인 1905년 7월 29일 미국의 육군 장관 윌리엄 태프트와 일본의 총리 가쓰라 다로가 맺은 비밀협정이다. 두 대표는, 조선은 일본이 지배하고 필리핀은 미국이 지배한다는 양해각서(Memorandum)를 교환했다. 강대국끼리 약소국을 나누어 먹은 것이다. 건달들의 '나와바리' 정하기와 같다. 1939년 소련과 독일 나치의 외상 몰로토프-리벤트로프(Molotov-Ribbentrop)는 불가침조약을 맺었다. 이 비밀 조약으로 라트비아는 소련의 보호국이 되었다. 그러나 나치는 2년 뒤 이를 파기하고 1941년 소련에 선전포고를 했다. 1941년부터 1944년까지 라트비아는 독일군에 점령당했다. 독일이 항복한 후 라트비아는 1945년부터 1991년 소련이 해체될 때까지 소연방의 일원이 되었다. 종주국 러시아의 의지대로 따라야 했다.

자기 의지가 아니라 남의 의지에 의하여 선의가 악의로 해석되어 당하는 죽음만큼 억울한 죽음이 있을까. 나치에 저항하고 소련에 대들던 라트비아인은 모두 죽임을 당했다. 그리고 1944년부터 철저하게 소련 공산당의 감시를 받았고, 19만 명의 라트비아인이 시베리아 굴락으로 유배되었다. 소련의 연방으로 있는 동안 농촌은 집단농장으로 전환되었고, 라트비아어는 러시아어와 이중 언어로 명맥만 유지했다. 라트비아의 인구는 38%가 감소했다.

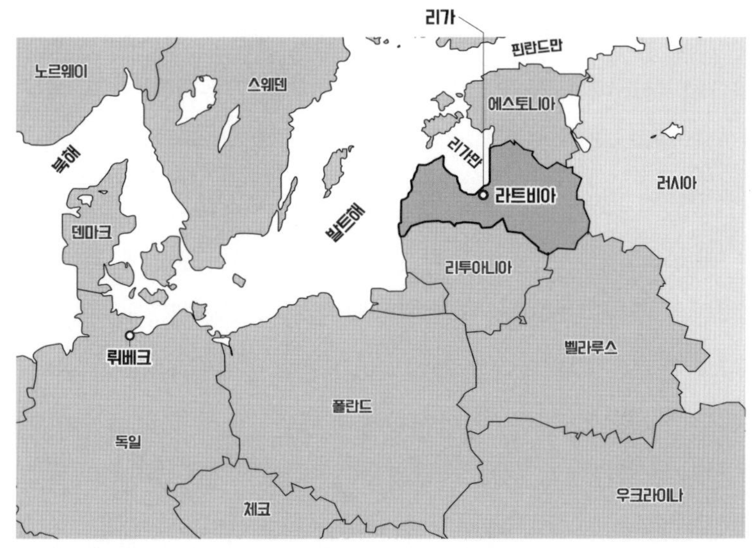

제2차 세계대전 중이던 1941년 나치가 소련에 선전포고를 하고 제일 먼저 폴란드를 거쳐 라트비아를 점령했다. 무혈입성이었다. 라트비아는 싸울 힘도 없었지만 싸울 형편도 못 되었다. 너무나 작은 나라였기 때문이다. 전쟁 당시 나치는 러시아의 레닌그라드를 포위해 공격했다. 끝내 함락시키지는 못했지만, 라트비아인이 강제 동원되었다. 라트비아인은 제2차 세계대전 동안 20만 명이 희생되었다. 그중 유대인이 7만 5000명이었다. 1944년 전세가 역전되어 소련군이 라트비아를 점령하게 되었다. 라트비아인들은 소련의 적군(Red Army)에 동원되어 라트비아 308소총여단으로 연합군 편에서 독일과 싸워야 했다. 독일 뤼베크(Lübeck) 전투에 참전했던 전몰장병을 위한 라트비아 비석 하나만 달랑 서 있다.

1980년대 중반 미하일 고르바초프가 개방과 개혁을 주장하자 1987년 라트비아 리가(Riga, 인구 60만 명)에서는 독립을 위한 대규모 시위가 벌어졌다. 라트비아는 다른 발트 국가(리투아니아, 에스토니아)와 마찬가지로 많은 자치권을 얻어 냈다. 1990년에는 소비에트 국기를 내리고 전전(戰前)의 라트비아기를 게양했다. 1989년 소연방 최고법원은 주민 투표에서 2/3 이상의 주민이 독립에 찬성하면 라트비아의 독립을 허용한다고 했다. 2018년에 방영된 〈미스터 션샤인〉이라는 드라마가 있다. 청일전쟁에서 한일합방에 이르기까지 구한말 의병들의 투쟁을 다룬 역사물이다. 의병은 일본에 맞서 중과부적, 턱도 없는 전쟁을 했다. "그냥 내준 땅은 찾을 수 없지만, 저항하다 뺏긴 땅은 언젠가는 되찾을 수 있다." 의병장이 남긴 명언이다. 우리가 대한의 독립을 쟁취할 수 있었던 것은 독립군이 목숨을 걸고 싸우다 나라를 빼앗겼기 때문이다.

라트비아가 일찍 소비에트연방에서 독립할 수 있었던 것은 약하지만 희생을 감수하고 투쟁을 했기 때문이다. 1990년 5월 4일 라트비아는 독립을 쟁취하여 라트비아공화국이 된다. 그러나 소련 공산당은 라트비아를 소연방의 하나로 간주하고 군을 투입하여 정부를 전복하려 들었다. 소련 내부의 통제력 상실로 쿠데타는 실패로 돌아갔다. 라트비아에 살고 있던 러시아인들이 투표를 반대했지만 73%의 득표율로 1991년 3월 3일 라트비아는 마침내 완전한 독립을 이루었다.

소연방 중에서 발트 3국만이 러시아의 눈치를 보지 않고 쉽게 독립을 쟁취했고, 소련의 지배에서 벗어나 서방으로 갔다. 소련이 해체되면서 모든 위성국들이 유럽의 시장경제와 민주주의를 원했지만 발트 3국만이 가능했던 것은 발트해에 면해 있는 지정학적 위치 때문이다. 미국, 영국, 프랑스와 서유럽 국가들의 방위체계인 NATO와 인접해 있다. NATO가 실질적으로 관장하고 있는 발트해에 면해 있다. 500km 내에 독일과 덴마크가 있고, NATO 본부로부터 1400km 떨어져 있다. 친서방 정책을 펴도 러시아가 견제하기 어렵다. 라트비아는 독립 후 곧 NATO와 EU에 가입했다. 반면 NATO가 간섭하기 어려운 지정학적 위치에 있는 내륙국인 조지아와 우크라이나는 친서방 정책을 펴다가 낭패를 당했다. 러시아는 자신들의 세력권에서 벗어나는 것을 경계해 군대를 보냈다. 2006년 수도 리가(Riga)에서 NATO 정상회의가 열렸다. 2008년 미국의 서브프라임 모기지 사건을 시작으로 불어닥친 세계적인 금융위기로 유럽의 한 귀퉁이에 있는 인구 200만 명의 작은 나라, 라트비아에도 태풍이 불었다. GDP가 전 연도에 비해 18%나 떨어졌다. 미국이 재채기를 하니 라트비아는 감기몸살을 앓는 격이었다. 지금은 100명의 국회의원으로 내각제를 실시하고 있다. 작은 나라지만, 민주주의와 시장경제를 착실히 실현하고 있다.

리투아니아

세계 호박(琥珀, amber)의 70%가 리투아니아에서 생산된다. 호박은 8000만 년 전 송진 등이 땅속에 묻혀 굳어진 화석으로, 생산지는 쿠로니아 사주(Curonian spit)이다. 사주는 연안바다와 평행하게 놓여 있는 모래톱인데, 사주가 만의 입구를 막아 바다와 분리되어 생긴 호수를 석호(潟湖, lagoon)라고 한다. 쿠로니아 사주가 쿠로니아 석호(Curonian lagoon)를 만들었다. 사주는 강 하구가 바다와 만나면서 발달하는 지형이다. 얕은 바다에 파도가 쳐서 긴 모래톱 즉 사주가 발달한다. 해안과 떨어진 연안의 모래톱이 만의 입구를 막으면 바다와 격리된 호수 즉 석호가 만들어진다. 우리나라의 강원도 경포호가 대표적인 석호이다. 리투아니아의 발트해 연안에는 긴 사주와 석호가 발달해 있다. 사주는 전장이 52km이고, 폭은 좁은 곳이 400m, 넓은 곳이 3800m이다. 좁고 긴 사주 위에는 여덟 개의 마을이 형성되어 있다. 특이한 자연경관이다. 쿠로니아 석호는 철새의 천국이다. 리투아니아 니다(Nida)에는 늪지의 철새를 보러 많은 관광객들이 찾아온다. 쿠로니아 석호와 사주의 남쪽을 공유하는 곳으로 칼리닌그라드(Kaliningrad)가 있다. 이곳은 러시아가 자유무역지대로 지정하여 특별 관리하는 곳이다. 칼리닌그라드는 제2차 세계대전 이전까지는 독일 영토였으나 독일이 패전하면서 소련이 탐을 내어 차지하게 되었다. 러시아의 영토와는 연결되어 있지 않고, 폴란드와 리투아니아 사이에 있는 러시아의 역외영토(exclave)이다.

리투아니아는 발트 3국 중 가장 큰 나라이다. 면적이 6만 5000 km²로 남한의 2/3 정도이고, 해발 200m, 거의 완전한 평야지대이다. 발트해와 99km 면해 있다. 벨라루스에서 발원하여 평야지대

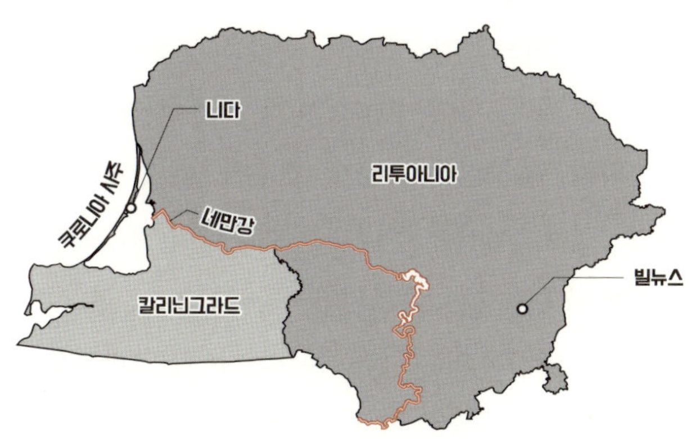
니다
쿠로니아 사주
네만강
리투아니아
칼리닌그라드
빌뉴스

핀란드만
스웨덴
에스토니아
러시아
리가만
라트비아
발트해
네만강
리투아니아
벨라루스
드네프르강
폴란드
체코
우크라이나
슬로바키아
헝가리
몰도바
루마니아
흑해
크로아티아
보스니아
헤르체고비나
세르비아

를 흘러 발트해로 들어가는 네만(Neman)강이 있다. 큰 강이다. 네만강 상류는 드네프르강 상류와 운하로 연결되어 있어 흑해까지 큰 배로 갈 수 있다. 바람이 많고 비가 잦은 해양성 기후이며, 날씨 변화가 심하다. 울창한 숲, 늪지, 호수가 많다. 호수가 무려 3000개나 된다. 빙하지형이다. 아직도 전 국토의 30%가 임야이다. 리투아니아는 북쪽으로는 라트비아, 동쪽으로는 벨라루스, 남쪽으로는 폴란드, 남서쪽으로는 러시아의 칼리닌그라드와 접해 있다. 인구는 280만 명, 수도는 빌뉴스(Vilnius, 인구 58만 명)이다. 국민의 대부분이 로마 가톨릭을 믿는다.

리투아니아-폴란드연방은 14세기 한때 유럽에서 가장 큰 제국이었다. 200년 동안, 영토가 남북으로는 발트해에서 흑해 연안까지, 동쪽으로는 모스크바까지 이르는 대제국을 건설하였다. 제국은 멸망하고, 근대화를 겪으면서 1940년 소비에트의 침략을 받아 소련의 공화국이 되었다가, 다시 1941년 제2차 세계대전 때 독일의 식민지가 되어 1944년까지 독일의 지배를 받았다. 독일의 패전으로 다시 소련이 점령하여 1991년 소련이 해체될 때까지 소연방으로 남아 있었다. 스탈린 시절, 소수민족이었던 리투아니아인들을 독일과 내통했다는 이유로, 중앙아시아로 대거 이주시켰다. 중국의 소수민족 정책은 소수민족이 사는 곳에 한족을 대거 이주시켜 그들의 정체성을 희석시키는 것이었고, 소련은 소수민족을 넓은 대륙에 흩어져 살게 해 정체성을 갖지 못하도록 하는 것이었다. 소련이 해체되자 구소련에서 가장 먼저 독립을 선언했다. 서방과 가깝다. 인구는 적지만 민주주의 정치도 시장경제도 빠르게 발전하고 있다. 부정부패가 많이 줄었고, 국민소득도 2018년 현재 3만 7000달러이다. 월드뱅크에서 고소득국가로 분류하고 있다. 2009년 대통령 선거에서 미혼의 여성 달리아 그리바우스카이테가 당선되었다. '철의 여인' 대처 수상을 롤모델로 삼았던 달리아는 2014년에 재선되어 2019년까지 리투아니아의 대통령으로 재임했다. 소련의 전체주의에서 벗어나, 민주주의와 시장경제를 표방하고 있다.

지금도 리투아니아는 소련과 경제적으로 깊은 관계를 맺고 있지만, 친서방 정책을 취하고 있다. EU 회원국이 되었고 NATO에 가입했다. NATO의 일원으로 아프가니스탄에도 파병을 했다. NATO 가입국으로서 아프가니스탄 내전 파병은 의무처럼 여겨졌다. 유럽 대륙은 민족 간의 잦은 전쟁으로 수백만 명을 죽이고 학살하고 추방한 결과 민족국가가 탄생했다. 그러나 유럽은 지금 각국의 국경을 허물고 있다. 하나의 나라처럼 소통하고 있다. 유럽을 여행할 때 국경을 넘어도 여권을 보자고 하지 않는다. 국경에 관계없이 자유롭게 다니는 것이 여행자들의 꿈이다. EU 회원국 간 무비자 통행을 규정한 국경 개방 조약인 셍겐 조약 덕분이다. 국경을 없애는 시도는 네덜란드, 벨기에, 룩셈부르크 등 세 나라에서 처음으로 시행했다가 독일과 프랑스로 확대되었다. 현재 유럽 26개국(인구 4억 2000만 명, 면적 431만 km^2)이 셍겐 조약에 가입되어 있다. 그들은 국경 검문소를 없앴다. 그리하여 자동차로 국경을 넘을 때, 속도만 줄이면 정차하지 않아도 된다. 발트 3국도 셍겐 조약에 가입했다. 서유럽에서 리투아니아로 들어갈 때 의료보험증만 보여 주면 된다. 남한에서 북한으로 갈 때도 자동차 속도만 줄이면 정차하지 않아도 되는 날이 언제쯤 올까.

epilogue

에필로그

이웃은 서로 닮는다. 같은 고향에서 같은 학교를 나온 친구들은 풍습과 언어와 가치를 공유한다. 공산주의 국체 소비에트연방을 경험한 나라는 공산당이 해체된 지 30년이 되었는데도 아직 그 잔재가 남아 있다. 그들은 민주주의란 이름을 내걸고서, 부정선거를 하고 독재정치를 한다. 종주국인 러시아도 서구 민주주의에 비하면 수준이 한참 떨어진다. 언론의 자유도 야당의 정치활동도 제약이 많다. 중국도 고유한 정치체제를 갖고 있지만, 보편적 민주주의와는 거리가 멀다.

국민이 필요로 하는 만큼 생산하고 분배하는 공산주의 경제체제는 그들이 주장한 대로 좋은 이론이지만, 자체의 모순 때문에 결국 붕괴되고 말았다. 자본가의 착취는 없었지만 생산이 안 되었다. 모스크바 백화점에서 빵 한 롤을 사기 위해 100m가 넘는 긴 줄을 서야 했다. 생산에 대한 인센티브가 없다는 것이 공산주의가 망한 결정적인 이유다. 소련이 붕괴된 후 소련에 속해 있던 모든 공화국들은 시장경제를 선택했다. 국영기업을 불하하는 과정에서 구 공산당 간부들이 독점하게 되었다. 부패와 조직범죄가 정치권력과 결탁한 것이다. 한 나라도 예외 없이 독재를 하고 있다. 시민혁명이 일어난 곳도 있지만 주변국가의 압력으로 실패했다. 시민혁명에 성공한 나라는 단 한 곳도 없다. 유일하게 발트 3국만이 서구의 모델을 취하고 있다. 중앙아시아는 유목문화가 짙게 깔려 있다. 그리고 13세기에 바람처럼 지나가 버렸다고 생각하는 몽골 제국의 빛과 그림자가 아직 깊게 남아 있다.

1939년 스탈린의 민족 강제 이주 덕택(?)에 중앙아시아에 카레이스키(조선족)가 없는 나라가 없다. 대한민국이 잘살게 되니 한국을 바라보는 카레이스키 후손들이 많다. 대학마다 한국어과가 개설되어 있다. 해외에서 같은 민족을 만난다는 것은 참으로 기쁜 일이다. 카레이스키는 지금 다시 옛날의 고향 프리모르스키로 돌아가고 있다.

세계 식민사에 비하면 우리의 36년이란 세월은 짧다. 그러나 36년간의 일제 식민지 잔재가 얼마나 큰지 우리는 안다. 1922년 소련이 성립되고부터 1991년 해체될 때까지 소련의 공산주의 지배하의 문화가 어떠했는지는 현지에 가 보면 알 수 있다. 세월이 많이 지났다고 해서 쉽게 지워지는 것이 아니다. 제도 속에, 문화 속에, 문명 속에 그대로 남아 있다.

주마간산 격이지만 러시아와 그 이웃 나라들을 둘러보았다. 러시아는 거대한 영토를 가진 나라여서 러시아 안에서도 시차가 무려 11시간이나 난다. 극동이 낮 12시면, 발트해 연안은 밤 11시다. 남북의 길이도 만만치 않다. 흑해 연안은 아열대작물이 자라지만, 사하공화국은 빙하기 환경을 갖고 있다. 러시아 인구는 1억 4600만 명이다. 면적은 1700만 km^2로 태평양에서 대서양, 북극해, 발트해에서 흑해 연안까지 걸쳐 있다. 내륙에는 준사막의 건조지역이 있다. 여기서 무수한 핵실험을 했다. 구소련은 아시아와 유럽 대륙에 걸친 광대한 영토였다. 아시아와 유럽을 나누는 지형은 우랄산맥이다. 우랄산맥의 동쪽은 시베리아, 서쪽은 유럽평야이다. 동쪽 시베리아의 오비강, 예니세이강, 레나강, 콜마강, 아무르강은 모두 남쪽에서 북쪽으로 흐른다. 인류의 문명은 강의 하류에서 발달했지만, 북극해로 흐르는 강의 하류는 인간이 접근하기 힘든 곳이다. 빙하기에 가까운 기후 조건을 갖고 있기 때문이다. 그런데 기후온난화로 동토가 초지로 변하고 있다. 미래의 희망이다.

자연과 함께 오랜 세월 동안 시베리아에서 살아온 사람들은 퉁구스계 민족이다. 넓은 영토에 분산되어 자연에 적응하며 고유한 언어와 문화를 발전시켜 살아오면서 다른 민족이 되었다. 조선족도 퉁구스계이다. 러시아가 시베리아를 힘으로 지배한 지도 200년이 되어 간다. 그들 속의 소수민족은 국가라는 개념도 없이 살아온 유목민이다. 러시아의 광대한 영토에는 인공위성을 띄우는 최첨단 문명을 자랑하는 모스크바 같은 지역이 있는가 하면, 아직도 유목민들이 순록을 몰고 초지를 찾아다니는 곳도 있다. 러시아의 행정구역은 85개이다. 리퍼블릭 22개, 오블라스트 46개, 크라이 9개, 자치구 4개, 연방시 3개, 자치주 1개 등 정말 다양한 통치 형태를 갖고 있다. 인구로만 행정구역을 나누는 우리나라와는 차이가 크다. 최고 문명지역 도시의 행정을 순록을 유목하는 민족에 적용할 수가 없다. 자치를 허용해야 하는 이유다.

러시아와 소련은 한반도의 역사와 정치에 지대한 영향을 미쳤다. 현대에 들어와서는 더욱 그렇다. 6·25전쟁과 한반도 분단에 소련이 직접 관여했다. 원한이 깊지만 이제 그 먹구름이 서서히 걷히고 있는 듯하다. 살아남기 위해서는 국가 간에도 서로 협력해야 한다. 우리의 관심은 우랄산맥 서쪽, 즉 유럽 쪽 러시아에 있는 것이 아니라 극동시베리아에 있다. 우리가 필요로 하는 자원을 러시아가 갖고 있고, 러시아가 필요로 하는 자본과 기술을 우리가 갖고 있다. 러시아 극동의 군사적 긴장은 한결 누그러진 반면, 자원 경쟁은 점점 더 치열해지고 있다. 극동지역에는 우리가 필요로 하는 목재, 석탄, 석유, 천연가스, 수산물이 엄청나게 많다. 러시아의 극동은 과거 고구려, 발해의 땅이었기에 우리에게 친숙한 곳이다. 그렇다고 영토권을 주장하려는 것은 아니다. 우리가 오랫동안 살았던 곳이므로 그 지형, 기후, 민족이 낯설지 않다는 말이다. 여진족, 거란족, 말갈족, 예맥족, 만주족은 우리와 같은 DNA를 갖고 있다. 그들에게 우리만큼 가까운 민족은 없다. 우리의 극동시베리아 개발 참여는 우리가 중동의 건설 사업에 참여하는 것과는 다르다. 중국과 일본도 러시아의 극동에 대해 비상한 관심을 갖고 있지만 러시아가 이들 두 나라를 꺼리는 것은 전쟁을 치른 현대사 때문이다. 중국과는 아무르강 하중도, 다만스키를 두고 전쟁을 했고, 일본과는 한반도와 러시아 극동을 두고 러일전쟁, 제2차 세계대전을 치렀다. 아직도 일본과는 북방 4개 섬을 두고 영토분쟁을 벌이고 있다.

러시아 입장에서 볼 때 한국은 참으로 적당한 상대다. 러시아를 위협할 힘도 없고, 무리한 요구를 할 수도 없다. 그러면서도 자본력과 기술력이 있는 나라다. 중국이 러시아의 극동을 탐을 많이 내지만, 너무 많은 중국인이 극동으로 들어오면 문제가 생긴다. 러시아가 크리미아반도에 쳐들어갔을 때도, 크리미아반도 내의 러시아인 보호를 명분으로 삼았다. 중국인 다수가 러시아의 극동으로 들어와 분쟁을 일으키고 문제를 만들면, 자국민을 보호한다는 명분으로 중국군이 러시아 땅에 들어올 수도 있다. 그럴 가능성이 얼마든지 있다. 프리모르스키는 중국의 중심과는 가깝지만, 러시아의 중심과는 너무 멀리 떨어져 있다. 우리는 남북문제만 남아 있다. 중국도 러시아도 남북이 화해하고 경제협력이 잘되기를 바라고 있다. 모두가 윈윈하는 게임이다. 분위기는 무르익어 가고 있다. 한국은 반도국가로서 해양세력 규합에 성공했다. 이제는 대륙세력과 교류할 때이다. 남북 분단으로 남쪽은 섬으로 남아 있다. 남북화해가 절체절명의 과제이다. 1, 2차 북미정상회담이 성공하지는 못했지만, 모두가 긍정적으로 평가하고 있다. 한반도에 평화가 찾아올 날이 머지않아 보인다.

찾아보기